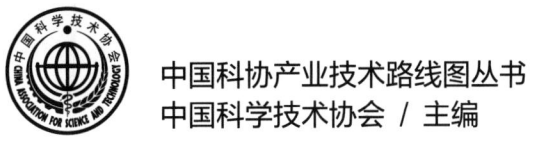

中国科协产业技术路线图丛书
中国科学技术协会 / 主编

元宇宙产业
技术路线图

中国图象图形学学会　编著

中国科学技术出版社
·北　京·

图书在版编目（CIP）数据

元宇宙产业技术路线图 / 中国科学技术协会主编；中国图象图形学学会编著 . —北京：中国科学技术出版社，2024.6

（中国科协产业技术路线图丛书）

ISBN 978-7-5236-0736-7

Ⅰ.①元… Ⅱ.①中… ②中… Ⅲ.①信息产业 – 产业发展 – 研究 – 中国 Ⅳ.① F492.3

中国国家版本馆 CIP 数据核字（2024）第 090233 号

策　　划	刘兴平　秦德继
责任编辑	余　君
封面设计	菜花先生
正文设计	中文天地
责任校对	焦　宁
责任印制	徐　飞

出　　版	中国科学技术出版社
发　　行	中国科学技术出版社有限公司
地　　址	北京市海淀区中关村南大街 16 号
邮　　编	100081
发行电话	010-62173865
传　　真	010-62173081
网　　址	http://www.cspbooks.com.cn

开　　本	787mm×1092mm　1/16
字　　数	250 千字
印　　张	16
版　　次	2024 年 6 月第 1 版
印　　次	2024 年 6 月第 1 次印刷
印　　刷	河北鑫兆源印刷有限公司
书　　号	ISBN 978-7-5236-0736-7 / F·1253
定　　价	90.00 元

（凡购买本社图书，如有缺页、倒页、脱页者，本社销售中心负责调换）

本书编委会

首席科学家 潘志庚

编写组成员 （按姓名音序排列）

曹茂永　郎　旭　李昌利　刘　越　马惠敏

米森（Mithun Mukherjee）　彭绍亮　王　勋

吴　全　俞能海　张　考　张贺宁　张明敏

张永飞　邹荣金

序

习近平总书记深刻指出，要积极培育新能源、新材料、先进制造、电子信息等战略性新兴产业，积极培育未来产业，加快形成新质生产力，增强发展新动能。产业是生产力变革的具体表现形式，战略性新兴产业、未来产业是生成和发展新质生产力的主阵地，对新旧动能转换发挥着引领性作用，代表着科技创新和产业发展的新方向。只有围绕发展新质生产力布局产业链，及时将科技创新成果应用到具体产业和产业链上，才能改造提升传统产业，培育壮大新兴产业，布局建设未来产业，完善现代化产业体系，为高质量发展持续注入澎湃动能。

中国科协作为党和政府联系科学技术工作者的桥梁和纽带，作为国家推动科学技术事业发展、建设世界科技强国的重要力量，在促进发展新质生产力的进程中大有可为也大有作为。2022 年，中国科协依托全国学会的学术权威性和组织优势，汇聚产学研各领域高水平专家，围绕信息技术、生物技术、先进制造技术、现代交通技术、空天技术等相关技术产业，以及生命健康、新材料、新能源等相关领域产业，开展产业技术路线图研究，研判国内外相关产业的整体发展态势和技术演进变革趋势，提出产业发展的关键技术，制定发展路线图，探索关键技术的突破路径和解决机制，以期引导广大科技工作者开展原创性、引领性攻关，为培育新质生产力奠定技术基础。

产业技术路线图重点介绍国内外相关领域的产业与技术概述、产业技术发展趋势，对产业技术需求进行分析，提出促进产业技术发展的政策建议。丛书整体兼顾科研工作者和管理决策者的需要，有助于科研人员认清产业发展、关键技术、生产流程及产业环境现状，有助于企业拟定技术研发目标、找准创新升级的发展方向，有助于政府决策部门识别我国现有的技术能力和研发瓶颈、明确支持和投入方向。

在丛书付梓之际，衷心感谢参与编纂的全国学会、学会联合体、领军企业以及有关科研、教学单位，感谢所有参与研究与编写出版的专家学者。真诚地希望有更多的科技工作者关注产业技术路线图研究，为提升研究质量和扩展成果利用提出宝贵意见建议。

前　言

元宇宙体现了虚拟和现实世界的深度融合，是当前科技领域极具前景和潜力的概念。元宇宙是一个多元化的数字生态系统，涵盖了虚拟现实与游戏、人工智能、区块链、物联网与云计算等多个前沿技术领域。在这一全新的领域中，其产业技术路线图的制定对于推动元宇宙技术和产业的协同发展将发挥重要作用。它既能为技术创新提供指引，促进技术和应用的协同发展，还有助于形成健康可持续的产业生态系统。

元宇宙的实现离不开各个技术领域的协同合作和共同努力，而技术路线图将成为各技术领域密切合作的桥梁和纽带。本书分析了目前国内外元宇宙产业技术发展现状，从四个技术发展方向分别阐述了人工智能技术路线图、物联网云计算技术路线图、虚拟现实和游戏技术路线图、区块链技术路线图，结合元宇宙下智慧教育、智慧医疗、工业和智慧文旅的产业发展案例，提出了相关的发展任务和政策建议。

本书共五章。第一章主要介绍元宇宙产业发展历程及现状分析，对国内外研究进展进行比较；第二章阐述元宇宙中人工智能、物联网云计算技术、虚拟现实及游戏技术、区块链技术的发展趋势及需求分析；第三章阐述元宇宙产业技术路线图制定的主要思路，包括背景、目的、方法和原则，并对具体的技术领域路线图进行分析；第四章阐述元宇宙产业发展目标与总体路线图，结合智慧教育元宇宙产业技术发展、智慧医疗元宇宙产业技术发展、工业元宇宙产业技术发展和智慧文旅元宇宙产业技术发展的具体案例对产业发展现状进行进一步的分析；第五章提出促进元宇宙产业技术发展的政策建议。各章的撰写人员分别为：第一章潘志庚、张考、郎旭；第二章张考、郎旭、张明敏、李昌利；第三章邹荣金、丁鑫、蔡创新、林贤煊、刘文娟、张贺宁、张红春；第四章吴全、郎旭、陈鑫、张国威、张宇轩、米森（Mithun Mukherjee）；第五章潘志庚、彭绍亮、曹岩。感谢俞能海、马惠敏、曹茂永、王勋、刘越、张永飞等专家对本报告提出的宝贵意见。全书由张考整理汇编，潘志庚统筹定稿。骆岩峰做了协助性工作。

　　本书的编撰得到了中国元宇宙技术与应用创新平台、江苏省元宇宙工程研究中心、南京信息工程大学元宇宙研究院、浙江省计算机学会元宇宙专委会等单位的大力支持和协助，多家单位的多位专家参与相关研讨、调研、编写和审稿工作。在此对所有机构和专家付出的辛勤劳动表示衷心的感谢。由于作者水平有限，书中难免存在疏漏，欢迎读者批评指正。

中国图象图形学学会
2024 年 2 月

目录

第一章 元宇宙产业与技术概述 / 001
 第一节 元宇宙产业发展历程及现状分析 / 001
 第二节 元宇宙产业技术国内外研究进展比较 / 041

第二章 元宇宙产业技术发展趋势与需求分析 / 049
 第一节 发展趋势 / 049
 第二节 需求分析 / 063

第三章 元宇宙产业技术路线图分析 / 094
 第一节 元宇宙产业技术路线图制定的主要思路 / 094
 第二节 具体领域路线图分析 / 099

第四章 元宇宙相关产业技术路线图 / 170
 第一节 发展目标与总体路线图 / 170
 第二节 智慧教育元宇宙产业技术发展 / 176
 第三节 智慧医疗元宇宙产业技术发展 / 190
 第四节 工业元宇宙产业技术发展 / 206
 第五节 智慧文旅元宇宙产业技术发展 / 221

第五章 促进元宇宙产业技术发展的政策建议 / 241

第一章
元宇宙产业与技术概述

作为集合虚拟现实与现实世界的综合体,元宇宙正逐步成为科技、经济、文化交汇的前沿领域。本章探讨了元宇宙产业与技术的发展历程和现状,从元宇宙概念在文学领域的初次提出开始,追溯其如何逐渐演变为今日的技术和产业现象。首先介绍了元宇宙概念的起源和演变,强调其在文学作品中的最初描述和设想。本章以游戏、物联网和云计算、人工智能、区块链四个核心技术维度,详细叙述了元宇宙产业的发展历程。本章通过表格形式系统地总结了元宇宙相关产业、技术、政策的发展历程,按时间顺序展示了从概念提出到技术实现,再到产业应用的整个发展轨迹。接着本章进行了元宇宙产业技术国内外研究进展比较,包括国外重大研究计划和重大研究项目、国际上元宇宙产业最新研究热点、前沿和趋势,以及国内相关产业技术发展。

第一节 元宇宙产业发展历程及现状分析

一、产业发展历程

(一)文学初探元宇宙

元宇宙(metarerse)概念最先出现在文学领域,是对一个由数字技术所构建并行宇宙的想象。作家设想了沉浸式的虚拟环境,人们得以在其中自由地创造和体验不同于现实的身份,实现复杂的社交互动。这一概念不仅涉及虚拟空间中的经济和治理模式,还对应了众多技术伦理问题,如数据隐私和数字身份的界限。文学作品如《神经漫游者》和《雪崩》等,不仅阐释了元宇宙的多维特性,也对未来技术的发展趋势提出了深刻的预见与批评(见表1-1)。

表 1-1　文学初探元宇宙发展阶段重要事件表

时间	事件
1981 年	美国数学家和计算机专家弗诺·文奇（Vernor Steffen Vinge）教授在其出版的《真名实姓》中，创造性地描绘了一个通过脑机接口进入并获得感官体验的虚拟世界
1984 年	美国科技先驱杰伦·拉尼尔（Jaron Lanier）首次提出了虚拟现实（virtual reality，VR）的概念，并在同年创建了第一家专注于虚拟现实技术的 VPL 研究公司
1992 年	美国科幻作家尼尔·斯蒂芬森（Neal Stephenson）发表了科幻作品《雪崩》，首次创造了元宇宙（metaverse）这个词。书中描绘的一个宏大的虚拟世界，被视为元宇宙概念的起源。普遍认为，元宇宙概念源自该书中提到的 metaverse

（二）游戏初显元宇宙雏形

元宇宙发展的第二阶段是游戏实践阶段。在这一阶段中，一方面，虚拟现实技术的出现加速了未来元宇宙的发展，另一方面元宇宙更多地被应用在游戏领域。游戏研发制作者们不断丰富元宇宙内涵。影视创作者也围绕元宇宙制作了一系列艺术作品，使得元宇宙概念进入大众视野，为 2021 年元宇宙爆发打下坚实基础（见表 1-2）。

表 1-2　游戏实践阶段重要事件表

时间	事件
1990 年	虚拟现实技术的兴起，标志着元宇宙理念的雏形初现。然而，由于技术发展的限制，这一概念大多还停留在科幻小说和学术讨论中
1999 年	在当前的年代，电影《黑客帝国》仍然被视为经典之作。尽管它是一部科幻作品，但其中所描绘的人工智能、脑机接口、虚拟人等众多场景和概念，向观众展示了一个神奇的元宇宙世界
2000 年	随着在线多人角色扮演游戏的盛行，特别是暴雪娱乐（Blizzard Entertainment）公司推出的《魔兽世界》的广泛流行，形成了元宇宙的雏形。这款游戏迅速吸引了数百万玩家的积极参与。游戏中的艾泽拉斯世界为玩家提供了一个身临其境的环境，使他们可以在此建立友谊、组队、进行冒险和交易。这种高度的社交互动性为元宇宙的发展奠定了基础
2003 年	聚友（My Space）是全球最大的社交网络平台，为乐队、艺术家和个体创作者提供了一个展示才华的平台，同时为年轻人打造了一个个性化的在线社区
2003 年	林登实验室（Linden Lab）公司发布了游戏《第二人生》，该游戏同样以构建虚拟世界作为其核心卖点。开发者为游戏玩家打造了一个在线虚拟平台，在这个平台上，玩家不仅可以创建并定制自己的虚拟角色，同时还可以设计、购买和销售虚拟物品。不少公司和教育机构甚至在这个平台上设立了虚拟办公室和教室，预示着未来元宇宙模式的发展趋势。此外，随着网络社交平台的日益普及，人们的日常社交方式也发生了变革，逐渐呈现出元宇宙的雏形
2004 年	马克·扎克伯格创立了脸书（Facebook），其初衷是为哈佛学生提供一个社交平台。然而，该平台迅速扩展到其他大学，并最终发展成为全球最大的社交网络。脸书的"时间线"和"墙"功能使得人们可以轻松分享生活中的精彩瞬间，与朋友和家人保持密切联系

续表

时间	事件
2006 年	在推特（Twitter）平台推出之际，其独特的微博概念及 140 个字符的限制为大众开创了全新的信息分享与获取途径。此平台独树一帜，让新闻与热点能够在瞬间传遍全球，为实时互动与全球对话提供了宽阔的空间。这一时期的技术和文化变革为元宇宙的形成提供了肥沃的土壤。在线多人角色扮演游戏和社交网络都强调了社交互动和自我表达的重要性，而这恰恰是元宇宙的核心特质。此外，这些平台的成功也为技术投资和进一步的创新提供了资金和动力
2006 年	被称为元宇宙第一股的《罗布乐思》游戏诞生，该游戏的公司于 2021 年 3 月 10 日在美国纽约证券交易所上市，一经上市，就掀起了一股元宇宙的热潮
2009 年	第一条区块链的第一个区块诞生，作为元宇宙核心框架的区块链出现在人们的视野当中，一个去中心化的互联网革命正在掀起
2013 年	区块链领域中的现象级项目以太坊诞生，打破了区块链只应用于数字货币的局限，将它的应用场景扩散到了其他各个领域
2015 年	微软在美国国际消费电子展上首次展示了混合现实（mixed reality，MR）设备 HoloLens 眼镜，这让 MR 的技术和应用都得到了更深度的扩展和延伸。HoloLens 可以为用户提供高沉浸感的视觉体验，其相关的技术如今也广泛运用在游戏、科研、医疗、教育、工业、商业等各个领域
2016 年	去中心化自治组织（decentralized autonomous organization，DAO）的诞生为元宇宙中的社区治理提供了一个严谨、稳重、理性、官方的策略和方案。同时，由任天堂公司、宝可梦公司授权，任天堂公司负责开发和运营的一款增强现实手游《宝可梦 GO》在澳大利亚新西兰区域正式首发。这款游戏让世界范围内的用户首次感受到了增强现实技术（augmented reality，AR）的独特魅力。《宝可梦 GO》是一款探索捕捉、战斗以及交换现实世界中出现的宝可梦的游戏。玩家可以通过智能手机在现实世界里发现精灵，进行抓捕和战斗。玩家作为精灵训练师，抓到的精灵越多会变得越强大，从而有机会抓到更强大更稀有的精灵。该款游戏一经发布，便成为备受瞩目的现象级 AR 手游。据市场研究公司 App Annie 发布的数据显示，增强现实游戏《宝可梦 GO》只用了 63 天，就通过 IOS 和 GooglePlay 应用商店在全球赚了 5 亿美元，成为史上赚钱速度最快的手游之一

（三）物联网和云计算助力元宇宙由虚向实

物联网（internet of things，IoT）和云计算正在帮助元宇宙从虚拟世界向虚实融合的世界转变。通过物联网技术，各种物理设备可以连接到元宇宙中，这些设备可以收集数据、发送信息，并与元宇宙中的其他设备进行交互。这些数据和信息可以通过云计算进行处理和存储，从而为元宇宙提供更多的数据和信息。通过物联网和云计算，元宇宙可以更好地模拟现实世界，提供更真实的体验。例如，通过物联网技术，人们可以在元宇宙中控制现实世界中的智能家居设备，如灯光、空调、电视等。通过云计算，人们可以在元宇宙中实时查看和处理大量的数据和信息，如天气预报、交通状况、新闻报道等。

物联网和云计算的结合为许多创新应用提供了基础，如智慧城市、远程医疗和精准农业等。两者都持续迅速发展，预计未来还会有更多的创新和进步。

1. 物联网发展历程（见表1-3）

表1-3 物联网技术发展重要事件表

时间	事件
1980年至1990年	早期物联网设备诞生阶段。1982年，卡内基梅隆大学的一个可乐机被连接到互联网，成了历史上首个物联网设备。此外，射频识别技术开始商业化应用，为物品提供了独一无二的数字身份和跟踪能力
1999年	凯文·阿什顿（Kevin Ashton）首次提出物联网这个术语
2000年	为了确保设备之间的互通性，物联网相关的标准和协议形成。同时，传感器领域开始技术革命，出现更小、更便宜、更耐用的传感器，这使得设备能够收集更多的数据
2010年	智能家居逐渐普及，从智能恒温器到智能灯泡，物联网设备开始进入家庭。在工业领域，物联网也开始被用于监控设备、优化工厂运营等形成工业物联网
2020年至今	随着物联网设备的普及，安全问题也开始受到重视。与此同时，边缘计算与物联网的结合，数据处理和分析从云端转移到设备端，提高了处理速度

2. 云计算发展历程（见表1-4）

表1-4 云计算技术发展重要事件表

时间	事件
1960年	提出虚拟化概念，使用虚拟机技术来模拟真实系统的概念
1990年	网格计算出现，允许用户访问大型、集中的计算机资源。应用服务提供商（application service provider，ASP）开始提供基于全球广域网（web）的应用程序
2000年	亚马逊网络服务（amazon web services）推出了消息队列服务（simple queue service），这一举措标志着公共云计算领域的重要开端。2006年，亚马逊公司推出了亚马逊弹性计算云服务（elastic compute cloud），为用户提供了可扩展的计算能力
2010年	市场竞争日益激烈。除了亚马逊之外，谷歌、微软和其他公司也纷纷进军云服务市场。随着容器化与微服务概念的推出，以及应用容器引擎（docker）和容器编排引擎（kubernetes）等技术的迅速崛起，应用部署和管理的灵活性得到了极大的提升
2020年至今	随着混合云和多云策略的日益普及，企业逐渐倾向于结合使用私有云和公共云服务，以便更灵活地满足其特定需求。同时，云原生的快速发展也促使企业开始构建专为云环境设计的应用，以更好地利用云计算资源并提高效率

（四）人工智能赋能元宇宙智能化创新

人工智能（artificial intelligence，AI）产业的发展历程可以追溯到二十世纪中叶，并经历了多次的高潮与低谷（见表 1-5）。

表 1-5　人工智能技术发展重要事件表

时间	事件
1950 年	图灵测试是由艾伦·麦席森·图灵（Alan Mathison Turing）提出的，被视为机器智能的早期标准之一，是一种严谨、稳重、理性、官方的语言问答测试
1956 年	在达特茅斯（Dartmouth）会议上，"人工智能"这一术语首次被提出，标志着人工智能研究领域诞生。在这个时期，研究人员对人工智能充满了极高的期望，进行了大量的基础研究，并成功开发了早期的人工智能程序
1970 年	由于技术限制以及对人工智能潜力过高的期望，大量的投资未能实现预期回报，这导致了人工智能领域的第一次寒冬。在此期间，对人工智能研究的资金投入大幅减少
1980 年	以知识为基础的系统和专家系统兴起，它们在一些领域得到了商业应用。然而，随着时间的推移，专家系统的限制性和维护困难逐渐显现出来，加上经济和其他因素的影响，人工智能进入了第二次寒冬
2006 年	"深度学习"这一术语由杰弗里·辛顿（Geoffrey Hinton）首次提出，这一概念的提出标志着基于神经网络的机器学习迎来了复兴
2012 年至今	在 ImageNet 竞赛中，AlexNet 展现出了卓越的性能，从而引发了深度学习和人工智能领域的广泛关注。此后数年，深度学习在语音识别、计算机视觉、自然语言处理等领域取得了令人瞩目的进展。随着人工智能技术的不断发展，许多初创公司纷纷围绕这一技术开展产品开发和应用的探索。与此同时，诸如谷歌、脸书、微软、亚马逊等科技巨头也不断加大在人工智能领域的投入。无论是自动驾驶汽车、医疗诊断，还是智能助手、金融风险评估，人工智能都得到了广泛应用。随着边缘计算、更高效的算法以及小数据学习等技术的进步，人工智能将更加深入地融入人们日常生活的方方面面，并在众多领域带来颠覆性的变革

（五）区块链确保元宇宙资产与交易安全

第三代互联网概念（Web 3.0）的兴起，预示着一个更为去中心化、去用户为中心的互联网。在过去的十几年中，从一个实验性的概念到现今的广泛应用，区块链技术已经在全球范围内产生了深远的影响，预计未来还将继续推动各个行业的创新与变革（见表 1-6）。

表 1-6　区块链技术发展重要事件表

时间	事件
2008 年	中本聪（Satoshi Nakamoto）发布了比特币白皮书《比特币，一种点对点的电子现金系统》(*Bitcoin: A Peer-to-Peer Electronic Cash System*)，详细阐述了区块链技术的基本原理
2009 年	比特币网络正式上线，成为全球首个区块链系统。在此阶段，比特币及区块链技术主要受到密码学家、技术爱好者和自由主义者的关注和追捧

续表

时间	事件
2015 年	以太坊（Ethereum）网络的启动，成功引入了智能合约的概念，极大地拓宽了区块链技术的应用范围。由此，全球开始深入探讨区块链技术在金融、供应链、医疗等领域中的潜在应用价值
2017 年	加密货币市场的快速增长吸引了大量投资，其中初始币发行成为一种流行的筹资方式，但同时也引发了诸多争议和监管问题。在此背景下，主流企业和金融机构开始研究和实验区块链技术，探索其在各种业务场景中的应用。另外，多个国家也开始研究和开发中央银行数字货币
2020 年至今	随着技术的不断进步，去中心化金融（decentralized finance，DeFi）和非同质化代币（non-fungible token，NFT）等新兴应用逐渐崭露头角，成为金融领域的焦点。为应对这一新兴趋势，全球主要国家已经开始加强对区块链和加密货币的监管。此外，企业级区块链解决方案也在逐步实现实际业务应用，包括供应链追溯、跨境支付等领域。这些应用不仅提高了效率，还降低了成本，为各行各业带来了实际效益

（六）元宇宙飞速发展（见表 1-7）

表 1-7 元宇宙发展重要事件表

时间	事件
2020 年	受新冠疫情影响，社会运转模式呈现出鲜明的虚拟化趋势。为防控疫情，公众上网时间大幅增加，从而极大地推动了"宅经济"的崛起和快速发展。线上生活方式逐渐成为日常，不再仅仅是现实生活的补充，而是演变为了与现实生活并行的另一个世界。由此引发的生活方式上的重大变革，使人们开始大规模地向虚拟世界迁移。在这种情况下，人类已逐步成为在现实与数字世界中游刃有余的"两栖物种"
2021 年	年初，Soul 在行业内首次提出构建"社交元宇宙"的概念，2021 年被称为元宇宙元年。随着罗布乐思的上市，元宇宙这一概念逐渐进入公众视野，引发全球关注。科技巨头脸书、微软、英伟达等在国外纷纷布局元宇宙相关领域，而国内腾讯、字节跳动、百度等公司也紧随其后，积极探索和布局元宇宙相关技术和应用
2021 年 3 月	被称为元宇宙第一股的罗布乐思正式在纽约证券交易所上市
2021 年 5 月	微软首席执行官萨蒂亚·纳德拉（Satya Nadella）声明，该公司正在积极致力于构建一个企业元宇宙
2021 年 6 月	全球首款人工智能数字皮影藏品登录元宇宙
2021 年 8 月	海尔宣布推出首个针对制造行业的智造元宇宙平台，实现了智能制造的物理与虚拟融合，打破了传统制造的局限性，为厂、店、家跨场景的体验带来了新的机遇。该平台不仅可以增强生产效率、改善产品质量，还可以提升消费者对产品的认知和体验，进一步推动了制造业的发展
2021 年 8 月	英伟达正式宣布推出全球首个用于构建元宇宙基础的模拟与协作平台
2021 年 8 月	字节跳动成功收购了 VR 创业公司小鸟看看（Pico）。这一收购将进一步扩大字节跳动在虚拟现实领域的影响力，并为其提供更广阔的发展空间
2021 年 9 月 29 日	《2020—2021 中国元宇宙产业白皮书》在北京启动

续表

时间	事件
2021年10月28日	美国社交媒体脸书宣布更名为元（Meta）
2021年11月	中国民营科技实业家协会元宇宙工作委员会揭牌
2021年12月	21日，百度公司发布首个元宇宙产品希壤，用户凭邀请码进入希壤空间进行超前体验。27日，百度在希壤应用上举办了CreateAI开发者大会。这也是国内首次在元宇宙中举办的大会，可同时容纳十万人同屏互动
2022年1月	索尼公布虚拟现实头盔PSVR2的新细节，以及一款适配的游戏
2022年1月4日	高通公司在2022年国际消费电子展上宣布与微软合作，扩展并加速AR在消费级和企业级市场的应用，双方对元宇宙的发展充满信心，高通公司正与微软在多项计划中展开合作，共同推动生态系统发展
2022年2月14日	香港海洋公园宣布将与沙盒公司携手合作，共同布局元宇宙领域
2022年4月25日	元（Meta）公司宣布将于5月开设其首家元宇宙实体店，为消费者提供虚拟现实头显和其他设备的试用和购买服务。该实体店将提供一种新的购物体验，让消费者能够亲身体验虚拟现实技术，并购买适合他们的设备。这一举措标志着元（Meta）公司在扩展其虚拟现实业务方面的重要进展，也将为消费者提供更多的选择和便利
2022年4月26日	在中国的元宇宙产业发展高峰论坛上，重庆市的元宇宙先导试验区正式揭牌。这标志着重庆市在元宇宙产业领域的发展中，将扮演更为积极的角色
2022年5月9日	首尔市政府宣布元宇宙市政厅向公众开放
2022年5月31日	由中国外文局所属的中国网、当代中国与世界研究院联合发起成立元宇宙国际传播实验室。该实验室旨在推动元宇宙领域的国际传播，加强各国在元宇宙领域的交流与合作，促进元宇宙技术的普及和发展
2022年6月22日	微软、元（Meta）以及其他致力于构建新兴元宇宙概念的科技巨头共同成立了一个组织。该组织旨在促进元宇宙产业标准的制定，以确保这些公司新推出的数字世界能够相互兼容
2022年6月30日	全国首个家居元宇宙平台在江西南康正式发布
2022年7月22日	厦门市人民政府与中国移动咪咕公司签订战略合作协议，咪咕元宇宙总部已宣布在厦门成立
2022年9月	全国科学技术名词审定委员会对元宇宙及核心术语概念进行了深入的研讨
2022年9月15日	北京理工大学推出"挑战杯·元宇宙"大型沉浸式数字交互空间，包含北京理工大学良乡校区的数字校园、由千余名参赛者构建的"挑战杯"世界、万人在线参与的"挑战杯"舞台等虚拟场景
2022年10月	中国国际服务贸易交易会Web3.0发展趋势高峰论坛上，《中国元宇宙发展报告（2022）》发布。该报告显示，中国元宇宙上下游产业产值已经超过4000亿元，这个数字主要得益于游戏娱乐、虚拟现实和增强现实硬件等领域的快速发展。展望未来五年，国内元宇宙市场规模有望突破2000亿元大关。这份报告详细地剖析了中国

续表

时间	事件
2022年10月	元宇宙产业的发展现状以及前景。报告中，中国元宇宙产业呈现出较为完整的产业链态势，涵盖了硬件制造、软件开发、内容创作等多个环节。然而，报告也指出了一些存在的问题，例如技术成熟度、数据安全与隐私保护等。对于未来的发展，报告预测元宇宙将与5G、人工智能等新一代信息技术进行深度融合，广泛应用在教育、医疗、娱乐等领域。同时，报告也呼吁政府和企业加强合作，共同推动元宇宙产业的健康发展
2022年11月10日	咪咕公司与清华大学马克思主义学院联合发布了《元宇宙的元理论研究——构建网络空间命运共同体》报告。该报告由四部分组成，分别探讨了元宇宙的历史必然性、客观现实性、价值规范性和治理公共性。报告的核心观点是，元宇宙的本质在于时空建构，即构建一个与物理时空相互交融的数字时空，为创造力解放开辟道路。报告指出，元宇宙代表了实在的技术路径和经济大势，必然会推动经济基础的变革，催生新产业新业态，变革经济系统逻辑，拓展经济增长时空，并成为未来的技术高地和产业高地
2022年11月	中国移动作为2022年卡塔尔世界杯的持权转播商，推出了创新性的宏大奇妙的世界杯元宇宙比特景观，打造出5G时代首个世界杯元宇宙，并实现了多个"首次"成就。在国内，他们首创了批量数智人参与全球顶级赛事转播和内容生产的模式，这也是一次创举。此外，中国移动还首次成功使用了中国自主知识产权音视频标准进行商业化播出，再次证明了其在技术方面的领先地位。在转播技术方面，中国移动开创了5G+低延时转播方案，这一创新为观众提供了更加流畅的观赛体验。同时，他们还首次使用了基于3D渲染引擎的裸眼3D视频彩铃，让观众在观赛过程中能够享受到更加真实、生动的视觉效果。在智能座舱方面，中国移动首次实现了多屏多视角"车里看球"的智能座舱设计，这一创新覆盖了2022年80%以上的新能源车企。他们还首次实现了基于5G、算力网络、云引擎的比特转播，这一创新为观众带来了跨手机、平板、VR、AR、大屏等多终端的全新体验。在元宇宙比特空间设计方面，中国移动首创了元宇宙比特空间"星际广场""星座·M"，为观众呈现出一个充满科幻色彩的虚拟世界。同时，他们还推出了全球首个5G与算力网络元宇宙比特音乐盛典，为观众带来了前所未有的视听盛宴。在用户参与度方面，中国移动创下了单一比特空间实时渲染全交互全互动用户破万、5G与算力网络分布式实时渲染并发破十万、5G与算力网络云游戏全场景月活破亿的纪录。在世界杯期间，登录中国移动咪咕全系产品的用户数量也创下了新高，领取专属比特数智人身份的首批"元住民"超过了180万，元宇宙互动体验用户则超过了5700万
2023年5月5日	北京市东城区元宇宙产业联盟成立
2023年5月22日	中国产学研合作促进会中国元宇宙技术与应用创新平台成立，并隆重举办成立大会。由谭建荣院士、潘志庚教授领衔，汇集了全国知名专家和头部元宇宙企业，试图打造中国最具影响力的平台。将为元宇宙领域相关的科学家、专家学者、企业家、投资人、创业者、工程师等人士提供一个交流与合作的创新平台，形成行业联盟，共同促进全球元宇宙产业的发展
2023年6月13日	上海市科学技术委员会印发《上海市"元宇宙"关键技术攻关行动方案（2023—2025年）》
2023年8月29日	工业和信息化部办公厅、教育部办公厅、文化和旅游部办公厅、国务院国资委办公厅、广电总局办公厅印发《元宇宙产业创新发展三年行动计划（2023—2025年）》

二、产业链发展现状

当前，元宇宙整体还处在探索期，相关技术、产品、平台和应用还需要进一步整合和发展，但关键领域产业布局趋势已经逐渐明朗。

（一）政策方面现状

美国率先推出元宇宙概念，政府积极关注数据安全与加密货币监管。对于加密货币的牌照化管理，各州不同，但框架逐步完善，可执行性强，有效遏制了初期区块链和数字货币领域出现的乱象。韩国社会表现出对发展元宇宙强烈的紧迫感，已出现从用户群体到平台搭建者共同营造的元宇宙热潮，政企合作共同布局该领域。2021年11月3日，首尔市政府制定了全球第一个中长期元宇宙政策文件《元宇宙首尔基本计划》（*Basic Plan for Metaverse Seoul*），宣布建立名为元宇宙首尔（*Metaverse Seoul*）的虚拟平台。2021年7月，日本经济产业省发布了《关于虚拟空间行业未来可能性与课题的调查报告》，归纳总结日本虚拟空间行业亟须解决的问题，以期能在全球虚拟空间行业中占据主导地位。11月，日本成立一般社团法人日本元宇宙协会，将与金融厅等行政机关相互配合，启动市场构建，力争使日本成为元宇宙发达国家。欧洲对元宇宙持高度谨慎态度。欧盟《人工智能法案》、"平台到业务"监管法规、《数字服务法案》《数字市场法案》等立法说明了监管机构在处理元宇宙时可能采取的立场和倾向，包括增加透明度、尊重用户选择权、严格保护隐私、限制一些高风险应用。这些立法预示着欧盟更关注元宇宙的监管和规则问题，试图在治理和规则上占据先发优势，进而保护欧洲内部市场。欧洲缺乏互联网基因，没有大型的原生态互联网公司，其市场基本都被美国互联网巨头占领。欧洲的诉求是加强互联网企业的监管，防范数字龙头企业利用垄断地位扼杀竞争活力，反感美国科技巨头在欧洲赚取巨额利润却仅缴纳微薄税款。2020年12月，欧盟委员会公布了《数字服务法》和《数字市场法》两项法律的草案，这两项法案共同为包括社交媒体、在线市场和其他在线平台在内的所有数字服务提出了一套新规则。它们旨在促进整个集团的竞争，同时保护用户免受他们在网上可能遇到的许多伤害。在元宇宙时代，预计欧盟将继续推动对虚拟世界的监管，维护欧盟市场的竞争与活力。

我国元宇宙产业也获得了重点关注。2021年12月，中央纪委国家监委网站发布《元宇宙如何改写人类社会生活》，提出要"理性看待元宇宙带来的新一轮技术革命和对社会的影响，不低估五至十年的机会，也不高估一两年的演进变化"。2022年1月，工信部召开中小企业发展情况发布会，提出要注重培育一批深耕专业领域工业互联网、工业软件、网络与数据安全、智能传感器等方面的"小巨人"企业，培育一批进军元宇宙、区块链、人工智能等新兴领域的创新型中小企业。此外，工信部工业文化发展中心于 2022 年 10 月发布的《工业元宇宙三年行动计划（2022—2025 年）》，以及工信部、教育部等五部委 2022 年 11 月联合发布的《虚拟现实与行业应用融合发展行动计划（2022—2026 年）》，凸显对元宇宙产业发展的重视。2023 年 8 月 29 日工业部、教育部等五部委印发《元宇宙产业创新发展三年行动计划（2023—2025 年）》彻底将元宇宙产业作为国家未来经济、科技、人才发展的重要方向。目前，我国已有 24 个省市相继发布元宇宙方面的产业发展规划或方案，涉及产业发展、人才引进、税收支持等方面。

表 1-8　各省市元宇宙政策汇总表

地区	数量	相关政策文件名称	机构	时间
浙江	2	《浙江省元宇宙产业发展行动计划（2023—2025 年）》	浙江省发展和改革委员会、中共浙江省委网络安全和信息化委员会办公室、浙江省经济和信息化厅、浙江省科学技术厅、浙江省市场监督管理局	2022 年 10 月
		《浙江省元宇宙产业 2023 年工作要点》	浙江省发展和改革委员会、中共浙江省委网络安全和信息化委员会办公室、浙江省经济和信息化厅、浙江省科学技术厅、浙江省市场监督管理局	2023 年 4 月
江西	1	《江西省元宇宙产业发展指导意见》	江西省工业信息化厅	2023 年 7 月
四川	2	《成都市元宇宙产业发展行动方案（2022—2025 年）》	成都市新经济发展工作领导小组办公室	2023 年 6 月
		《四川省元宇宙产业发展行动计划（2023—2025 年）》	四川省经济和信息化厅、中共四川省委宣传部、中共四川省委网信办、四川省密码管理局、四川省发展和改革委员会、四川省教育厅、四川省科学技术厅、四川省交通运输厅、四川省商务厅、四川省文化和旅游厅、四川省卫生健康委员会、四川省政府国有资产监督管理委员会、四川省经济合作局、四川省广播电视局、四川省大数据中心、四川省通信管理局	2023 年 9 月
重庆	1	《重庆市元宇宙产业发展行动计划（2023—2025 年）》	重庆市经济和信息化委员会	2023 年 9 月
河南	5	《河南省元宇宙产业发展行动计划（2022—2024 年）》	河南省人民政府办公室	2022 年 9 月

续表

地区	数量	相关政策文件名称	机构	时间
河南	5	《关于开展元宇宙典型案例及创新场景需求征集工作的通知》	郑州市制造业高质量发展工作领导小组办公室	2023年2月
		《开封市元宇宙产业发展行动计划（2023—2025年）》	开封市人民政府办公室	2023年5月
		《郑州市元宇宙产业发展实施方案（2023—2025年）》（征求意见稿）	郑州市发展和改革委员会	2023年5月
		《郑州市元宇宙产业发展若干政策》	郑州市人民政府办公厅	2023年7月
湖北	2	《武汉市促进元宇宙产业创新发展实施方案（2022—2025年）》	武汉市人民政府	2022年10月
		《武汉市元宇宙产业创新发展实施方案（2022—2024年）》（征求意见稿）	武汉市经济和信息化局	2022年8月
北京	2	《关于加快北京城市副中心元宇宙创新引领发展的若干措施》	北京市通州区人民政府办公室	2022年2月
		《北京城市副中心元宇宙创新发展行动计划（2022—2024年）》	北京市通州区人民政府、北京市科学技术委员会、中关村科技园区管理委员会（北京市科学技术委员会代章）、北京市经济和信息化局	2022年8月
安徽	1	《关于推动元宇宙产业发展的若干指导意见》	马鞍山市发展和改革委员会	2022年8月
江苏	4	《昆山市元宇宙产业创新发展行动计划（2022—2025年）》	昆山市人民政府办公室	2022年11月
		《南京市加快发展元宇宙产业行动计划（2023—2025年）》	南京市工业和信息化局	2023年2月
		《无锡市元宇宙创新发展三年行动计划（2023—2025）》	无锡市"465"现代产业体系重点产业集群发展领导小组	2023年2月
		《苏州市文旅元宇宙行动方案（2023—2025年）》（征求意见稿）	苏州市文化广电和旅游局	2023年9月
山东	5	《山东省加快元宇宙产业创新发展的指导意见》	山东省工业和信息化厅、山东省发展和改革委员会、山东省教育厅、山东省科学技术厅、山东省财政厅、山东省文化和旅游厅	2022年9月
		《青岛市市南区关于促进元宇宙产业高质量发展的若干政策措施》	青岛市人民政府	2022年10月
		《关于加快推动元宇宙产业发展的若干政策》	潍坊市人民政府	2023年2月

续表

地区	数量	相关政策文件名称	机构	时间
山东	5	《潍坊市打造元宇宙技术创新与产业之都行动计划（2023—2026年）》	潍坊市人民政府	2023年2月
		《济南市促进元宇宙产业创新发展行动计划（2022—2025年）》	济南市人民政府办公厅、市工业和信息化局、市委网信办、市委宣传部	2023年12月
辽宁	1	《大连市元宇宙发展生态三年行动方案（2023—2025年）及若干政策措施》	大连市发展和改革委员会、大连市工业和信息化局办公室	2023年5月
广东	2	《支持元宇宙产业发展十方面税收措施》	横琴粤澳深度合作区财政局、国家税务总局横琴粤澳深度合作区税务局、横琴粤澳深度合作区经济发展局	2022年11月
		《南沙元宇宙产业先导示范区入驻管理暂行办法》	广州南沙经济技术开发区科学技术局	2022年12月
福建	1	《厦门市元宇宙产业发展三年行动计划（2022—2024年）》	厦门市工业和信息化局、厦门市大数据管理局	2022年3月
上海	5	《上海市培育"元宇宙"新赛道行动方案（2022—2025年）》	上海市政府办公厅、上海市经济和信息化委员会	2022年7月
		《元宇宙产业发展行动计划》	虹口区科学技术委员会、虹口区国有资产监督管理委员会、虹口区财政局	2022年11月
		《上海文旅元宇宙行动指引》	上海市文化和旅游局	2023年4月
		《上海市"元宇宙"关键技术攻关行动方案（2023—2025年）》	上海市科学技术委员会	2023年6月
		《上海市打造文旅元宇宙新赛道行动方案》	上海市文化和旅游局	2023年6月

（二）基础设施层现状

元宇宙涉及的技术包括通信网络技术和算力保障技术，以及新型诞生技术。根据元宇宙定义和实现生态所需的技术要求，现阶段元宇宙发展各方面技术都不算成熟，其中以算力涉及的基础设施为主要短板。由于元宇宙构建对算力基础设施要求极高，目前各国算力基础设施均无法达到元宇宙构建技术要求。未来元宇宙构建，在技术层面还有较长的路要走。

1. 硬件基础设施

虚拟现实、增强现实设备的持续进步是元宇宙发展的关键动力。以 Oculus Quest、HTC Vive、PlayStation VR 和 AppleVision Pro 等为代表的头显产品，正在经历着从提升图像分辨率和颜色准确性到减少运动追踪延迟的全方位技术革新。高保真度的视觉输出和精准无误的动作捕捉技术，能够降低用户体验中的不适感和模拟病症，进而大大提升沉浸感。此外，为了长时间的佩戴考虑，设备设计正趋向于更轻巧和人体工学化，旨在减轻用户在虚拟空间中长时间活动时的负担。扩展现实设备、算力芯片和网络基础设施等已成为元宇宙产业关注重点。其中，扩展现实设备已经成为元宇宙最直接入场券，以美国为主的国外厂商占据先发优势，市场占比较高。2021年第一季度Facebook旗下的Oculus出货量已占全球VR/AR头显出货量75%，同比增长117%，行业呈现向头部集中的趋势。以图形处理单元（graphics processing unit，GPU）为代表的算力正逐步向元宇宙计算核心发展，英伟达在该领域具有绝对的话语权和主导权，在前四大云供应商亚马逊、谷歌、阿里巴巴、微软97.4%的人工智能加速器实例部署了英伟达GPU，同时英伟达主导着人工智能算法训练市场，全球五百强超级计算机中近70%使用了英伟达GPU。以网络为代表的基础设施成为保障沉浸式体验的关键，在传统无线方式不能解决元宇宙终端设备需求的背景下，5G和新的WIFI标准不断出现，博通、高通、联发科和华为等公司都在向该方向投入研发，并且已经有相关的芯片和技术解决方案面世。

为了处理大量的实时数据和支持复杂的虚拟世界的运行，强大的GPU和高速的存储解决方案是必需的。目前，元宇宙的发展不仅需要强大的硬件支持，还需要在软件和算法方面进行不断的优化和升级。在硬件的计算与存储方面，随着元宇宙对复杂场景渲染的需求日益增长，高性能的图形处理单元和快速响应的存储系统成了构建元宇宙不可或缺的技术支柱。GPU不仅需要处理高复杂度的图形渲染任务，还要有效支持机器学习和物理模拟等计算密集型任务，以实现元宇宙中的智能交互和真实感体验。而高速存储则确保了数据的快速读取和写入，使得用户能够在无缝的虚拟环境中实时交互，无论是在商业、教育还是娱乐场景中。

在当今的技术格局中，计算和存储产业正站在一个新的发展门槛上。随着大数据、人工智能、云计算、物联网和边缘计算的兴起，计算和存储需求指数级上升。在硬件方面，集成电路的制造继续沿着摩尔定律缩小晶体管尺寸，尽管面临物理极限挑战，产业界通过创新如3D堆栈技术和异质集成等解决方案以延续性能的增长。此外，处理器技术不再局限于提高单核性能，而是向多核和专用加速器发展，如图形处理单元（GPU）、张量处理单元（TPU），以及应用特定集成电路（ASIC），这些为人工智能和机器学习等计算密集型任务提供了专门优化。存储技术也实现了巨大飞跃，传统硬盘驱动器（HDD）逐渐让位于固态驱动器（SSD）和基于非易失性内存的存储解决方案，这些新型存储介质以其更快的读写速度、更高的可靠性和更低的能耗赢得了市场。在软件层面，开源软件的兴起与云服务的普及相得益彰，推动了存储和计算资源管理方式的转变，容器化和微服务架构变得日益流行，它们提高了应用的可移植性和扩展性。云计算服务提供商如亚马逊、微软和谷歌正处于这场变革的最前沿，它们不仅提供了弹性可伸缩的计算能力，还通过创新服务简化了机器学习和大数据分析。边缘计算作为一种新兴的范式，通过在数据源近处进行数据处理，它强化了物联网设备的实时数据分析能力，减少了带宽需求，并降低了云中心的计算负担。

此外，随着对隐私和数据主权关注的加剧，产业界正探索将计算和存储资源的部分分布式架构，比如去中心化的云服务和区块链技术，旨在提供更加安全和透明的数据处理。环境可持续性也促使产业界考虑能效比，在数据中心的设计和运营中采用绿色技术，如使用可再生能源和提高能效的冷却系统。总的来说，计算和存储产业正快速适应技术革新带来的挑战，以满足全球数字化转型的需求，在保持竞争力的同时承担社会责任、保护环境。

我国在计算和存储领域取得了显著进展，逐渐成为全球市场的重要参与者。我国政府的政策扶持与大量资本的投入推动了国内云计算、大数据中心的快速发展，诸如华为云、阿里云和腾讯云等本土云服务提供商不仅在国内市场份额不断上升，而且开始拓展国际服务能力。硬件方面，我国正在积极推进半导体自主研发，通过企业如中芯国际、华为海思等的努力，正逐步建立起从设计到制造的半导体产业链。此外，在新一代存储技术如闪存、光存储和新型非易失性内存技术的研究和产业化方面也显示出雄心。企业也认识到了这一概念的巨大商业潜力与其对计算和存储技术的极高要求，进而加大了在相关基础设施和技术研发的投入。元宇宙发展的同时，也面临数据安全、个人隐私保护等方面的挑战，这些问题的解决同样需要计算和存储技术的支持。整体来看，我国的计算和存储产业正在加速成长，与元宇宙的结合也逐步显现，不仅表现为技术层面的革新，更在推动相关产业模式和市场生态的重构。

2. 网络基础设施

快速的网络连接对于元宇宙中的实时互动至关重要，第五代互联网通信技术（5G）提供了低延迟和高带宽的连接。第五代技术自2019年首次商用部署以来，已在全球范围内取得了显著的发展。至2023年，全球超过六十个国家和地区已商用5G网络，全球已有超过二百家运营商投入5G商用服务，预计到2025年全球人口的45%

将被 5G 覆盖。特别是在中国、美国、韩国、日本和欧洲，5G 建设进展尤为迅速。工信部报告显示，至 2022 年年底，我国已建设 5G 基站超过一百五十万个，实现了对所有地级以上城市的全覆盖。

目前，全球范围内的 5G 网络发展取得了显著进步，并且逐渐成为推动包括元宇宙在内的新兴技术发展的基石。全球 5G 用户数量预计已经超过十亿。此外，据国际数据公司（IDC）的报告，5G 的平均下载速度已达到 100～200 Mbps，是 4G 的一二十倍，而且在某些地区和条件下，5G 网络的峰值下载速度已能达到或超过 1Gbps，其超高的传输速率和低至毫秒级别的延迟为元宇宙中的实时互动、高清视频传输和复杂数据处理提供了必要的网络基础。随着 3GPP 组织发布的 Release 16 和 Release 17 标准的逐渐落地实施，5G 网络的性能持续优化，例如在网络切片、边缘计算、增强现实、虚拟现实等领域的应用能力得到了增强，为元宇宙的实现提供了更为坚实的技术支撑。

元宇宙作为一个集成了 VR、AR、3D 动画、社交媒体、游戏和电子商务等多种功能与体验的虚拟空间，对网络带宽、延迟和数据传输的要求极高，5G 网络在这些方面的性能提升正好满足了元宇宙对于快速、高效网络连接的基本需求。然而，尽管 5G 为元宇宙的发展提供了动力，但 5G 网络自身的建设和优化也面临着诸多挑战，包括频谱资源的分配、基站的密集部署、网络安全问题以及在广域覆盖和成本控制方面的平衡等，这些因素都可能影响到 5G 网络服务质量和用户体验。

目前元宇宙的发展仍然处于起步阶段，市场对于元宇宙的理解和接受程度、内容与应用的丰富程度，以及相关法律法规的完善等社会经济因素，都将影响元宇宙对 5G 技术的实际需求和应用推广。总的来说，5G 网络技术现状是积极向前发展的，它不仅支撑了元宇宙等新兴领域的技术需求，而且随着技术的进一步成熟和应用的拓展，未来 5G 有望成为连接现实世界与元宇宙的重要桥梁。

我国 5G 网络技术的发展与应用全球领先，政府与主要电信运营商中国移动、中国联通和中国电信已在全国范围内展开了大规模的 5G 基站建设和网络优化工作。据中国信息通信技术研究院的数据，截至 2023 年 4 月，中国已建设 5G 基站超过一百四十万个，覆盖了所有地级以上城市，乡镇覆盖率也在稳步提升；此外，我国 5G 用户数已超过四亿，根据工信部的统计，我国移动通信行业的总收入中，5G 相关服务收入占比显著增长，显示出 5G 商用化的快速推进。技术成熟度方面，5G 网络已支持 eMBB、mMTC 和 URLLC 场景，与 3GPP 的 Release 15 和 Release 16 标准保持同步，并正在推进后续 Release 17 的功能实现。在元宇宙的发展上，我国的 5G 网络为高带宽、低延迟的虚拟环境提供了强有力的基础，促进了包括 VR、AR 在内的交互体验变得更加丰富和流畅，进而推动了数字内容产业和云计算市场的扩张，据中国互联网协会报告，2022 年中国云计算市场规模已达到千亿元级别，年均复合增长率保持在 30% 以上，5G 技术作为支撑元宇宙发展的关键基础设施，在其中扮演了不可或缺的角色。

然而，中国 5G 网络的进一步发展还面临诸如终端设备普及、异构网络融合、网络安全、用户隐私保护以及构建成熟的应用生态等挑战。政府和行业联合采取的措施，包括频谱资源的合理分配、5G 应用创新和产业链协同发展，都在为中国 5G 网络的深化应用和未来 6G 技术的过渡奠定基础。

边缘计算在离用户更近的地点处理数据，有助于降低延迟，这对于创建一个无缝的虚拟体验至关重要。边缘计算产业在近年来随着物联网和 5G 技术的快速发展而迅猛增长，其在降低延迟、提高数据处理速度以及加强网络安全方面的优势，已被广泛认可并开始在多个行业中得到应用。截至 2023 年，根据数据分析公司 Gartner 的预测，全球边缘计算市场规模将达到 507 亿美元，年复合增长率预计将超过 37%，显示了其在整个计算产业中日益增长的重要性。在元宇宙领域，边缘计算扮演着至关重要的角色。随着元宇宙对实时互动和高度个性化的虚拟环境需求日益增加，传统的云计算中心处理大量的数据传输存在的高延迟问题变得更加突出。边缘计算能够通过在数据源附近即时处理数据，显著降低了元宇宙应用中的延迟，为用户提供了更为丰富和流畅的虚拟现实体验。例如，边缘计算使得在元宇宙中进行虚拟演唱会或在线会议时，参与者能够实时互动，几乎无感知任何延迟。此外，根据国际数据公司相关报告，随着元宇宙平台对数据处理和存储要求的提升，预计到 2025 年，全球有超过一半的新基础设施将部署在边缘位置，而不是数据中心，从而提供更加分散和响应迅速的服务。这不仅推动了边缘计算技术的创新和市场拓展，同时也促进了元宇宙的技术演进和业务模式的创新。尽管边缘计算在元宇宙领域提供了显著优势，但它也带来了数据安全和隐私保护的新挑战，这需要产业界、学术界共同协作，制定相应的安全标准和法规。在此背景下，边缘计算不仅推动了元宇宙产业的发展，也为计算产业的发展方向提供了新的视角，即在保证效能的同时，也要兼顾数据的安全性和隐私保护。

我国边缘计算产业正处于快速发展阶段，与国家的数字化转型和工业升级战略紧密相连。根据中商产业研究院的报告，2023 年我国边缘计算市场规模将达到亿元级别，且未来五年将保持超过 40% 的年复合增长率。这一增长受益于政府对于新型基础设施建设的高度重视，特别是在 5G 和工业互联网领域的投入，使得边缘计算的应用场景持续拓宽，从智能制造、智能城市到车联网等多个领域均展现出强劲的发展势头。在元宇宙的构建中，边缘计算被视为支撑实时、沉浸式体验的关键技术之一。企业在推进本地化边缘节点的部署、优化网络架构以减少时延，以及在数据处理效率上的持续创新，正不断增强元宇宙平台的用户体验。例如，阿里云和华为云等领先的云服务提供商纷纷推出边缘计算解决方案，以满足元宇宙应用对于高速计算和数据传输的需求。此外，我国在边缘计算领域的专利申请数量快速增长，表明其在这一技术上的研发活动非常活跃。然而，面对国际市场上的竞争，我国边缘计算产业仍需解决核心技术的自主创新、安全可靠的跨区域数据处理能力以及缺乏统一标准和开放生态等问题。边缘计算在促进元宇宙产业发展的同时，也对数据治理、隐私保护和网络安全提出了更高的要求，这需要产业各方共同努力，共同推进产业健康发展。

我国边缘计算产业的发展目前已成为支撑元宇宙产业成长的关键因素，其提供的低延迟、高可靠性的计算服务，不仅优化了用户的互动体验，也为元宇宙的商业化模式和生态系统建设提供了坚实的技术基础。

3. 软件基础设施

游戏引擎和开发工具作为数字创意产业的基石，在过去几年里随着技术进步和市场需求的增加，显示出显著的发展趋势。根据 Statista 的数据，2023 年全球游戏引擎市场的规模达到数十亿美元，其中 Unity 和虚幻引擎（Unreal Engine）占据了市场的主导地位，这两个引擎分别以其高度的灵活性和强大的图形处理能力著称。Unity 因其跨平台能力和对开发者友好的策略获得了广泛的应用，而 Unreal Engine 则以其领先的渲染技术和高质量的视觉效果成为大型 3A 游戏和影视制作的首选。

随着元宇宙概念的兴起，游戏引擎的角色不再局限于传统的游戏开发。它们现在被视为构建元宇宙体验的重要工具，提供了创建高度复杂和交互式 3D 世界的能力。例如，Unity 在 2022 年宣布了对元宇宙应用的支持计划，推出了多项增强现实和虚拟现实的集成工具。Unreal Engine 也发布了专门的元宇宙创建套件，使开发者能够利用其强大的虚幻图形技术来构建虚拟环境和角色。

游戏引擎的这些创新在推动元宇宙产业的基础架构发展中发挥了关键作用。它们为创造沉浸式和连贯的虚拟体验提供了必要的技术支持，如实时渲染、物理仿真和 AI 驱动的交互，对于打造元宇宙中的虚拟环境和交互体验至关重要。例如，Unreal

Engine 的虚拟现实编辑器允许开发者直接在 VR 空间内设计和修改场景，这提供了一种新的直观方式来构建和体验元宇宙内容。此外，对于实现元宇宙的可扩展性和多用户参与，网络同步和数据管理工具也是游戏引擎提供的关键功能。CryEngine 由 Crytek 开发，是一款为创造具有先进图形和物理的游戏而设计的游戏引擎。尽管它最初被设计用于制作第一人称射击游戏，但它的强大渲染能力和物理模拟功能使其成了元宇宙内容创建的理想工具之一。腾讯的天美工作室开发了多款成功的手游，如《王者荣耀》和《使命召唤》，而且它也在探索将其游戏资产和技术应用到元宇宙空间中。天美工作室采用了包括 Unity 和 Unreal Engine 在内的多种游戏开发引擎来创建其产品，并可能进一步利用这些工具来开发元宇宙体验。腾讯亦在其他项目中投入资源，包括在虚拟现实和增强现实技术上的研究，这些技术是构建元宇宙不可或缺的。

整体而言，游戏引擎和开发工具的创新为元宇宙的构建提供了技术支撑和创新动力。它们的发展不仅支持了游戏产业的繁荣，也为元宇宙的多维体验和互动性开辟了新的可能，成为连接现实世界与虚拟世界的关键桥梁。随着技术的进步和市场的拓展，游戏引擎和开发工具将继续在元宇宙的演化中发挥重要作用，带来更加丰富、沉浸和互动的虚拟体验。然而，游戏引擎面临的挑战也不容忽视。在保障用户数据安全和隐私方面，游戏引擎和开发工具必须遵循严格的法规要求。此外，随着技术的快速发展，对开发者的技能要求也在不断提高，行业对于专业人才的需求巨大。因此，相关企业和教育机构需要合作，提供更多的培训和教育资源，来培养足够的技术人才。

综上所述，游戏引擎和开发工具的发展极大地推动了元宇宙产业的创新，提供了构建虚拟世界所需的高效、强大的技术解决方案。作为数字创造力的催化剂，它们将继续支持元宇宙领域的多元化发展，包括游戏、社交、教育、商业等多个方面的融合与创新。

（三）核心技术现状

元宇宙的发展和落地，需要六大支撑技术，分别是区块链（blockchain）、交互技术（interactivity）、电子游戏相关技术（game）、人工智能（AI）、网络及运算技术（network）、物联网（internet of things），并以首字母将这个"技术丛"统称为"大蚂蚁（BIGANT）"。元宇宙的发展与落地过程中，"大蚂蚁（BIGANT）"作为一个技术组合概念，为理解其技术基础提供了框架。本书将元宇宙六大支撑技术分为人工智能技术、物联网云计算技术、虚拟现实及游戏技术以及区块链技术四类核心技术。

区块链技术在元宇宙中提供去中心化的资产确权、交易验证和用户身份管理，这些是创建一个信任、安全和不可篡改的虚拟经济体系的关键。交互技术，尤其是 VR、AR 和 MR，定义了用户如何在元宇宙中体验和操作虚拟对象，它们不仅增强了用户的沉浸感，也是元宇宙用户界面的核心。游戏技术提供了复杂环境的渲染、物理引擎模拟和用户交互的架构，其在元宇宙中的应用不再仅限于娱乐，还扩展到教育、培训和社交领域。人工智能是推动元宇宙发展的关键技术，它在内容生成、行为模拟、自然语言处理等方面发挥作用，从而为用户提供个性化的体验和高效的界面交互。网络及运算技术则是整个元宇宙运行的基础设施，高速的网络连接和强大的云计算能力保障了大规模、实时的数据处理和传输。物联网技术将实体世界与虚拟世界连接起来，通过传感器和智能设备收集信息，并将其整合到元宇宙中，为用户提供无缝的线上线下融合体验。

在核心技术上，人工智能已经成为驱动元宇宙的内在动力，美国围绕人工算法基础框架开展了大量的研究与应用。谷歌、元、亚马逊、微软等科技巨头纷纷布局基础算法框架，开发了 Pytorch、TensorFlow、MXNet、CNTK、Caffe 等重要产品，其中谷歌所研发的 TensorFlow 和脸书研发的 Pytorch 已被大量人工智能项目采纳。国内，作为全面人工智能最早的公司，百度在 AI 领域的积累深厚，基于百度大脑的 VR2.0 产业化平台为产业提供全站式行业场景应用开发，并提供全链路元宇宙内容生态和 AI 支撑下的元宇宙新业态。

区块链技术作为元宇宙数字身份和数字资产的支撑也获得了飞速发展。据 IDC 数据显示，我国区块链市场规模已达 4.68 亿美元，是全球的第二大区块链支出单体。随着产业动能的释放，我国区块链产业链条进一步完善，产业链上中下游持续补充，形成了具备成熟度与完备性的全产业链链条。

交互技术在元宇宙中扮演着至关重要的角色，它不仅是实现沉浸式体验的基础，而且是构建和维持虚拟世界中社交互动和用户参与的关键因素。在元宇宙这一虚拟环境中，交互技术的进步直接影响到用户的感知深度和参与度。先进的虚拟现实和增强现实技术是元宇宙中交互体验的核心。例如，Oculus Rift 和 HTC Vive 等 VR 头显提供了沉浸式的视觉体验，而手部追踪技术和触觉反馈设备如 HaptX Gloves 则增强了用户的触感体验，使得用户能够以更自然和直观的方式与虚拟世界互动。社交互动是元宇宙的一个核心特征，而交互技术在此发挥着重要作用。通过语音聊天、视频通话和虚拟角色的动作捕捉，用户可以在元宇宙中以更自然的方式进行社交和沟通，从而建立和维持社区感和归属感。在更广泛的应用层面，交互技术也在支持元宇宙中的教育、娱乐、商业活动等多个领域。例如，通过模拟真实世界的环境和情景，元宇宙为远程教育和培训提供了新的可能性，而且这些都依赖于高度发达的交互技术。交互技术在元宇宙中不仅提供了实现虚拟现实的基础设施，而且是推动用户体验创新、增强社交互动和支持广泛应用的关键驱动力。随着这些技术的不断进步，元宇宙的潜力将进一步得到释放，为用户提供更加丰富、多元和互动的虚拟体验。

电子游戏相关技术在元宇宙的构建和发展中发挥着关键作用，从提供高质量的视觉和互动体验到支持复杂的社交和经济机制，这些技术不仅推动了元宇宙的技术发展，也为用户在虚拟世界中的体验和互动提供了广阔的空间和无限的可能性。随着技术的不断进步和创新，电子游戏技术将继续在元宇宙领域扮演至关重要的角色。Epic Games 的虚幻引擎（Unreal Engine），作为先进的游戏和实时 3D 创作工具，已被广泛应用于构建元宇宙环境中的高质量、互动的 3D 世界。这些技术不仅提供了逼真的图形和环境，还支持复杂的物理模拟和交互逻辑，为用户创造出真实感十足的虚拟体验。另外电子游戏中的多人在线功能和社交互动机制也在元宇宙中得到了扩展和应用。例如，《堡垒之夜》已经超越了传统游戏的范畴，成为一个包含音乐会、社交活动和品牌推广的综合平台，这表明了电子游戏技术在支持元宇宙社交互动方面的潜力。同时，电子游戏技术在元宇宙中的虚拟经济构建方面也扮演着重要角色。例如，使用区块链技术和加密货币的 NFT 游戏项目，如 Axie Infinity，展示了如何在虚拟世界中创建和交易独一无二的资产，这为元宇宙中的经济活动提供了新的可能性和模式。

网络及运算技术在元宇宙的构建和运行中扮演着基础而关键的角色。这些技术不仅为元宇宙提供了必要的数据传输和处理能力，而且是确保用户体验流畅和实时互动的核心。例如，5G 网络技术，以其高速度和低延迟特性，为元宇宙中的实时交互和大规模多用户参与提供了基础。同时，云计算和边缘计算技术也在元宇宙的发展中发挥着重要作用。云计算平台如亚马逊云服务（Amazon Web Services）和微软云平台（Microsoft Azure），通过提供强大的计算资源和存储能力，支持了元宇宙中复杂环境的创建和维护。此外，边缘计算技术则能够减少数据传输时间，提高响应速度，从而为用户提供更加流畅和实时的虚拟体验。在实际应用中，例如英伟达的 Omniverse 平台，就是通过高性能的 GPU 运算和云计算资源，为创作者和开发者提供了一个实时的 3D 协作和仿真环境，这在元宇宙的构建中具有重要意义。通过这些先进的网络和运算技术，元宇宙能够支持大量用户同时在线，实现高度复杂的交互和沉浸式体验。

物联网在元宇宙的构建和发展中扮演着枢纽般的角色，特别是在实现虚拟与现实世界之间的无缝连接和交互方面。物联网设备能够收集和传输来自现实世界的数据，这些数据经过处理后可以被用于丰富和增强元宇宙中的体验。例如，智能可穿戴设备能够捕捉用户的运动和环境信息，并将这些信息实时反映到元宇宙中，从而创造出更加沉浸和互动的虚拟体验。此外，物联网技术在元宇宙中还可以实现对物理世界的远程控制和交互。例如，通过物联网设备控制的智能家居系统可以与元宇宙中的虚拟环境相连，使得用户能够在虚拟空间中控制和互动真实世界的设备。这种双向交互为元宇宙带来了更多的实用性和应用场景。同时，物联网技术使得元宇宙能够更加紧密地与现实世界结合推进工业元宇宙发展。通过在元宇宙中模拟现实世界的工厂和设备，可以实现对物理设备的远程监控和管理，这种模式已在公司如波音和西门子的工业应用中得到实践。

（四）服务应用现状

中国互联网协会发布了《中国元宇宙发展报告（2023年）》。报告显示，中国元宇宙上下游产业产值超过5000亿元，主要体现在游戏娱乐、VR和AR硬件等方面，未来五年，国内元宇宙市场规模至少突破3000亿元大关。报告指出，元宇宙代表实在的技术路径和经济大势，必然推动经济基础变革，催生新产业新业态、变革经济系统逻辑，拓展经济增长时空，成为未来的技术高地和产业高地。

根据元宇宙行业服务对象来看，元宇宙服务应用层可以基本分为消费端应用、生产端应用以及政务端应用。消费端主要应用领域包括游戏、电商、虚拟人营销、文旅、艺术等；生产端主要包括工业、教育、能源、医疗等场景；政务端主要包括政务服务、政府监管等领域。

在消费端，元宇宙已经开始在游戏、电商、虚拟人营销、文旅、艺术等领域中发挥作用。游戏是最早的元宇宙应用场景，随着技术的不断发展，游戏画面更加逼真，游戏体验更加丰富。电商领域也在不断探索元宇宙的应用，例如通过虚拟现实技术让消费者能够在线上购物时更加真实地感受商品的质量和外观。虚拟人营销则是一种新的营销方式，通过虚拟人物来代言产品，能够更好地吸引消费者的注意力。文旅和艺术领域也在积极探索元宇宙的应用，例如通过虚拟现实技术让游客能够更加真实地感受旅游景点的文化和历史。

在生产端，元宇宙已经开始在工业、教育、能源、医疗等领域中发挥作用。工业领域可以通过元宇宙技术实现工厂的智能化和自动化，提高生产效率和产品质量。教育领域可以通过元宇宙技术实现远程教育和在线学习，让更多人享受到优质的教育资源。能源领域可以通过元宇宙技术实现能源管理和优化，提高能源利用效率。医疗领域可以通过元宇宙技术实现远程诊断和治疗，让更多人能够享受到优质的医疗服务。

在政务端，元宇宙已经开始在政务服务、政府监管等领域中发挥作用。政务服务领域可以通过元宇宙技术实现线上政务服务，提高政务服务效率和便利性。政府监管领域可以通过元宇宙技术实现监管智能化和自动化，提高监管效率和准确性。

总体来说，元宇宙的发展和应用仍然处于初级阶段，未来还有更广阔的发展空间和更多的应用场景等待着研究者和用户去探索和开发。当前游戏和社交领域仍是元宇宙应用的主要方向。国外作为元宇宙的发起方，在应用方面积累了大量的优质企业，产业发展优势明显。我国科技企业在元宇宙应用领域迅速跟进，以腾讯、字节跳动、华为、阿里巴巴等为代表的巨头整合业务优势迅速布局，以米哈游、莉莉丝等为代表的游戏企业升维游戏场景靠近虚拟世界，游戏公司中青宝、宝通科技、汤姆猫等宣布开发元宇宙概念游戏。整体来看，得益于强大的基建能力及人口规模优势，我国元宇宙科技企业在后端基建、人工智能、内容与场景创新等方面的潜力巨大。

（五）产业生态现状

韩国科学技术信息通信部在2021年5月发起成立了由政府领导、囊括200多家公司和机构包括SK电讯、现代汽车、韩国移动互联网商业协会等的"元宇宙联盟"，合作进行元宇宙层面的道德与文化实践，分享技术趋势及见解，并启动联合开发项目。三星等也积极为元宇宙搭建资本基础，推出元宇宙基金并大受欢迎。2021年11月，英伟达、罗布乐思等四家知名科技巨头高管围绕元宇宙愿景举行大型讨论会。

国内互联网企业抢先布局，通过并购等方式不断完善产业链体系，形成了以龙头企业为核心，版图不断扩展的生态。在各地政府、企业的助推下，相继成立了中国元宇宙技术与应用创新平台、长三角元宇宙联盟、广州元宇宙创新联盟等产业联盟，致力于协同上下游推进元宇宙发展。2023年5月21日至23日，中国产学研促进会中国元宇宙技术与应用创新平台，由谭建荣院士、潘志庚教授领衔，汇集了全国知名专家和头部元宇宙企业，试图打造中国最具影响力的平台，将为元宇宙领域相关的科学家、专家学者、企业家、投资人、创业者、工程师等人士提供一个交流与合作的创新平台，形成行业联盟，共同促进全球元宇宙产业的发展。

三、关键技术发展现状

（一）人工智能技术发展现状

元宇宙涉及的人工智能技术包括传统的机器学习，也包括深度学习、计算机视觉、知识图谱、自动驾驶等技术。人工智能技术，特别是在深度学习、机器学习、自然语言处理和计算机视觉等子领域的技术，将赋予元宇宙实时内容生成以及智能维护的能力。元宇宙可以使用人工智能来创建类似人类的声音和独特的内容。只需输入简单的信息，这些数据就可以自动转换为游戏、新闻、广告和讲座资料。人工智能还可以通过分析用户在元宇宙中的文字、信息等行为模式，预测用户的性格、智力水平和经济水平。Ready Player Me 已经在使用人工智能来帮助元宇宙构建数字化身。目前，人工智能仍然处在蓬勃发展的阶段，研究者们在人工智能的可解释性以及人工智能的安全问题等方面仍在不断探索。例如，戴琼海院士建议从脑与认知科学的角度出发，突破深度学习可解释性瓶颈。这些技术正在推动产业和社会迈入一个新的自动化和智能化时代。深度学习在部分图像和语音识别方面已经达到甚至超越了人类的水平，机器学习的最新突破，特别是在增强学习领域，不仅在电子游戏中实现了自主学习，还在实际场景中，如自动驾驶汽车和精准医疗中展现出的巨大价值；与此同时，算法的不断优化和新型算法的出现，如 OpenAI 的 GPT 系列，正在重塑内容创作、程序设计和数据分析等多个领域的工作方式。在硬件发展上，专门设计的 AI 处理器，比如谷歌的 TPU 和英伟达的 GPU，极大提升了机器学习模型的训练和推断效率。同时，量子计算作为一种新兴技术，尽管尚处于起步阶段，但已展示出对未来 AI 计算能力的潜在增长空间。AI 技术的产业应用愈加广泛，例如在医疗行业，AI 在疾病的早期诊断、药物研发和个性化治疗计划制定方面正发挥着关键作用，提高了治疗的效率和成功率。在金融领域，AI 不仅改进了风险管理和资产配置，还通过自动化交易系统，为投资决策提供了数据驱动的见解。在零售业，案例如亚马逊的无人商店"Amazon Go"展示了如何利用机器视觉技术和数据分析优化购物体验和库存管理，进一步提升了运营效率。我国政府在人工智能领域的政策支持，包括研发投资、产学研结合、创新园区建设以及高技术人才培养和引进，正在加速 AI 技术的本土化进程，推动了 AI 产业的全面发展，促成了一个跨领域、多层次的产业生态系统，预示着 AI 技术在未来社会经济中的核心地位和深远影响。

1. 机器学习

机器学习作为人工智能的核心技术，其发展现状可谓是风起云涌。它通过从数据中自动提取模式和特征，赋予计算机以自我学习和适应的能力，可在没有明确干预的情况下做出决策或预测。目前，机器学习算法广泛应用于金融风控、医疗诊断、市场预测、语音识别、自动驾驶等多个领域，并持续向更多垂直行业渗透。在监督学习领域，随机森林、支持向量机、梯度提升机等算法在结构化数据上取得了显著成效，尤其是在金融市场分析、生物信息学、电子商务推荐系统中的应用效果显著。无监督学习如聚类算法和主成分分析等在数据挖掘和客户细分等场景发挥着重要作用。半监督学习与强化学习则在小样本学习和序列决策过程中展现出其独特的优势。特别值得一提的是深度学习，作为机器学习的一个分支，其卷积神经网络（Convolutional Neural Networks，CNN）在图像处理和识别方面达到了人类水平，而循环神经网络（Recurrent Neural Network，RNN）和Transformer模型则极大推进了序列数据，特别是自然语言处理的发展。

在数据支持方面，根据国际数据公司的统计，全球数据的增长速度正在加速，预计到2025年将达到175ZB（Zettabytes）。大量的数据为机器学习提供了丰富的原材料，使大规模模型训练成为可能。同时，硬件的发展也提供了强有力的支撑，比如英伟达（NVIDIA）和美国超威半导体（AMD）等公司推出的GPU，以及谷歌的TPU等专用人工智能处理器，极大地缩短了模型训练时间，提高了模型的运算效率。

机器学习的发展同样面临着挑战，例如数据偏差、算法不透明性、模型泛化能力等。在实践中，为了解决这些问题，研究人员和工程师正在探索可解释的机器学习模型，以及更加高效的算法，如自适应增强学习、迁移学习、元学习等。我国在这一领域也取得了显著的进步，产学研用结合的生态促进了机器学习技术在医疗、金融、智能制造等行业的广泛应用，如华为、阿里巴巴、腾讯等企业在推动机器学习技术的产业化进程中起到了领头羊的作用。这些企业不仅在硬件层面做出了突破，比如华为的Ascend系列AI处理器，更在软件和应用层面促进了机器学习技术的普及和发展，例如腾讯的微信AI、阿里巴巴的天池平台等。在未来，机器学习预计将继续保持快速的发展趋势，随着技术的成熟和政策的支持，以及社会各界对于智能化转型需求的不断增强，机器学习将进一步渗透到产业的各个层面，带动相关产业链的升级与创新。

目前我国人工智能战略将机器学习置于核心地位，出台了一系列政策以推动相关技术的发展和产业化应用。在《新一代人工智能发展规划》明确提出，要加强基础研究，推动机器学习等前沿科学和技术突破，以及加大公共服务领域的应用推广力度。这些政策的实施，以及相应的资金投入，为学术研究和产业发展提供了有力的推动。据中国工业信息安全发展研究中心的报告显示，2020年中国人工智能核心产业规模已经超过了1600亿元人民币，预计未来几年还将以每年30%以上的速度增长。机器学习技术已经有了广泛的应用。例如，在医疗领域，阿里健康的医疗AI利用机器学习技术，提供了影像诊断、智能咨询等服务，极大提高了医疗服务效率。在零售业，京东通过机器学习算法优化了其供应链管理，实现了库存预测和商品推荐的个性化服务。而在金融领域，蚂蚁金服的风控系统蚂蚁评分则依托于机器学习模型，对用户的信用进行评估，并提供相应的金融服务。技术发展同时带来的是对人才的极大需求，我国在人工智能人才培养上也做出了努力。从高等教育到职业教育，从线上课程到企业培训，多方面的教育资源正在整合并投入机器学习领域。

随着数据隐私和安全意识的增强，以及相关法律法规的逐步完善，机器学习的发展也将趋于更加健康和可持续。这些法规旨在平衡技术发展与个人隐私保护之间的关系，确保机器学习技术能在尊重个人隐私的同时发挥出最大的社会和经济效益。因此，从技术到政策，从市场到人才，机器学习技术及其产业发展正展现出一幅多元、深层、广泛的宏伟画卷。

人工智能的飞速发展催生了大模型，这些模型规模巨大、推理能力强，重塑了机器学习领域。人工智能大模型，如 OpenAI 的 GPT 系列、谷歌的 BERT 和 T5，以及华为的盘古、百度的文心一言和清华大学的 CPM，体现了自然语言处理领域在模型规模上的突破。以参数数量为标准，这些大型模型通常拥有数十亿至数百亿个参数。以 GPT-3 为例，其拥有 1750 亿参数，而谷歌的 T5 模型则拓展到了 110 亿参数量级。这些模型通常需要大量的计算资源来训练，仅 GPT-3 一项的训练成本就估计超过了数百万美元，且需要通过高性能的 GPU 或 TPU 集群在数周甚至数月的时间跨度内完成。大模型的训练数据也十分庞大，来源包括维基百科、书籍、网页和其他多种互联网资源，这些数据在处理前需要进行清洗和标准化，以确保模型学习到有用的信息。

在实际应用中，大模型显示了惊人的能力，如在多语种翻译、复杂问题回答、文本生成、图像识别、医疗诊断等任务中表现出与人类相当或甚至超越人类的性能。它们的泛化能力让一次训练即可适应多种任务成为可能，推动了向更通用人工智能迈进的步伐。同时，大模型也引发了关于 AI 伦理、数据隐私、计算成本和环境影响的广泛讨论。许多研究者和实践者正在探索如何在资源有限的条件下训练和部署大模型，比如通过模型剪枝、量化和蒸馏技术来减小模型大小，以及开发更高效的训练算法以减少能源消耗。此外，大模型训练的可复现性和开放性也是当前研究的热点，为了促进技术的公平性和包容性，众多研究机构和企业正在投资建立共享的大模型基础设施和开源的模型库。这些努力不仅展示了 AI 技术的最新进展，也为未来的 AI 发展指明了方向，预示着人工智能将继续在提升算法效率、拓展应用范围以及推动科技伦理讨论上发挥重要作用。

自从 2006 年以来，基于人工神经网络的深度学习引领了诸多行业的技术革命。根据 Statista 的数据显示，深度学习市场在 2018 年的估值大约为 3.5 亿美元，预计到 2025 年将超过 352 亿美元。这一跃升反映了深度学习在技术成熟度和商业应用上的双重突破。近年来在诸多领域获得了显著的应用和进展，其影响力和普及程度正以前所未有的速度扩展。从谷歌的 DeepMind 到脸书的人工智能研究团队，再到中国的百度、阿里巴巴和腾讯，这些技术巨头在深度学习领域都有着深入的研究和广泛的应用。从产业角度来看，深度学习的应用几乎遍布所有高科技领域，特别是在图像识别、语音处理、自然语言理解等领域取得了令人瞩目的成就。在自动驾驶汽车、医疗诊断、金融服务等领域，深度学习正逐步改写行业规则。英伟达作为深度学习硬件的领导者，其 GPU 加速器已成为支持大规模深度学习训练的标准配置。此外，谷歌的张量处理单元（TPU）也专为深度学习应用而设计，进一步加速了这一领域的发展。软件方面，TensorFlow 和 PyTorch 等开源框架的兴起，极大地降低了深度学习技术的应用门槛，并催生了一个活跃的全球开发者社区。此外，深度学习也推动了新一代技术服务的产生，例如亚马逊的 SageMaker、谷歌的 Cloud AI 以及微软的 Azure AI，它们为企业提供了易于使用的深度学习模型部署平台。中国目前深度学习技术同样得到了迅猛发展，百度、阿里巴巴、腾讯和华为等技术巨头不仅在国内市场上应用深度学习推动了产业升级，在国际上也展示了其技术实力。例如，百度的深度学习平台飞桨（PaddlePaddle）提供了大量预训练模型和工具，以支持企业和开发者的创新。

尽管深度学习技术的发展前景广阔，但也面临着诸多挑战，如对大量训练数据的依赖、模型的可解释性、对计算资源的需求。未来的研究将聚焦于模型的压缩、节能计算、半监督学习及无监督学习等，以期解决现有技术的局限性，并拓展深度学习的应用边界。在解决这些挑战的同时，深度学习技术的未来发展也展现出几个新的趋势。首先是对于小数据集训练模型的能力，这种所谓的"小样本学习"正在逐渐成为研究的热点，因为在现实世界中，大量标记数据的获取往往是昂贵且耗时的。此外，深度学习模型的透明度和可解释性也越来越受到重视，因为这关系到模型的可信度和决策的合理性，特别是在医疗、金融和司法等领域。为了支持这些技术的发展，全球的计算能力也在迅猛增长。根据 OpenAI 的数据，从 2012 年到 2018 年，用于训练最大的深度学习模型的计算能力每三到四个月就翻倍一次。这一增长速度大大突破了摩尔定律的预测，未来还会有更加强大的算力支撑起更加复杂和智能的深度学习模型。

在这一发展过程中，芯片技术的创新也是不可或缺的一环。除了英伟达和谷歌之外，新兴的人工智能芯片公司如 Graphcore 和 Cerebras Systems 也在研发更为高效的专用人工智能处理器，它们旨在提高训练速度和减少能耗。华为和寒武纪也在人工智能芯片领域取得了显著的进展，他们的产品已经开始应用于云服务和端侧设备。

深度学习在学术界的研究也不断深入，顶级会议如 NeurIPS、ICML 和 CVPR 每年都会发布大量关于新算法、新架构和新应用的研究成果。同时，跨学科的合作也变得越来越普遍，深度学习与量子计算、生物信息学以及物理学等领域的结合为这些传统学科带来了新的突破。

2. 人工智能生成内容

人工智能生成内容（artificial intelligence generated content，AIGC）是指利用人工智能技术自动创建文字、图像、音频和视频内容的过程。随着深度学习技术的进步和数据处理能力的提升，AIGC 已经在内容生成领域占据了一席之地。从初步的文本生成，如自动新闻撰写，到复杂的图像和视频创作，如 Deepfakes 技术，AIGC 的应用范围正在迅速扩大。以 OpenAI 的 DALL-E 和 GPT 系列模型为例，它们不仅能生成高质量的文本内容，还能创作出令人印象深刻的图像，体现出 AIGC 在跨模态内容创造方面的潜力。据 IDC 预测，到 2025 年全球 AIGC 市场的价值将达到数十亿美元。这一增长部分得益于媒体、广告和娱乐行业的追求效率和个性化，以及对降低内容制作成本的持续需求。例如，AIGC 已经被用于生成个性化营销文案和用户特定的游戏内容，以及提供自定义新闻摘要。在产业发展方面，企业和初创公司正在大力投资 AIGC 相关的研究和产品开发。例如，Adobe 的 Sensei 平台和 Canva 的设计软件都集成了 AIGC 技术，以帮助用户创建视觉内容。音频领域的 Descript 和视频领域的 Synthesia 等公司，则利用 AIGC 技术推动了音视频编辑和生成的边界。然而，AIGC 技术的发展也带来了版权、伦理和真实性等问题。版权法律还未完全适应 AI 生成内容的现实，而内容的真实性验证在 AIGC 技术日益成熟的背景下变得更加困难。社会各界正在探讨相关的法律框架和监管政策，以保障创作者的权益，防止深度伪造技术的滥用。

人工智能技术产业的发展正经历着一个空前活跃的时期，主要得益于机器学习、深度学习、大模型和 AIGC 等关键技术的进步。综上这些技术推动了人工智能技术产业的快速发展，同时也对劳动力市场、数据隐私和安全、伦理和治理提出了挑战。随着技术的持续进步，政策制定者、企业领导和消费者需要共同探讨如何在推动创新的同时确保人工智能技术被负责任使用。

（二）物联网云计算技术发展现状

物联网和云计算在元宇宙领域的结合，不仅是一种技术融合的趋势，更是推动虚拟与现实交互进入新纪元的关键因素。在这个快速发展的领域，物联网和云计算的结合为元宇宙带来了前所未有的动力和潜力。物联网在元宇宙中的应用，显著提升了虚拟世界与现实世界的互动性。通过智能设备和传感器网络，物联网捕获现实世界的数据，这些数据被实时传送至元宇宙，增强了虚拟环境的逼真度和交互性。例如，在虚拟现实应用中，物联网设备可以实时追踪用户的物理动作，实现在虚拟环境中的高度同步，从而创造更自然、更沉浸的用户体验。云计算的作用不容小觑，它为物联网提供了强大的数据处理和存储后端。云平台的高性能计算能力和大规模存储资源，确保了元宇宙中复杂数据的高效处理和流畅运行。云计算的弹性和可扩展性也为元宇宙的可持续发展提供了基础，支持着庞大的用户群体和日益增长的数据需求。物联网和云计算的结合还为元宇宙带来了智能化的可能。利用大数据分析和人工智能算法，元宇宙平台能够对大量数据进行深入的学习和分析，进而提供个性化的服务和体验。在教育、培训和娱乐等应用中，这种智能化的服务可以极大地提升用户参与度和满意度。物联网和云计算在元宇宙中的应用，正在开启虚拟与现实交互的新篇章。

1. 物联网

物联网技术正迅猛发展，正在转变人们对物理世界的互动和理解方式。据国际数据公司预测，到2025年，全球将有超过410亿个连接的物联网设备，市场规模预计将达到1.2万亿美元。物联网的核心是通过传感器、软件和其他技术的集成，使得物体能够连接到互联网，并收集、交换数据。许多企业都在积极推进物联网的发展，越来越多的设备、终端和传感器连接到互联网上，形成一个庞大的网络。物联网的进步还体现在边缘计算的应用上，它通过在数据源近处进行数据处理，减少了对中央处理的依赖，从而减少了延迟并提高了操作效率。同时，随着人工智能和机器学习技术的结合，物联网设备现在能够进行更复杂的数据分析和决策过程，进一步推动了自动化和智能化水平的提升。同时，传感器变得更加微小、廉价且高效，使得几乎任何设备都可以成为智能设备并加入物联网网络之中。此外，5G技术的推出为物联网设备提供了更高的数据传输速度和更低的延迟，这对于实时数据处理和远程控制至关重要。

物联网的应用场景覆盖了各个领域，包括智能家居、智慧城市、工业自动化、医疗健康、环境监测等。在工业领域，物联网的应用促成了第四次工业革命，通过智能工厂和自动化生产线，实现了生产效率和安全性的显著提升。在智能制造领域，物联网设备被用于实时监控生产线，预测设备故障，优化维护过程和生产流程，从而显著提高了生产效率和减少了成本。例如，德国的西门子在其电子工厂使用物联网技术进行设备管理和维护预测，通过实时数据监控设备性能，能在问题发生前预测并进行维修，从而减少停机时间和维护成本。在医疗健康领域，物联网设备正用于患者远程监测、疾病预防和治疗管理，提高了医疗服务的质量和效率。物联网技术同样显示出巨大潜力。医疗保健设备的智能化使得远程监控、疾病预防和慢性病管理成为可能。例如，Medtronic 的连续血糖监测系统能够为糖尿病患者提供实时血糖水平监测，显著改善了患者的自我管理能力和生活质量。在智能家居领域，智能家居产品通过无线网络和互联网连接家庭设备，从而实现家居设施远程控制和信息自动化分享。根据全球综合数据资料库 Statista 的数据，智能家居市场的规模在 2020 年为 990 亿美元，预计到 2025 年将增长至 1580 亿美元。以谷歌的 Nest 智能恒温器为例，它可以学习用户的温度偏好，并自动调节家中的温度，不仅提升了用户的舒适度，同时也有效降低了能源消耗。为了实现物联网的全面应用，需要多方面的合作与创新，包括标准化的发展、先进的数据分析技术以及对网络架构的持续改进。目前物联网技术正处于快速成长阶段，已在多个领域展现出显著的应用价值，并将继续推动社会和经济的深刻变革。未来物联网的发展将更加侧重智能化、服务多样化和生态系统的完善，为人类带来更高效、便捷的智能服务。

物联网技术正经历着前所未有的增长与演变，其通过将物理世界的对象与互联网连接，极大地扩展了网络的维度和深度。根据全球领先的 IT 分析和评估机构 Gartner 的研究报告，到 2020 年全球物联网已连接设备数量为 85 亿，而预测到 2030 年这个数字将超过 250 亿。这一技术进步的背后推手是传感器技术的成本降低、无线通信技术的发展，以及云计算能力的增强。

尽管物联网技术带来了诸多好处，但同时也引发了安全隐患、隐私保护、数据标准和设备互操作性等挑战。数据安全已经成为阻碍物联网进一步发展的主要因素，需要制定更加严格的安全标准和隐私保护措施。此外，全球范围内缺乏统一的物联网标准和协议，导致设备互联互通成为一大难题。因此，产业界、学术界和政策制定者需要共同合作，推动技术创新，并制定相关标准和政策，以保障物联网技术的健康可持续发展。

当下，物联网技术已成为推动数字化转型的关键力量，对产业发展产生了深远的影响。从技术演进的角度来看，未来物联网将朝着更高的智能化、更加广泛的应用范围、更强的数据处理能力和更严格的安全标准方向发展，从而为人类社会带来更加丰富的服务和更优的生活体验。

2. 云计算

云计算作为当代信息技术的核心，其发展态势呈现爆炸式增长。根据调研机构 Synergy Research Group 的数据，2021 年全球云基础设施服务市场增长了 35%，市场规模超过 1300 亿美元。云计算模式已经深入到企业 IT 系统、政府数字化转型乃至个人日常生活中。云计算不仅仅是一种技术，它已经成为一种新的运营和服务模式。

云计算的服务模式主要分为基础设施即服务（infrastructure as a service，IaaS）、平台即服务（platform as a service，PaaS）和软件即服务（software as a service，SaaS）。美国云服务提供商仍然占据着主导地位，Amazon Web Services、Microsoft Azure 和 Google Cloud Platform 为三巨头，它们全球市场份额加起来超过一半。然而，随着我国和其他亚洲国家的云计算市场迅猛发展，阿里云、腾讯云等亚洲云服务提供商也在不断扩大市场影响力。

在行业应用方面，云计算已经成为推动各行各业数字化转型的强大动力。以医疗健康行业为例，云计算使得远程医疗服务成为可能，患者无须前往医院即可通过云平台获取专业的医疗咨询。在零售业，云计算则使得数据分析、客户关系管理和电子商务等功能可以高效运行，极大地提升了商业运营的效率和顾客体验。然而，云计算的发展也面临一些挑战，比如数据安全与隐私保护问题、服务质量保障问题，以及复杂的法律和监管环境。为此，业界正不断加强云安全技术的研发，并寻求更加灵活和严格的法律法规来适应云计算的发展。

云计算作为支撑数字经济的基石，正以其灵活性、扩展性和成本效益性不断推动着全球经济的数字化进程，预计未来几年其发展势头将继续保持强劲。随着技术的进步和应用的深入，云计算将进一步渗透到经济社会的每一个角落，成为普及和创新的重要平台。公有云、私有云和混合云等不同的模式部署，为企业和个人提供了各种服务，包括存储、计算、数据库、平台等。此外，云计算技术也被广泛应用于智能家居、智慧城市、物流运输、金融服务、医疗健康等领域。例如，物流企业可以利用云计算技术，优化运输路径，提高物流效率。

云计算与元宇宙产业的现状紧密相连，云计算为元宇宙提供了强大的后台支持和服务保障，而元宇宙则成为云计算技术创新和应用扩展的新领域。随着元宇宙概念的提出和虚拟现实、增强现实技术的进步，对计算能力、数据存储和网络带宽的需求急剧增加，传统的计算模式已经难以满足其发展需要，而云计算以其弹性、分布式和按需服务的特性，为元宇宙提供了无限的可能性。

目前，多家云计算巨头已经开始将业务拓展到元宇宙相关的服务中。例如，亚马逊的 AWS 提供了虚拟世界的建构和托管服务，微软的 Azure 则通过 Azure Digital Twins 支持创建高度复杂的数字孪生环境，而谷歌云平台也在其强大的数据分析和机器学习服务基础上，为元宇宙的发展提供了动力。从数据存储来看，元宇宙需要存储海量的用户数据、交互记录和虚拟环境数据，这需要高度可靠和可扩展的云存储服务。云计算公司通过提供高效的数据库服务、大数据处理工具和强大的数据仓库功能，使得元宇宙能够高效地处理和分析这些数据。在计算能力方面，元宇宙需要巨大的 GPU 和 CPU 资源来支持复杂的图形渲染和模拟计算。云服务商通过提供弹性计算服务和 GPU 云服务，使得开发者和用户能够根据需求进行扩展，以支持从简单的虚拟环境到复杂的多用户在线交互。

网络连接是元宇宙的另一个关键要素，用户的沉浸体验在很大程度上依赖于低延迟和高带宽的网络服务。云计算服务提供商通过在全球部署边缘计算节点，优化内容分发网络，确保了用户无论身在何处，都能够获得流畅的元宇宙体验。除此之外，元宇宙的安全性和隐私保护也是云计算需要关注的问题。随着元宇宙中用户交互和商业活动的增加，数据安全和隐私保护成为用户极为关心的问题。云服务商通过提供先进的安全服务和遵守严格的数据保护法规，来保证用户数据的安全和隐私。

云计算作为元宇宙发展的基础设施，不仅提供了技术支持，也带来了新的业务机会和挑战。未来随着云计算技术的不断进步，其在元宇宙产业中的作用将会更加凸显，从而推动元宇宙向更广阔的前景发展。

3. 物联网和云计算融合

物联网和云计算技术的融合可以促进数据共享和信息传输，提高数据采集、存储、分析和处理的效率，进一步提升物联网的应用和商业价值。物联网与云计算的融合是新一代信息技术发展的重要趋势，对于元宇宙产业的建设与发展具有重大意义。在这种技术融合下，物联网提供的海量实时数据被上传至云平台，其中云计算提供存储、处理和分析这些数据的能力。数字孪生作为一种具体应用，通过在云平台上创建一个物理实体的虚拟副本，使得人们能够在没有影响现实世界的情况下对其进行分析和模拟。例如，工业领域中的某些厂商已经利用物联网和云计算构建了工厂设备的数字孪生，通过模拟和优化工厂运行，实现生产效率的显著提升。

　　元宇宙产业作为一个涉及虚拟与现实交互的综合体，对物联网和云计算的融合依赖尤为明显。通过这种融合，元宇宙平台能够处理来自现实世界的大规模数据流，并将这些数据用于构建更加丰富和互动的虚拟环境。例如，通过物联网收集的用户行为数据可以帮助元宇宙中的 AI 系统更准确地模拟现实世界的交互和行为模式，而云计算则提供了必要的计算资源来支持这些高度复杂的模拟环境。如此，物联网与云计算的结合不仅为元宇宙提供了数据和计算基础，而且还推动了新一代虚拟世界的发展，使之更加真实、互动和功能强大。

　　随着 5G 和边缘计算技术的不断成熟，物联网设备的连接更加快速和稳定，数据的处理和响应速度更快，这为实时性极高的元宇宙交互体验提供了可能。当前，多家云计算服务商如 AWS、Azure 等已经在元宇宙领域提供专业的服务和解决方案。他们通过提供基础设施即服务、平台即服务和软件即服务等模式，支撑起元宇宙虚拟世界的搭建和运营。另一方面，数字孪生技术在元宇宙中的应用也愈发广泛，不仅用于模拟现实世界的物理对象，还开始扩展到用户互动和社会经验的模拟中，这在一定程度上模糊了现实与虚拟的界限，为用户提供了更加沉浸式的体验。

　　物联网和云计算融合发展的现状显示了其在元宇宙产业中的重要作用，不仅为元宇宙的构建提供了强有力的技术支撑，而且推动了产业的创新和业务模式的演变。随着技术的进步和应用的深化，预计物联网与云计算将在元宇宙产业中扮演更加核心的角色，推动产业向更高级别的数字化转型升级。数字孪生技术在工业制造领域的应用越来越广泛，在全球范围内，众多工业制造企业已经开始应用数字孪生技术以提升其生产力和效率。例如，西门子利用其 MindSphere 平台，应用数字孪生可以减少产品设计时间高达 30%，通过优化生产流程减少了 25% 的产品缺陷。通用电气在其航空部门通过数字孪生技术优化发动机维护，使用这种技术的发动机，运行效率提升了 10% 以上，同时维护成本降低了 5%。宝马集团使用数字孪生技术优化其生产线布局，结果显示，在一些工厂，数字孪生技术帮助宝马将生产系统配置时间缩短了 30%。此外，航空发动机制造商罗尔斯·罗伊斯运用数字孪生监测飞机发动机状态，通过实时数据分析，预计年节省维修时间达到数百小时，从而使飞机更加可靠。这些例证不仅展示了数字孪生技术在工业应用中的潜力，也体现了它如何帮助企业实现成本效益和运营效率的双重优化，开辟了制造业智能化和高效率的新篇章。

　　我国同样在制造领域广泛应用数字孪生技术。华为利用其自身的云计算和物联网平台，提供了完整的数字孪生解决方案。例如，在华为的智能手机生产线上，通过数字孪生技术实现了生产过程的实时监控和预测性维护，据报道，这在某种程度上提高了生产效率和产品质量。世界最大的轨道交通设备供应商，中车集团也在其列车制造过程中采用数字孪生技术，以模拟列车在不同运行条件下的性能。这一技术帮助公司在设计阶段减少了试错成本，提高了产品设计的精确度和开发效率。海尔集团通过其COSMOPlat工业互联网平台实施数字孪生技术，以个性化大规模定制家电产品，据悉这极大地提高了生产的灵活性和效率，同时降低了库存成本。航天科工集团运用数字孪生构建了火箭发动机的全生命周期管理系统，实现了设计优化、生产监控和维护服务的高效整合。企业运用数字孪生技术的案例表明，该技术正逐渐成为我国工业企业数字化转型的关键工具，不仅促进了产品创新，还极大提升了生产和运营的智能化水平。这种变革为制造业提供了加速升级到智能制造和服务型制造的新路径，助力企业在全球市场中保持竞争力。

（三）虚拟现实及游戏技术发展现状

虚拟现实及游戏技术在元宇宙领域的现状和发展表现出显著的动态性和创新性。当前，这些技术正成为构建沉浸式、互动体验的关键工具，极大地丰富了元宇宙的内涵和外延。VR技术通过提供高度逼真的三维环境，使用户得以沉浸在一个与现实世界相仿，但又超越现实的虚拟空间中。这种沉浸感是通过先进的头戴显示设备、空间追踪技术，以及逼真的图像和音效渲染实现的。用户在元宇宙中的体验不再局限于传统屏幕的二维界面，而是能够进行全方位的探索和互动。游戏技术则为元宇宙提供了复杂的交互机制和规则框架。通过游戏引擎和编程，元宇宙中的环境、角色和物品得以实现多样化和动态性。用户可以在这些环境中进行各种活动，包括游戏、社交、创造和交易。此外，游戏技术还为元宇宙的经济体系提供了基础，允许用户在虚拟世界中购买、销售和交换资产，这些资产往往与现实世界的经济系统相连结。在未来的发展中，VR和游戏技术预计将迎来更多创新。

1. 虚拟现实技术

以虚拟现实为核心的信息技术是元宇宙技术的主干，推动多类型新兴技术融合创新发展。元宇宙以虚拟现实（VR、AR、MR、XR）头显、智能可穿戴、脑机接口等打通与现实世界沉浸式交互的接口，以数字孪生、三维仿真等建模、仿真工具、内容制作工具构筑虚实交互体验，以实时渲染、4K或8K超高清视频、三维或全息显示等实现真实、顺畅的交互呈现，最终在基础芯片、元器件、操作系统等软硬件技术基础上构成元宇宙终端入口。

相较于其他终端入口，虚拟现实头显的感知体验和交互特性直接决定了元宇宙对于用户的吸引力，其也是实现计算、感知、交互、融合等功能的重要载体。近年来，全球虚拟现实头显市场迎来高速增长，元及微软分别居于 VR 及 AR 终端市场龙头地位。IDC 数据显示，2021 年全球 VR/AR 头显出货量达到 1123 万台，市场同比增长 92.1%。其中 VR 头显出货量达 1095 万台，2C 端 VR 头显出货量首次超过 2B 端，VR 头显开启消费级市场之路。元旗下 Oculus Quest 2 出货量约 880 万台，市场占有率 80%，已成为全球 VR 头显市场的代表性产品。AR 眼镜市场龙头地位被微软占据。国内品牌方面，字节跳动旗下 VR 头显品牌 Pico 市场占有率为 6%，全球第二。我国 VR 头显设备市场较小，2021 年出货量不足百万台，其中 Pico、爱奇艺占有过半市场份额。

虚拟现实头显设备持续发展及迭代，离不开芯片、光学、显示等核心器件的有力支撑。

芯片方面，高通骁龙 XR2 成为主流选择，本土化产品实现初步应用。2018 年全球首个 XR 专用芯片高通骁龙 XR1 平台改变了整个虚拟现实头显的格局，2019 年高通推出全球首款支持 5G 的 XR 平台骁龙 XR2，其支持 3K 单眼分辨率、8K 全景视频、七路并行摄像头，目前已成为 2000 至 4000 元消费级产品 VR、AR 头显的主流选择。

光学器件方面，VR 与 AR 头显采用的光学方案明显不同。VR 光学器件主要以菲涅尔透镜方案为主，pancake 方案市场逐步扩大。目前元（Meta）、Pico 等主流 VR 设备均采用菲涅尔透镜方案，但由于焦距问题头显相对笨重；pancake 方案可将整机厚度减少 48%、模组厚度减少 56%、整机重量 40%。AR 光学器件主要分为棱镜、自由曲面、共轴空导和光波导等方案，其中棱镜方案主要用于骑行头盔等辅助产品，但存在视场角小的问题，典型产品为谷歌眼镜。

近眼显示器件方面，VR 与 AR 头显对显示器件需求差别较大。VR 头显追求高分辨率、大视场角，目前主流产品采用 TFT-LCD（快速响应液晶），其存在显示颗粒感严重、重量大问题。AR 头显则追求轻量型、低功耗和高亮度，目前 AR 头显主要有四种显示器件，分别是硅基 LCoS 显示器、硅基 Micro OLED 显示器、硅基 Micro LED 显示器以及 DLP 显示器。目前业界普遍认为三五年内 AR 头显采用的技术方案为硅基 LCoS 显示器与单色硅基 Micro LED 显示器，而五年后则基本采用彩色硅基 Micro LED 显示器。

近年来，随着高性能计算、人机交互以及计算机网络与通信等技术的飞速发展，极大提升了头部显示设备带给用户的观感体验。目前主流的头部显示设备包括虚拟现实设备和增强现实设备，按照性能或价位不同，分为手机盒子类、头戴显示器以及一体机设备。例如，谷歌盒子（Google Cardboard）是最常见和性价比较高的盒子设备，结合高性能手持终端，可以获得一定的虚拟现实体验。体验较好的一般是 HTC Vive 或 Oculus 等设备，但它们需要额外的计算机辅助算力，而且活动空间范围有限。如果想进行较高自由度的沉浸式虚拟体验，则需要 Focus 或 Quest 等一体机设备。此外，HoloLens 或者 Google Glass 等设备，面向用户提供更好的 AR 体验，甚至用户也可以操作移动终端使用 AR。

通过不断优化改进技术，可以在虚拟现实场景中增加用户与场景和内容的参与度，减少用户不适感，提高视觉呈现效果等，这将大幅提升虚拟现实的用户体验。在虚拟现实世界里，眼睛不仅是观看场景的窗口，也成为与虚拟世界交互的重要方式。譬如 Tobii 等公司开发的眼动装置结合 VR 眼镜，用户可以用眼睛来选择物品，或者简单交互。也有应用眼动装置来引导用户在虚拟博物馆中进行游览。由于虚拟环境和物理环境有一定的空间差距，一种方式是使用万向跑步机等硬件设备进行交流，通过计算重构虚拟场景中行走路径并保持用户无法察觉行走路径变化，从而提供更广泛的运动场景。未来希望在虚拟世界中完成更多现实中的活动，正如元公司所呈现的一样，用户可以在元宇宙中工作、学习、生活、交友、娱乐。譬如，在虚拟现实环境中进行视频会议，用户希望这种交流可以更加趋于真实。

为了提升虚拟现实场景中面部和眼神交流的真实感，可以通过安装在头显设备上的摄像头构建精准度的注视感知模型，从而重构更加逼真的虚拟化身。虚拟现实技术的日益普及为在线展览提供更多新的契机，在虚拟场景的博物馆漫游，面对琳琅满目的展品，如何获得更好的观赏体验是关键问题。通过注视引导的方法，使用户在佩戴头显设备观看展出的艺术品时，通过地板上的虚拟脚印标记和画面上的光标，可以引导到展品的感兴趣区，帮助用户更好的欣赏艺术展品。在 VR 等设备的应用场景上，涵盖了教育、医疗、工业等，通过视觉改进，为用户带来丰富的操作体验。

随着增强现实与虚拟现实技术的发展，游戏体验已经通过元宇宙迈向了另外一个维度。元宇宙提供了更加精确的游戏空间和更加真实的交互方式，玩家可以更加感性地参与游戏中的各种活动。比如《Pokemon Go》等 AR 游戏，它利用手机的相机和位置追踪芯片，将现实与虚拟世界相结合，使得玩家可以在现实世界中寻找并收集虚拟角色和道具。与此同时，VR Chat 等 VR 游戏则将玩家带入了一个全息影像技术可以完美呈现的虚拟世界，使得他们可以与其他玩家互动、交流，并且完成各种任务。随着增强现实和虚拟现实技术的发展，人们很有可能很快就会看到更加真实、创新和令人印象深刻的元宇宙游戏问世。

体感交互的主要目的是更加贴近真实世界。因为在虚拟现实或增强现实的交互中，带给用户的输入信息不仅可以是头显中看到的视觉图像，而且还可用多通道输入。例如创造不同的触摸质感，以更加接近用户所看到的虚拟世界的内容等，从而使用户进入虚拟世界后有更好的沉浸感体验。通常借助一些体感设备来提高用户和虚拟世界的物理交互，以 Lighthouse、Kinect、Leap motion 等设备为例，结合激光、红外或可见光等不同技术获得更精准的用户肢体的空间方向或位置，匹配更加精准的虚拟体验。用户还可穿戴动作捕捉或其他体感设备，如操作杆、触控手套等，为用户提供更多力触觉方面感知呈现，从而提高用户在虚拟场景中的物理体验。

脑机接口（brain-computer interface，BCI）技术为元宇宙提供了一种解放双手、无须周围神经和肌肉参与的交互形式。通过脑机接口的意图交互形式，人们可以更方便、自然、流畅地控制元宇宙世界中的虚拟角色，有助提升人在元宇宙中的沉浸感和控制感，有望降低元宇宙场景中的交互延迟，为构建元宇宙的闭环创造条件。作为大脑与外部设备之间通信的媒介，脑机接口测量和解析与感觉、感知和高级认知相关的脑响应，并将其转化为控制外界输出设备的输出指令或评价脑状态的客观报告。一个典型的脑机接口系统由信号采集、信号处理、模式分类和指令转换四部分构成。根据信号采集界面的不同，其又可分为有创、微创和无创三类，其中有创脑机接口根据侵入性的程度，有基于皮层脑电图（electrocorticogram，ECoG）的脑机接口和皮层内脑机接口（intracortical brain computer interfaces，iBCI）两种形式。在无创脑机接口中，基于头皮脑电（electroencephalogram，EEG）的无创脑机接口由于其具有非侵入性、易用性和可推广性等优势，在面向健康人群和临床康复的研究中均受到了广泛的关注。

虚拟世界普及化和普遍性的出现，正在对人们的日常生活、购物和思考方式产生深刻的影响。通过元宇宙，人们可以在虚拟环境中与其他人进行互动交流、体验更加丰富的内容，并在这些似乎无限的可能中发现自己。如果说二十多年前，人们对于虚拟世界的探索是刚刚起步的话，现在已经为一个更加高度丰富和生动的虚拟宇宙，打了好的基础。

2. 游戏技术

游戏技术的发展历程彰显了技术与内容并驾齐驱的产业革新，其在图形渲染、游戏引擎、网络技术和人工智能等多个层面的进步，已成为驱动元宇宙产业发展的重要力量。以图形渲染技术为例，英伟达的光线追踪技术 RTX 系列显卡已成为游戏行业的新标准，提供了近乎真实的视觉体验，在 2023 年年初，搭载该技术的显卡销量增长了 30%。游戏引擎方面，Unity 和 Unreal Engine 凭借其高度的适应性与功能性，不仅支持了《刺客信条》等大作的诞生，其市场占有率超过 50%，同时这些引擎也在构建元宇宙虚拟环境中起到关键作用。

在网络技术上，随着云游戏的兴起，谷歌 Stadia 和微软的 xCloud 等平台展示了游戏即服务的概念，云游戏市场规模在一年内增长了 47%，预示着未来游戏内容将更加依赖于网络技术的稳定与快速。人工智能的融入更是改变了游戏体验，AI 的使用不仅提升了 NPC 的智能，也促进了个性化游戏内容的生成，据市场分析，运用 AI 技术的游戏开发项目增加了近 40%。

从行业头部企业如腾讯和网易的投资布局看，他们正通过并购和自主研发的方式，在游戏技术上寻求更多突破，以此来构筑元宇宙的基础。腾讯在 5G、AI 和云计算等技术上的投资显著增加，为游戏提供更丰富的互动体验和元宇宙拓展的可能。网易则在加大自研引擎的投入，致力于创建更加沉浸式的游戏体验，并以此作为跨入元宇宙的桥梁。这些技术的进步和产业的变革不仅推动了游戏技术本身的发展，而且为元宇宙的构建提供了实质性的技术支持和内容创新，有望在未来形成融合现实与虚拟的全新互动平台。

在探讨游戏技术与元宇宙产业发展的关联时，不得不提及社区和用户生成内容（user generated content，UGC）的兴起。这一现象在游戏行业内已日渐成为主流，例如 Minecraft 和 Roblox 这两个平台就极大地依赖于其玩家社区来创建和分享内容，这不仅扩大了游戏的生命周期，也极大地丰富了游戏的多样性。以 Roblox 为例，其 2023 年 Q1 的数据显示，月活跃用户数达到了 1.9 亿，平台上用户生成的游戏和体验超过 2000 万个，证明了以 UGC 为核心的游戏模式在吸引和维系用户方面的强大潜力。此外，这些平台通过提供工具和市场，激励用户创作与分享，进而建立起强大的游戏生态系统，这种生态系统模式为元宇宙提供了一种可行的内容创造与经济模型。

从技术发展层面，虚拟现实与增强现实作为交互技术的代表，在游戏中的应用已经开始进入主流。元旗下的 Oculus Quest 2 是一个典型例子，其出货量在 2023 年第二季度达到了一个新高，在全球的市场份额占据了主导地位。这种沉浸式技术的普及预示着用户交互体验的边界正在被推进，为元宇宙中的交互性设定了新的标准。在硬件技术方面，游戏硬件的快速迭代为游戏软件提供了更强的性能支持，比如 AMD 和英特尔在 CPU 市场的竞争，以及英伟达在 GPU 市场的创新，都在不断提升游戏的性能和质量。这为元宇宙中复杂的计算需求提供了技术基础，支持更大规模的用户同时在线和更高质量的虚拟环境渲染。

在探讨游戏技术与元宇宙的关系时，不得不提的经典案例是《我的世界》。这款由魔赞工作室（Mojang Studios）开发的沙盒游戏自 2009 年推出以来，已经成为全球现象级的游戏之一。《我的世界》的核心在于其几乎无限的创造性和高度的自由度，玩家可以在游戏中构建复杂的结构和世界，这种特性在许多方面显示了元宇宙的特征。

《我的世界》的开放世界特性让它成了一个虚拟空间的原型，玩家在这个世界里不仅游玩和探索，更重要的是创造和社交。这种环境鼓励了用户生成内容，允许玩家通过各种模组和皮肤来个性化他们的游戏体验，并与其他玩家共享。这与元宇宙中的"创造经济"相呼应，后者倡导的是一个用户可以自由创造、分享并从中获利的数字空间。此外，《我的世界》通过其红石系统，允许玩家构建具有逻辑功能的装置，从简单的机械到复杂的计算机系统，这种机制让玩家能够在游戏内部学习编程和逻辑设计原理，实际上是在培养未来数字世界的建设者。在教育领域，《我的世界》的教育版被广泛应用于全球各地的学校，作为教授数学、历史甚至编程的工具。它展示了游戏技术如何超越娱乐，成为学习和发展技能的平台。这种多用途性质是元宇宙概念的一个关键组成部分，强调了虚拟空间可以在教育、工作和娱乐等多个方面发挥作用。《我的世界》的成功也展示了虚拟世界的经济潜力。通过 Minecraft Marketplace，创作者可以销售他们的作品，比如皮肤包、世界地图和冒险模块，这直接预示了元宇宙经济中内容创造和货币化的模型。

《我的世界》不仅是游戏技术与元宇宙概念融合的典范，也为未来数字世界的社交、经济和创造性活动提供了一个早期的模型。它证明了虚拟世界不仅能提供娱乐，还能作为一个具有教育意义和经济价值的平台，而这正是元宇宙的愿景。经典游戏在定义元宇宙概念和推动其发展方面扮演了重要角色。除了《我的世界》，以下几款游戏也为理解和建构元宇宙的概念提供了有力的范例。

《第二人生》作为较早的虚拟世界为用户提供了一个高度社交化和可定制化的在

线环境，用户可以创建虚拟角色（化身），建设空间，甚至进行虚拟经济活动。《第二人生》在很多方面被视作元宇宙的前身，尽管它并不具备目前元宇宙所强调的高级交互性和沉浸感。《魔兽世界》这款 MMORPG 游戏代表了虚拟世界的一种进化，其中包含了复杂的经济系统、角色扮演，以及持久世界的概念。《魔兽世界》集合了协作、竞争和社交在一个持续不断的在线世界中，为元宇宙社交和经济模型提供了灵感。《堡垒之夜》Epic Games 开发的多人在线战斗竞技场，成为一个全球性的社交和娱乐平台。通过举办虚拟音乐会和其他大型活动，《堡垒之夜》证明了虚拟空间可以是人们进行更广泛社交互动的地方，这是元宇宙愿景的一个关键方面。《罗布乐思》是一个游戏创建平台，允许用户设计、分享和体验自己或他人创造的游戏。《罗布乐思》通过其强大的用户生成内容模型，表明了元宇宙未来可能的发展方向，即一个由用户创造和管理的多元化数字空间。

这些游戏都有一个共同点：它们创造了玩家可以深度参与和影响的世界。他们不仅仅是游戏参与者，更是内容创造者、社交网络的一部分和经济活动的推动者。这些游戏为元宇宙提供了不仅是技术，还包括社交、经济和文化组成部分的多维度蓝图。

随着游戏公司与时尚、音乐、影视等多个产业的跨界合作，游戏内容也变得更加多样化。例如，《英雄联盟》的虚拟女团 K/DA 不仅在游戏内拥有高人气，其音乐和影像内容也在现实世界中赢得了粉丝。这种跨界现象展示了元宇宙的商业潜力，指向多元化内容和跨媒介体验共存的未来。游戏技术的发展也推动了周边产业的繁荣，例如，电子竞技和游戏直播。Twitch 和 YouTube Gaming 等平台的流量增长迅猛，反映出游戏不再仅仅是一种休闲娱乐，而是成为一种观赏和社交的新方式。这种趋势与元宇宙中的虚拟社交平台有着天然的契合度，预计未来游戏技术将进一步促进元宇宙社交和经济体系的成熟。

综上所述，游戏技术不仅在本身的领域内取得了突破性的进展，而且其发展势必对构建元宇宙的内容、交互体验和社交经济模型产生深远的影响。随着技术的不断发展，元宇宙的愿景愈发明晰，预示着未来娱乐、社交甚至商业的新形态。

（四）区块链技术发展现状

区块链技术用于创建安全的交易和所有权记录，非同质化代币的概念在元宇宙的所有权和数字资产中扮演重要角色。区块链技术，以其分布式账本和加密安全性为基础，正在成为数字化经济中的关键驱动力。截至 2023 年，据 IDC 数据，全球在区块链解决方案上的支出预计将显著增长，估计达到数十亿美元规模，展示了从金融服务扩展到供应链管理、身份验证和更多行业的趋势。以去中心化、不可篡改和透明性为核心，区块链技术已经广泛应用于各类型领域。在数字资产管理和智能合约领域，以太坊等公有链平台催生了去中心化金融和非同质化代币的兴起，前者重新定义了资产所有权和交易方式，后者为数字艺术品和其他形式的创意作品提供了新的所有权验证形式。

在元宇宙当中，区块链技术的应用扮演着至关重要的角色。在虚拟世界中，身份验证、资产所有权和交易是构建经济系统的核心，而区块链提供了实现这些要素的基础设施。例如，Decentraland 和 Sandbox 等元宇宙平台利用了区块链技术，为用户提供了一个去中心化的环境，在这些平台上，用户可以购买、销售或交换土地和其他虚拟商品，这些交易通过区块链得到验证和记录，确保了其安全性和可追溯性。随着 NFT 概念的普及，虚拟世界中的艺术品、收藏品及游戏内物品等数字资产被加密并嵌入唯一性，使其在元宇宙中具有真实的经济价值。同时，区块链技术还为元宇宙的社交互动、创造和管理提供了新的可能性。智能合约的使用允许在不需要第三方中介的情况下，实现复杂的编程逻辑，从而为元宇宙内的各类应用提供支持，比如自动执行的游戏奖励系统和创作者版税支付机制。尽管存在规模化、交易速度和环境影响等挑战，但随着 Layer 2 解决方案和以太坊 2.0 等升级的推出，这些问题正在得到解决，预示着区块链技术在未来能够支持更广泛、更复杂的元宇宙应用。

随着区块链技术的发展，数字资产的持有者可以真正拥有其所有权，因此区块链成了元宇宙非常重要的基础设施之一。比特币是一种采用点对点（Peer-to-peer，P2P）网络进行交易的加密货币，构建了一种去中心化的交易系统，其创始人将其视为一种去除信任第三方机构的方式。自 2009 年比特币概念被提出以来，其价值一直在上升，到 2021 年仍然保持着稳定的上升趋势。除此之外，比特币的总数量是固定的且没有通货膨胀机制，因此被称为数字黄金。在比特币背后，区块链这种数据结构支撑了其去中心化、透明和不可篡改等特性。随着比特币的流行，区块链技术也逐渐为人们所熟知。随着比特币的出现和不断升值，区块链技术引起人们的广泛关注。区块链技术是一种去信任中心化的分布式数据库技术，在网络中不存在单点故障，数据由众多节点存储、共识和验证。因此，它被认为是一种高度安全、可靠、透明、不可篡改和去中心化的技术。在过去几年中，区块链技术不断发展和完善。出现了许多新的区块链技术，在功能和性能上有了显著提升。其中，公链、联盟链和私链是区块链的三种主要形态。公链是指没有任何权限限制和中心化管理的区块链系统，比如比特币。联盟链是一种多个机构或组织共同管理的区块链系统，具有更高的性能和更好的隐私保护。而私链是只允许特定机构或个人进行访问和管理的区块链系统。

元宇宙去中心化运行的区块链技术构建高自由度、高开放度以及高包容度的数字虚拟世界。而对于区块链技术本身，其正在经历着一系列的发展和演进。一方面，公有链和联盟链的发展和应用正在不断推进，例如比特币、以太坊、EOS、波场等公有链以及企业级区块链平台 Hyperledger Fabric、Corda 等联盟链，并且它们之间也在不断地进行合作与竞争。公有链和联盟链可以满足不同应用场景的需求，而且随着更多的企业和机构的加入，联盟链的应用也有望得到更广泛的推广。另一方面，智能合约也成了区块链技术的重要应用。智能合约是一种自动执行的合约程序代码，可以在去中心化的区块链网络上执行，实现全自动化的交易和执行过程。智能合约在金融、物联网等各个领域有广泛的应用，而且也在不断地被优化和改进。还有非常热门的 Layer2 技术。这种技术被广泛看作是解决区块链扩容问题的一个重要途径。Layer2 是在区块链主链之上构建的第二层协议，可以大幅度提高交易速度和吞吐量，同时也能够减少交易费用，提高用户体验。例如，Rollup 是一种经典的 Layer2 技术，它可以将一系列交易按顺序打包，并将打包后的数据提交到区块链主链，从而实现高效的交易验证和处理。在区块链技术的发展过程中，人们需要更多的协作和共识，包括技术方面的创新和探索，以及法律、监管等方面的规范性建设。同时，未来也需要在区块链技术的基础上继续完善生态环境，以便更好地催生应用场景和商业模式。

第二节　元宇宙产业技术国内外研究进展比较

一、国外重大研究计划和重大研究项目

国外在元宇宙技术研发、产业发展、政策监管等方面进行了积极布局。韩国重点关注元宇宙城市、虚拟数字人、扩展现实等方向，且给予资金支持，2021 年 5 月，韩国科学技术信息通信部发起成立包括现代、SK 集团等二百多家韩国本土企业和机构的"元宇宙联盟"，专注元宇宙探索。在产业发展上，2021 年 7 月，韩国公布《数字新政 2.0》，推出数字内容产业培育支援计划，共投资 2024 亿韩元，其中投资扩展现实内容开发、数字内容开发和扩展现实产业基础共计 760 亿韩元。2021 年 11 月 3 日，首尔市长提出《首尔愿景 2030 计划》，计划投资 30 亿韩元建设元宇宙首尔，涵盖包

括经济、教育、旅游、通信、城市、行政、和基础设施七个领域。韩国产业界对元宇宙关注度极高，主要侧重元宇宙平台、虚拟人、VR 等方面，并初步形成了游戏、虚拟偶像、虚拟世界等领域应用。

2021 年 7 月，日本经济产业省发布了《关于虚拟空间行业未来可能性与课题的调查报告》，报告认为，政府应着重防范和解决"虚拟空间"的法律问题，并对跨国、跨平台业务法律适用条款加以完善，政府应与业内人士制定行业标准和指导方针，并向全球输出此类规范。2021 年 12 月，日本成立元宇宙的业界团体一般社团法人日本元宇宙协会，并启动市场构建，力争使日本成为元宇宙发达国家。2022 年 4 月，日本成立面向应用推进研究和规则完善的元宇宙推进协议会。

在政策监管方面，2021 年 10 月，美国出台《政府对人工智能数据的所有权和监督法案》，要求对人工智能系统所涉及的数据，特别是面部识别数据，进行监管。2022 年 3 月 9 日，美国总统签署"关于确保数字资产负责任发展"的行政命令，要求各部门通力合作，就数字资产展开相关研究。2022 年 4 月和 7 月，欧盟分别通过了《数字服务法》和《数字市场法》，重点关注网络平台内容安全、保护、个人隐私安全以及恶性竞争等关键问题。

二、国际上元宇宙产业最新研究热点和前沿

元：持续投入元宇宙的硬件和软件开发与建设。2014 年，脸书以 20 亿美元收购 VR 公司 Oculus，并表示"Oculus VR 将首先改变游戏，之后它将改变数码社交，再之后它就将改变整个世界"。2020 年 10 月，脸书推出了第二代独立 VR 头盔 Oculus Quest 2。相较于 Oculus Quest 而言，Quest2 更轻更薄，售价为 299 美元。2021 年 8 月，Facebook 正式推出了 VR 会议软件 Horizon Workrooms 的虚拟会议室功能。这个功能的特点在于，允许用户用自己的虚拟分身与其他人在同一个虚拟空间中进行协作，创造了全新的沉浸式会议体验。2021 年 10 月，在脸书一年一度的联结大会上，正式更名为元，全面拥抱元宇宙。

罗布乐思（Roblox）：首家将元宇宙写进招股书的公司，打造用户与开发者互动平台。2021 年 3 月 10 日，Roblox 在纽交所上市，成为元宇宙概念第一股。2008 年，推出 Robux 币，并在 2013 年为开发者推出了虚拟商品。2016 年 4 月 16 日，罗布乐思宣布将登陆 OculusRift 平台，用户可以在平台上设计自己的 VR 游戏世界和体验。Roblox 3D 虚拟社区平台应用由用户使用公司研发的 Roblox Studio 引擎自主开发生成，

平台有超过 800 万活跃的开发人员，由 Roblox Cloud 提供网络存储、安全、传输等相关的支持服务，Cloud 会根据用户的社交画像、地理位置、语言和年龄等因素，将用户分配给特定的内容实例。Roblox 的愿景是利用高保真的虚拟化身、逼真的体验、3D 空间音频技术，对 AR、VR、XR 的支持，共建虚拟化的人类社区。当前，Roblox 正在推出生成式人工智能，尝试将人工智能技术与元宇宙结合，以更好地创造未来，为元宇宙注入新的灵魂。

苹果：频繁布局 VR、AR，开放式地构建元宇宙底层组件。2010 年，收购瑞典面部识别技术公司 Polar Rose，启动 VR 布局。2013 年，收购了 3D 感应与动作捕捉技术公司 PrimeSense，为手机虚拟现实交互提供硬件支持。2015 年，收购面部动作捕捉技术公司 Faceshift，以及增强现实初创公司 Metaio，获得了 171 项与 AR 相关的全球专利。2016 年，收购面部表情 AI 分析公司 Emotient 和 AR 社交软件 Flyby Media。2017 年，收购混合现实技术提供商 Vrvana。2020 年，收购虚拟现实公司 Next VR。2023 年 6 月，在苹果 2023 开发者大会上，正式发布了全新 Apple Vision Pro 虚拟现实眼镜，其搭载了苹果公司的 M2 芯片以及苹果公司专门为 Apple Vision Pro 设计的 R1 芯片。Vision Pro 采用以眼球追踪、手势追踪、语音控制等新型人机交互技术，可以完全靠眼动、手势操作和语言控制实现虚拟现实场景交互，不需要另外使用遥控器等控制。苹果公司推出的 AR Kit、Reality Kit、Reality Composer、Reality Converter 四个平台，构建了比较完整的 AR 开发生态闭环，可以轻松打造完整的 AR 创作生态。

微软：提出企业元宇宙，发展企业新型基础设施。2021 年 5 月 25 日，微软 CEO 萨蒂亚·纳德拉将一系列 Azure 产品描述为一个元宇宙。借助 Azure 数字孪生，用户可以使用 Azure IoT 对任何资产或场所进行建模，并使数字孪生保持实时更新。Synapse 跟踪数字孪生的历史并发现洞察力来预测未来状态，用户可以构建不断学习和改进的自主系统。2021 年 9 月，微软 CEO 在演讲中用"企业元宇宙"来描述数字孪生、物联网等一系列的 Azure 产品线的未来愿景。2021 年 11 月，微软宣布将推出 Mesh for Microsoft Teams，即将虚拟体验平台 Microsoft Mesh 的混合现实功能引入到办公软件 Microsoft Teams 中。企业或团队可以在 Mesh for Teams 中搭建不同的虚拟空间，远程工作者可以使用自己的虚拟头像访问虚拟工作空间实现元宇宙办公。

谷歌：以人工智能技术为核心，布局元宇宙生态。谷歌采用软件与硬件结合的方式，为企业及开发者提供开源深度学习框架 TensorFlow 及相对应的 TPU 芯片，其中 TensorFlow 是谷歌 AI 及机器学习的核心算法框架，谷歌将该算法进行开源，目前

TensorFlow 是全球范围内使用极为广泛的 AI 算法框架，被广泛应用于 PC、移动应用的开发场景中。TPU 是谷歌专门为深度学习框架 TensorFlow 所推出的芯片，随着人工智能场景所处理的数据量急剧增长，传统的通用处理器芯片有些性能不足，TPU 的芯片相较于 GPU 芯片而言，可以采用矩阵计算的方式，能够同时处理更强大的数据量级，更加适应 AI 时代爆发增长的数据规模。

在 2022 大会上，谷歌宣布推出元宇宙沉浸式 3D 实景地图，该项目集合了视觉技术及卫星街景照，能提供比传统地图更身临其境的真实体验，使用手机就能查看真实的街景细节和不同时间变化的城市风景，人们除了惊艳之外，也不禁期待未来 3D 高精地图能带来何种效果。

英伟达：以 Omniverse 平台为基础，为元宇宙提供底层服务架构。2020 年 GTC 大会上，英伟达宣布推出 Omniverse。据公司介绍 Omniverse 是世界上第一个基于英伟达 RTX 的三维仿真和协作平台，融合了物理和虚拟世界，实时模拟现实并具有真实感的细节，无论艺术家还是人工智能，都能够在不同世界使用不同的工具，共同创造一个全新的世界。Omniverse 能将英伟达旗下 GPU、CUDA、实时光线追踪 RTX 技术等所有软硬件技术，及英伟达在生态系统中整合性的特质集中到一个平台，形成完整全栈解决方案，从而以更高效和兼容的方式，解决与"物理世界拟真"相关的各项痛点。2021 年 GTC 大会上，英伟达创始人兼 CEO 黄仁勋发布了人工智能阿凡达平台（Omniverse Avatar）。Omniverse Avatar 平台集合了计算机视觉、自然语言处理、推荐引擎和模拟技术等技术，用于生成交互式 AI 化身。英伟达的元宇宙战略为搭建一个元宇宙的技术基础设施，包括设计引擎、技术引擎以及技术平台，为元宇宙提供底层服务架构。

国际上，元宇宙产业的研究热点正在快速演进，体现在增强现实、虚拟现实和混合现实技术的集成应用，以及在这一基础上的多用户交互、数字资产所有权和区块链技术的发展。前沿趋势包括对身份验证、隐私保护以及更高保真度的虚拟环境的研究。通过以上案例情况可以看出，企业正通过投资创新技术、构建社区和开发新型商业模式来探索元宇宙的商业潜力，而元宇宙的用户体验、安全性和可持续性是当前研究的关键方向，未来这些趋势预计将继续扩展和深化。

三、国内相关产业相关技术发展

字节跳动：由游戏作为入口构建元宇宙市场。2021 年 4 月，字节跳动以 1 亿元投资国内手机游戏厂商代码乾坤。代码乾坤提供游戏 UGC 平台，聚集了一批创作者构建虚拟的世界，更像是元宇宙的愿景。因此该平台的游戏《重启世界》正是一个将虚拟与现实结合的一个尝试。2021 年 8 月初，字节跳动推出 AR 开发平台 Effect studio，开发者可以借助该平台为 Tiktok App 构建 AR 效果滤镜，目前还处于早期测试阶段。推出该平台的目的是追赶竞争对手 Snap，Snap 于 2020 年启动了 350 万美元的基金用于 Snapchat AR Lens 的建立。2021 年 8 月 29 日，国内 VR 创业公司 Pico 发布公开信表示公司被字节跳动收购，业务并入字节 VR 部门。Pico 是国内领先的 VR 硬件厂商，专注移动虚拟现实技术与产品研发，致力于打造全球领先的移动 VR 硬件及内容平台，除去硬件，Pico 亦正发力 VR 内容生态。

在元宇宙产业的布局方面，字节跳动成立了元宇宙实验室，并拥有了自己的元宇宙品牌"SPECTRUM"。该实验室主要负责元宇宙技术研发和创新，并将持续推出相关新产品，以抢占市场份额。在产业技术方向上，字节跳动在虚拟现实、增强现实、人工智能和 5G 等领域均积累了很多技术。例如，字节跳动与卡西欧合作推出了一款透明 AR 眼镜，可以将虚拟现实与现实相结合，提供更加丰富的用户体验；此外，字节跳动还将人工智能与 3D 技术相结合，打造出了一款人工智能虚拟形象 AI 妆容镜，可以为用户提供更加个性化的美妆方案。在产品方面，字节跳动也推出了多款元宇宙相关产品，如 SEE VR 电影节、SPECTRUM 时尚活动、SNAP 等，这些产品和活动都将元宇宙中的虚拟和活动与现实进行融合，推动了元宇宙这一产业的不断发展。

腾讯：致力于构建元宇宙的生态系统。腾讯游戏是我国最大游戏开发商，为全球数亿玩家提供游戏体验。在元宇宙的游戏领域，腾讯应用虚拟现实技术，使得游戏具有更加沉浸式的体验。腾讯目前正在开发的元宇宙游戏包括《星辰变》和《捉妖记》等。除此之外，腾讯还在元宇宙游戏研发平台上积极探索新的游戏内容，希望能够吸引更多用户。此外，腾讯旗下的社交平台如微信和 QQ 等也提供了强有力的支撑，社交网络是构建元宇宙社交生态的重要组成部分。用户可以通过 QQ 和微信访问元宇宙服务，并在其中建立虚拟好友、创建虚拟空间等。这使得腾讯在元宇宙社交领域中处于领先地位，具有巨大的发展潜力。除了布局方面，腾讯还聚焦在元宇宙产业技术方向上的研发。虚拟现实技术是元宇宙产业的核心，腾讯在此方面的技术积累和研究领先于其他公司。通过与主流 VR 头盔 leveraging 合作，打造精美的虚拟现实内容和应用程序，帮助用户进入更为逼真的虚拟空间。腾讯还嵌入了人工智能技术，使得很多操作可以通过人机对话而实现,这会进一步改善虚拟社交体验。目前,腾讯在元宇宙领域中的研究还包括区块链与数字资产、云计算等很多技术投入。

腾讯的元宇宙产品也是当下产业发展的重要代表。腾讯万象城是基于虚拟现实技术所构建的社交网络型虚拟城市。在其中,用户可以体验各种虚拟游戏以及在虚拟空间内与他人互动。此外,腾讯正在开发一款名为溯源的项目,它是一款基于区块链技术的游戏,让玩家在其中可以探索未来的世界。

阿里巴巴:在元宇宙产业的布局主要集中在零售和娱乐。在零售领域,阿里巴巴旗下的淘宝和天猫已经成为全球最大的电商平台。通过与虚拟现实、增强现实等技术的结合,阿里巴巴正在开发逼真的虚拟试衣间和体感购物等新型购物模式,使得消费体验更加丰富和沉浸式。另外,阿里巴巴也在元宇宙领域的娱乐领域中进行了积极探索。例如,他们推出了虚拟演唱会、娱乐城市和虚拟主播等产品。阿里巴巴在元宇宙产业的技术方向主要涵盖了虚拟现实、增强现实、人工智能和云计算等领域。阿里巴巴在虚拟现实和增强现实技术方面投入了大量的研发资源,他们也相信这两项技术在元宇宙的世界中有很大的应用前景。此外,阿里巴巴在人工智能和大数据领域的应用也是舆论所关注的。通过应用人工智能和大数据技术,在元宇宙的产品开发中可以更加富有创意和趣味性。

阿里巴巴在元宇宙领域的产品也是引人瞩目。在虚拟购物体验方面,他们推出了基于淘宝和天猫的虚拟试衣间等产品。同时,阿里娱乐集团也推出了阿里巴巴电竞娱乐平台,以及逼真的虚拟演唱会产品。除此之外,阿里巴巴还通过投资拥有了天文台科技公司、魔法马戏团等公司,以进一步扩大其在元宇宙产业的影响力和地位。

我国的元宇宙产业研究当前聚焦于融合人工智能、5G 网络、云计算、物联网等技术,推动虚拟与现实交互的无缝整合。最新研究热点包括虚拟现实和增强现实技术的优化,以及这些技术在电子商务、教育和娱乐等行业的应用。前沿技术趋势则指向 AI 驱动的交互体验,如通过 AI 来生成个性化内容和服务,以及利用机器学习提升元宇宙平台的用户参与度和沉浸感。创新型企业如小鹏汽车,则在探索利用数字孪生技术以提升制造流程和远程操作能力。在物理世界中,通过大量传感器收集的数据被用于在虚拟世界中创建汽车的精确数字副本,从而在元宇宙中进行测试和优化,加速产品迭代,减少物理原型制作的成本和时间。

同时,随着数字经济的迅猛发展,用户数据的积累将为 AI 提供更多的学习材料,推动元宇宙在个性化体验和智能服务方面的进步。

参考文献

[1] 工业和信息化部科技司.《元宇宙产业创新发展三年行动计划（2023—2025年）》解读[J]. 财会学习，2023（29）.

[2] 乔标. 2020—2021年中国人工智能产业发展蓝皮书[M]. 电子工业出版社，2021.

[3] 张小平. 2022中国元宇宙科技传播白皮书[J]. 中国科技信息，2023（2）：2-22.

[4] 丁刚毅，朱烨东. 元宇宙蓝皮书：中国元宇宙发展报告（2023）. 社会科学文献出版社，2023.

[5] 上海科学技术委员会. 市科委关于印发《上海市"元宇宙"关键技术攻关行动方案（2023—2025年）》的通知[EB/OL].（2023）. https://www.shanghai.gov.cn/nw12344/202306-14/0a29ac4569954f09a1fa8a8642ca0b88.html.

[6] 工业和信息化部办公厅，教育部办公厅，文化和旅游部办公厅，国务院国资委办公厅，广电总局办公厅. 五部门关于印发《元宇宙产业创新发展三年行动计划（2023—2025年）》的通知[EB/OL].（2023）. https://www.gov.cn/zhengce/zhengceku/202309/content_6903023.htm.

[7] 王志勤. 中国数字经济发展报告（2022年）[EB/OL].（2023）. http://www.caict.ac.cn/kxyj/qwfb/bps/202304/P020230427572038320317.pdf.

[8] 国务院. 国务院关于印发新一代人工智能发展规划的通知[EB/OL].（2017）. https://www.gov.cn/zhengce/content/2017-07/20/content_5211996.htm.

[9] 国家工业信息安全发展研究中心. 中心发布《全国数字经济发展指数DEAI（2022）》研究报告[EB/OL].（2023）. https://cics-cert.org.cn/web_root/webpage/articlecontent_101006_1685-959071393386497.html.

[10] Eloundou T, Manning S, Mishkin P, et al. Gpts are gpts: An early look at the labor market impact potential of large language models[J]. arXiv preprint arXiv: 2303.10130, 2023.

[11] Potts J, Allen D W E, Berg C, et al. Large language models reduce agency costs[J]. Available at SSRN, 2023.

[12] David Reinsel, John Gantz, John Rydning. IDC: 2025年中国将拥有全球最大的数据圈[EB/OL].（2019）. https://www.seagate.com/files/www-content/our-story/trends/files/data-age-china-regional-idc.pdf.

[13] Thayyib P V, Mamilla R, Khan M, et al. State-of-the-Art of Artificial Intelligence and Big Data Analytics Reviews in Five Different Domains: A Bibliometric Summary[J]. Sustainability, 2023, 15（5）：4026.

[14] Dumbach P, Schwinn L, Löhr T, et al. Artificial intelligence trend analysis on healthcare podcasts using topic modeling and sentiment analysis: a data-driven approach[J]. Evolutionary Intelligence, 2023: 1-22.

[15] Bag S, Dhamija P, Singh R K, et al. Big data analytics and artificial intelligence technologies based collaborative platform empowering absorptive capacity in health care supply chain: An

empirical study [J]. Journal of Business Research, 2023, 154: 113315.

[16] Julian Sun, Ben Yan, Xingyu Gu, et al. Hype Cycle for Data, Analytics and AI in China [EB/OL]. (2023). https://www.gartner.com/en/documents/4538299.

[17] 王占朝. 中国中车：以高水平"十四五"规划凝聚高质量发展共识 [EB/OL]. (2022). http://www.sasac.gov.cn/n2588020/n2588072/n2590902/n2590904/c25800331/content.html.

[18] Schwartz G, Wei S E, Wang T L, et al. The eyes have it: An integrated eye and face model for photorealistic facial animation [J]. ACM Transactions on Graphics (TOG), 2020, 39 (4): 1-91.

[19] Lu H, Ren H, Feng Y, et al. GazeTance Guidance: Gaze and Distance-Based Content Presentation for Virtual Museum [C]//2021 IEEE Conference on Virtual Reality and 3D User Interfaces Abstracts and Workshops (VRW). IEEE, 2021: 462-463.

[20] Meng X, Du R, Varshney A. Eye-dominance-guided foveated rendering [J]. IEEE transactions on visualization and computer graphics, 2020, 26 (5): 1972-1980.

[21] Memory L S T. Long short-term memory [J]. Neural computation, 2010, 9 (8): 1735-1780.

[22] Huang H, Wu Z, Kang S, et al. Speaker independent and multilingual/mixlingual speech-driven talking head generation using phonetic posteriorgrams [C]//2021 Asia-Pacific Signal and Information Processing Association Annual Summit and Conference (APSIPA ASC). IEEE, 2021: 1433-1437.

[23] Kuperberg M. Towards an analysis of network partitioning prevention for distributed ledgers and blockchains [C]//2020 IEEE International Conference on Decentralized Applications and Infrastructures (DAPPS). IEEE, 2020: 94-99.

第二章
元宇宙产业技术发展趋势与需求分析

在元宇宙的发展中，人工智能、物联网云计算技术、虚拟现实及游戏技术，以及区块链技术扮演着至关重要的角色。这些技术定义了元宇宙的技术框架，也为元宇宙的发展趋势奠定了基础。人工智能技术通过智能化分析、数据处理和模式识别，为用户提供更个性化、智能化的互动体验。物联网设备的广泛部署能够将现实世界的数据无缝地集成到元宇宙中，而云计算则提供了处理这些大量数据的能力。虚拟现实及游戏技术是构建元宇宙不可或缺的部分，它们提供了沉浸式体验的基础。虚拟现实技术使用户能够体验到高度逼真的三维虚拟环境，而游戏技术则丰富了这些环境的内容和交互方式。区块链技术为元宇宙提供了去中心化、安全性和透明性的解决方案，特别是在处理虚拟资产交易和用户身份验证方面。本章系统地介绍了元宇宙产业中人工智能、物联网云计算技术、虚拟现实及游戏技术，以及区块链技术等四项主要技术的发展趋势与需求分析。

第一节　发展趋势

一、人工智能技术发展趋势

在元宇宙中，AI 具有重要的作用。随着科技不断发展，AI 也成了当前极具前景的技术。AI 技术的应用范围广泛，从机器人到物联网，从工业元宇宙到教育元宇宙等多个领域都有着广泛的应用。

（一）机器学习

机器学习技术随着时间的推移将会继续发展壮大，成为未来 AI 的重要驱动力之一，其中一个发展趋势是更加强大的算法和更高效的计算效率。现如今，基于深度学习的应用已经可以完成诸如图像分类、语音识别等任务，但是还有许多更具挑战性的任务需要更加强大的算法和处理器来完成。在未来，随着计算力的提升和计算机技术的不断进步，有理由相信深度学习技术将会在更广阔的领域中得到应用。另一个发展趋势是深度学习与其他领域的融合。例如，深度学习与自然语言处理技术的结合将会改善机器翻译和语音合成等应用。此外，深度学习技术也可以通过与医学、金融和工业等领域的结合，解决更具有挑战性的问题。通过使用深度学习，可以实现更快速、更准确的数据分析，这将帮助改进许多行业中的决策制定和资源利用。深度学习技术的未来发展还将推动机器学习的进步。随着深度学习的不断深入和发展，随之而来的是数据分析的更加深层次的理解。这将有助于开发更加智能和适应性更强的机器学习算法。因此，未来的机器学习算法将能够更加迅速地适应多样化和复杂的数据，从而更有效地服务于现实应用需求。

（二）自主学习

近年来，特别是在元宇宙的推动下，自主学习的 AI 应用得到了越来越多的关注。相比传统的 AI 应用，自主学习的 AI 应用具备更强的适应性和自主性，能够更好地适应和优化自身的模型，为 AI 技术的发展带来新的机遇。自主学习的 AI 应用是指一种能够通过观察、学习、适应的方式，自主改变自身算法和行为的 AI 应用。相比传统的 AI 应用，它不需要进行手动编程，而是通过自动学习和适应，能够更好地适应和优化自身的模型。这种自主学习的能力，使得 AI 应用在面临更加复杂、多变的任务时具有更强的适应性和灵活性。元宇宙作为虚拟世界的最新进展，迅速成了全球范围内的一项热门技术，正推动着 AI 应用的进一步发展。在元宇宙中，自主学习的 AI 应用能够通过自动学习和适应，同时处理和解决复杂的任务和挑战，不断进化优化自身的表现。它能够通过不断的学习和适应，自主改变自身算法和行为，从而实现更加智能化的操作和决策。未来，自主学习的 AI 应用将成为 AI 研究的新方向，这种技术的发展将在元宇宙中发挥重要作用。自主学习的 AI 应用能够学习新的行为、语言和规则，并根据这些新知识自主改变自身的算法和行为，从而不断适应和优化自身的表现。在元宇宙中，这种技术的应用将更加广泛，能够适应和处理各种复杂任务，从而明显提高 AI 应用的效率和性能。总的来说，自主学习的 AI 应用将成为 AI 领域的新趋势，它能够通过自动学习和适应，不断适应和优化自身的模型，为元宇宙的发展提供新的可能。在未来，自主学习的 AI 应用将逐渐成为 AI 技术的主流方向，为人类创造更多的可能性。

（三）人工智能生成内容

AIGC 作为一项突破性技术，正在以其独特的能力重塑内容创造和分发的景观。AIGC 利用先进的机器学习模型，特别是深度学习，以前所未有的速度和规模自动生成文本、图像、视频和音频内容。它充当了数据与创意之间的桥梁，极大地提升了个性化和交互性内容的产出效率。随着技术的不断进步，AIGC 正逐渐扩展到新的应用领域，从简单的文本生成发展到复杂的多模态内容创作。

在数字媒体产业中，如新闻发布、游戏开发和社交媒体管理，AIGC 技术的应用日益普遍。AI 绘画工具 Midjourney 和稳定扩散模型（stable diffusion）等工具和算法已经展示了深度学习在图像生成和增强方面的前沿应用，这些工具都是在丰富多样的数据集上训练的高级神经网络模型的产物。Midjourney 工具利用用户输入的文本提示，生成令人惊叹的图像和艺术作品。它在社交媒体和艺术界得到了极大的关注，因为它降低了创造高质量视觉内容的门槛。该工具的核心是基于变换学习的 AI 模型，这使得它能够以较小的资源消耗进行个性化内容生成和快速迭代。稳定扩散模型是一种生成模型，它使用深度学习进行图像合成和编辑。它的突出之处在于其生成图像的细腻度和对细节的精确掌握，特别是在质感和光线方面。稳定扩散模型可以生成从风景画到复杂场景构图的各种图像，具有极高的灵活性和适应性。又例如 OpenAI 的 GPT-3，它能够自动生成高质量的文章、编程代码甚至诗歌；DeepArt 和 Prisma 等应用利用神经网络将照片转换为绘画风格的作品。

在产业应用方面，这些工具不仅仅是艺术创作的助手，它们的用途也正在扩展到广告、娱乐、产品设计、教育和其他需要快速原型设计和视觉内容创作的领域。例如，设计师可以使用 AI 绘画生成工具来快速生成设计概念，大大加快设计过程，并可能在概念阶段提供更多的创意选项。这些工具的发展与 AI 在图像识别、增强现实和虚拟现实等领域的进步相辅相成，它们为元宇宙等虚拟空间的内容创作提供了新的可能性。元宇宙作为一个虚拟世界，对于高质量和高度定制的视觉内容有着巨大的需求，AIGC 技术将在满足这些需求中扮演重要角色。教育和企业培训也是 AIGC 技术发挥巨大作用的领域，提供定制化学习材料和交互式体验。例如，AI 辅助的语言学习应用可以根据用户的学习进度和偏好生成个性化练习。而在健康领域，AIGC 被用来生成个性化的健康计划和饮食建议，以适应用户的具体需求。

AI 绘画生成工具的成功也带来了关于创作版权和 AI 伦理的新讨论。随着 AI 技术成为艺术和设计工作的一部分，产生了关于创作者是机器还是机器背后的人的问题。

同时，生成的图像可能包含有版权或受到版权保护的作品元素，这对于版权法的现行规定提出了挑战。同时，生成内容的真实性和可靠性受到了密切关注。为此，AIGC平台正在集成更复杂的算法来确保内容的真实性，并通过人工审核机制来提高其可信度。此外，跨模态内容生成，即在不同类型的媒体内容之间进行智能转换和创作，正成为研究的前沿领域。

AIGC的发展前景广阔，其在不同行业中的深入应用预示了一个更加自动化和智能化的内容创作未来。不过，这一切都需要在确保技术的透明性、安全性和伦理性的前提下进行。随着技术的不断进步，可以预期AIGC将为内容创造领域带来更多的创新和变革。

二、物联网云计算技术发展趋势

物联网与云计算技术是当今科技发展的重要方向，它们共同构成了物联网云计算技术。物联网与云计算技术的结合，不仅具有启发性的创意，而且也是现代化社会发展中的必要支撑。随着元宇宙所代表的下一代互联网的崛起，物联网云计算技术也会得到更加广泛的应用，这对于物联网和云计算技术的发展都有着积极的促进作用。

物联网与云计算技术的结合是当代技术发展的一个显著趋势，它不仅改变了数据收集和分析的方式，而且还在重塑着商业模式和行业生态。物联网通过传感器和智能设备收集大量数据，而云计算提供了强大的数据处理能力和存储空间，两者的结合使得从数据到洞察的转化更加迅速和有效。

（一）设备连通性与响应速度

随着第五代通信技术的推广和成熟，物联网设备的连通性和响应速度得到了极大提升，这为云计算技术提供了更多实时数据处理的机会。物联网与云计算的融合正在推动工业互联网的快速发展，为传统行业带来变革。通用电气的Predix平台通过收集来自传感器和设备的数据，利用强大的云计算能力进行高效处理，从而优化工业操作和决策。这一过程不仅提高了生产效率，还降低了运营成本，通过预测性维护减少了意外故障的风险。物联网的这种应用模式为云计算在工业领域的扩展提供了一个鲜明的范例。云计算的另一个优势是能够处理和存储大量数据而不会牺牲性能或显著增加成本。数据分析和机器学习模型可以在云端运行，以实时监控生产线状态，实现优化的生产流程和资源分配。例如，在汽车制造中，云计算技术可以帮助预测零部件的故障，并自动调整生产计划，从而减少浪费并提高生产线的灵活性。此外，随着企业对物联网和云计算技术的使用，数据安全和隐私问题越来越突出。因此，云服务提供商必须确保他们的平台可以防御外部威胁，如网络攻击和数据泄露。采用先进的加密技术、持续的安全监控和遵守数据保护法规是保障数据安全的关键措施。例如，亚马逊的 AWS IoT Core 就提供了多层次的安全措施，包括端对端加密和即时的安全事件响应，确保客户数据的安全性。

此外，为了更好地利用物联网和云计算，企业需要考虑如何整合这些新技术与现有的 IT 基础设施，在传统设备上安装智能传感器，更新 IT 系统以支持云计算服务。这样的数字化升级需要时间和投资，但可提高效率和灵活性来强化市场竞争力，最终可以提供显著的回报。在全球范围内，政府和行业协会也在推动物联网和云计算的发展。例如，欧盟推出了工业数据空间计划，旨在建立一个安全的数据共享生态系统，以支持跨企业和跨行业的数据交换。可以想见，未来在这些领域将有更多的技术合作和创新。

物联网和云计算技术的结合为制造业乃至更广泛的行业带来了转型的机会。随着这些技术的成熟，未来将会看到更多的创新应用出现，不仅仅限于智能制造，还包括智慧城市、智慧农业等领域。

（二）边缘计算

边缘计算作为云计算的重要补充，正在逐渐成为物联网领域的热点。边缘计算允许数据在产生的地点进行初步处理，只将需要进一步分析的数据传输到云端。这不仅减少了传输的数据量，而且降低了延迟，提高了处理速度。在工业物联网领域，例如，边缘计算可以快速处理来自传感器的数据，并即时调整机器的运行状态，从而减少对中心云的依赖，并提高生产效率和安全性。因此，边缘计算被看作提升物联网系统性能的关键技术。

边缘计算的一个核心优势是它能够在数据产生的地点即时做出智能决策。例如，在智能交通系统中，边缘计算可以帮助交通信号灯实时响应交通流量的变化，而不需要将数据发送到远程服务器。同样，在远程医疗服务中，边缘计算可以处理患者的生理数据，并在紧急情况下迅速发出警报，从而挽救生命。然而，边缘计算的实施也面临着挑战。首先，需要在设备上部署更多的计算资源，这可能会增加设备的成本和能耗。其次，对于分散在各地的边缘设备来说，安全性和管理性是两大挑战。因此，安全性需要通过设计更健壮的安全协议来确保，而设备的管理则需要远程监控和维护能力的增强。

边缘计算也与云计算形成了一种互补关系。通过在边缘设备上处理大量的初步数据，云计算资源可以被释放来处理更复杂的任务。此外，边缘计算可以作为云计算的一个预处理步骤，确保只有最有价值的数据被上传到云端，这不仅优化了带宽的使用，还提高了数据处理的效率。亚马逊 AWS Greengrass 是边缘计算应用的一个例子。通过在本地设备上运行 Lambda 函数，它可以在没有网络连接的情况下处理数据，这对于那些位于偏远或网络连接不稳定的区域的应用尤为重要。数据处理完成后，设备可以在连接到网络时将必要的信息同步到云端。

随着技术的进步和物联网设备数量的增加，边缘计算的角色预计将进一步扩大。5G 网络的推出将为边缘计算提供更高速的连接能力，从而使得边缘设备可以更快地传输数据和接收云端的指令。同时，AI 和机器学习的集成将使得边缘计算设备不仅能够处理数据，还能从数据中学习和做出更加智能的决策。

（三）与 AI 技术的结合

随着 AI 技术的进步，更多智能分析和自动决策的功能正在被集成到物联网云计算平台中。AI 算法可以从物联网设备收集的数据中学习和预测，为用户提供更加个性化的服务和体验。例如，谷歌云平台结合 AI 技术，可以帮助企业从海量数据中洞察用户行为，优化产品设计。

AI 和物联网的融合，常被称作 AIoT，它将两种技术的优势结合在一起，旨在提升数据分析的深度和实时决策的准确性。AI 技术的集成，使得物联网设备不仅能够收集数据，还能够理解和学习数据，为各种行业带来革命性的变革。在智慧城市的构建中，AIoT 技术可以用于优化交通流量、提高能源效率和增强公共安全。智能交通灯可以分析实时交通数据，并结合历史数据预测流量模式，从而自动调整信号灯的变化，减少拥堵和事故。智能电网通过分析消费者的用电数据和外部因素（如天气条件），可以预测能源需求，并相应调整供电，以提高能效和减少浪费。在农业领域，AIoT 技术通过分析土壤湿度、作物生长情况、天气预报等数据，可以帮助农民作出更明智的决策，如何时施肥、灌溉和收割，以最大化产量和利润。谷歌云平台提供的 AI 服务，比如机器学习引擎和预测分析 API，可能实现智能决策。在医疗保健领域，通过在医疗设备中集成 AI 算法，可以实时监控患者的健康状况，并预测可能出现的问题。这不仅可以提高病人的治疗效果，还可以通过预防干预减少医疗成本。例如，可穿戴设备可以监测心率和血糖水平，AI 算法则可以分析这些数据，并在问题出现之前发出警报。然而，AIoT 技术的实施也面临着挑战，包括如何确保数据的隐私和安全，以及如何处理和分析海量的数据。数据隐私和安全问题需要通过加强数据加密技术和严格的数据管理政策来解决。同时，为了处理和分析海量的数据，需要更强大的计算能力和更先进的数据分析工具。

云计算平台提供了必要的基础设施来支持 AI 算法的运行。随着云计算技术的不断进步，提供更加强大和灵活的计算资源，使得 AI 算法能够在云端运行，分析来自物联网设备的大量数据。此外，通过采用分布式计算和存储技术，可以将数据处理任务分散到网络的各个部分，从而提高效率和可扩展性。

（四）数据安全与隐私保护

物联网设备的普及为数据分析和服务定制带来了前所未有的便捷，但同时也大大增加了数据安全和隐私保护的难度。由于物联网设备通常是持续在线且分布式的，它们成为黑客攻击的潜在目标，特别是那些涉及个人隐私和企业敏感数据的场景。因此，云计算提供商必须实施更强大的安全策略来确保数据的安全性。一方面，多因素认证（multi-factor authentication，MFA）已成为一项基本要求，通过要求用户提供两种或以上的验证方式来登录云服务，从而增加了非法访问的难度。例如，用户可能需要输入密码和接收到的一次性验证码，或者使用生物识别技术进行身份验证。这些方法大大降低了因密码泄露或其他认证信息被破解所带来的风险。另一方面，数据加密是保护存储在云端和在互联网上传输的数据的关键技术。全程加密，即在数据传输和存储的每一个环节都采用加密措施，已经成为行业的标准做法。加密算法如：高级加密标准（advanced encryption standard，AES）和一种公钥加密算法（rivest-shamir-adleman，RSA）被广泛应用来保护数据不被未经授权的第三方读取。

定期的安全审计和符合行业标准的合规性检查也是云服务提供商所采用的重要安全措施。这些审计可以揭示潜在的安全漏洞，确保安全措施得到适当的实施和更新。例如，ISO 27001 和 SOC 2 Type Ⅱ 等认证，为云服务提供商设定了严格的安全管理和数据保护的标准。此外，随着技术的发展，一些先进的安全技术也正在被集成到云计算服务中。例如，基于区块链的安全解决方案可以提供更加透明和不可篡改的数据存储和交易日志，利用其去中心化的特性来增强安全性。另外，采用机器学习算法的安全系统能够从历史安全事件中学习，以便更快地识别和响应未来的威胁。虽然采取上述措施可以在很大程度上减少安全风险，但随着物联网设备的不断演进，安全威胁也在不断变化。因此，保护云计算环境和物联网设备的安全需要一个持续的过程，涉及技术更新、员工培训以及与安全社区的协作。在应对未来的安全挑战时，预防策略和快速响应机制将同等重要。云服务提供商和物联网设备制造商必须共同努力，不仅要开发和部署高效的安全技术，还要确保最终用户了解如何安全地使用这些设备。用户安全教育和意识提升同样是构建安全物联网环境的关键组成部分。

综上所述，物联网云计算技术的发展趋势显示了它在提高效率、降低成本和创新服务方面的巨大潜力。随着技术的持续进步和应用范围的不断拓展，未来的物联网云计算技术将更加智能、安全和易于访问，对社会各个领域产生深远的影响。

三、虚拟现实及游戏技术发展趋势

虚拟现实和游戏技术正处于快速变化和创新的时期，这些变化不仅影响着游戏行业，还在重塑我们的娱乐、教育和工作方式。主要分为以下三类。

（一）虚拟现实及游戏技术不断创新

高度沉浸的视觉和感官体验，技术进步带来了更高分辨率的显示器、更精确的运动追踪技术以及更先进的音频和触觉反馈系统。这些创新使得虚拟世界更加逼真，大幅提升了用户的沉浸感。技术上的创新主要体现在更高分辨率的显示器、更精确的运动追踪技术，以及更先进的音频和触觉反馈系统。例如，HTC Vive Pro 虚拟现实头盔的 1440×1600 像素分辨率为用户提供了更清晰、更细腻的视觉体验，极大地减少了视觉模糊和"屏幕门"效应，增强了沉浸感。此外，如 Oculus Rift S 等虚拟现实设备采用的精确空间定位技术，能够更好地捕捉和反映用户的动作，使得虚拟互动更加流畅和自然。在音频方面，索尼 PlayStation VR 等设备的 3D 音效技术则为用户提供了全方位的听觉体验，使其感觉自己真的置身于虚拟世界之中。触觉反馈技术，如 Valve Index 控制器中的高级震动反馈，也极大地丰富了用户的触觉体验，使得虚拟对象的触感更加真实。这些技术的结合与进步，不仅提升了虚拟世界的真实感，而且大幅增强了用户的沉浸感，为他们带来了前所未有的虚拟体验。

无线和便携性的提升，随着无线技术的发展和电池续航能力的提升，无线 VR 头盔和便携式游戏设备的普及为用户提供了更大的移动自由。无线和便携性的提升标志着虚拟现实领域的一次重大进步。随着无线通信技术的不断进化，特别是在 5G 和 Wi-Fi 6 等高速无线网络的支持下，无线 VR 头盔如 Oculus Quest 2 已经能够提供与有线系统相媲美的高质量体验，同时消除了使用者在空间移动时的限制。此外，电池技术的创新也为便携式游戏设备带来了更长的使用寿命和更高的性能效率，使得这些设备不仅更加便携，而且在没有持续电源供应的情况下也能维持长时间的高效运行。进一步地,随着云计算技术的发展,未来的 VR 体验有望通过远程渲染和数据处理,实现更轻便的头戴设备设计,从而进一步提高用户的使用舒适度和移动性。这些技术的发展和融合不仅推动了 VR 设备的创新和多样化,也为 VR 技术在教育、娱乐和商业等多个领域的广泛应用奠定了坚实的基础。

AR 与 VR 的融合,AR 技术的集成为游戏体验增添了新的维度,将虚拟元素与现实世界结合,创造出全新的互动方式。这种融合通过在现实世界中融入虚拟元素,创造出全新的互动体验。以 AR 游戏 Ingress 为例,它利用玩家的地理位置,在现实世界的地图上放置虚拟目标和任务,玩家需要在现实世界中移动来完成这些虚拟挑战。这种将虚拟内容与现实世界结合的方式,不仅为游戏增添了新维度,而且极大地提升了互动性和沉浸感。随着图像识别、空间定位和增强现实技术的不断发展,AR 设备能够更加精确地在用户的实际视野中叠加虚拟图像,从而创造出更加逼真和动态的互动体验。此外,这些技术的进步也使得 AR 应用不仅限于游戏,还扩展到了教育、工业设计、零售等多个领域。例如,在零售业,AR 技术可以使消费者在购物前就能够在自己的家中"预览"家具或装饰品。随着网络技术的进步,尤其是 5G 的推广,AR 体验的流畅度和实时性得到显著提升,这进一步推动了 AR 技术在各种移动和便携设备上的广泛应用,预示着我们即将迈入一个更加互动和沉浸的数字时代。

云游戏和流媒体技术的兴起,云计算和高速网络使得云游戏和游戏流媒体服务成为可能,减少了对高性能本地硬件的依赖。云游戏和流媒体技术的兴起标志着游戏行业的一个重大转变。云计算的发展,特别是结合高速网络技术,如 5G 和光纤宽带,使得云游戏和游戏流媒体服务得以实现。这种技术允许游戏在远程服务器上运行,并通过网络实时传输到用户的设备上,从而减少了对高性能本地硬件的依赖。例如,谷歌的 Stadia 和微软的 xCloud 服务通过云技术提供高质量的游戏体验,允许用户在各种设备上,包括智能手机、平板电脑和低性能的个人电脑上,体验原本需要高端硬件支持的游戏。这不仅降低了用户体验高质量游戏的门槛,也为游戏开发商提供了更广阔的市场。同时,云游戏的这种模式减轻了游戏更新和维护的负担,玩家可以即时访问最新的游戏版本和内容。此外,云游戏平台的数据分析能力为个性化游戏体验和推荐提供了可能,增强了用户互动和满意度。综上所述,云游戏和流媒体技术的发展不仅是技术上的一大突破,也预示着游戏产业商业模式和用户体验方式的根本变革。

(二)用户体验增强

更智能的人工智能集成,AI 的应用使得非玩家角色(non-player character,NPC)

更加智能，故事情节更加复杂，提供了更自然的交互体验。AI 还可用于根据玩家的技能水平动态调整游戏难度。人工智能在游戏领域的集成代表了重要的技术进步，它正在根本改变游戏的互动性和复杂性。AI 的应用使得非玩家角色不仅能够展现出更加丰富和逼真的行为模式，还能根据玩家的行为和偏好做出智能反应，从而创造出更加动态和有吸引力的游戏环境。例如，在像《荒野大镖客二》这样的游戏中，AI 驱动的 NPC 可以根据玩家的历史行为和选择做出不同的反应，使得每个玩家的游戏体验都是独一无二的。此外，AI 技术还被用来动态调整游戏难度，以适应不同玩家的技能水平。这种自适应难度系统不仅让游戏对于新手玩家更加友好，也为经验丰富的玩家提供了持续的挑战。进一步地，AI 在游戏设计和测试中的应用也正在改变游戏开发的过程。通过利用机器学习算法，开发者可以更有效地分析玩家数据，优化游戏平衡和设计。总之，AI 的集成不仅为游戏玩家带来了更丰富和沉浸的体验，也为游戏开发者提供了前所未有的创新工具，极大地拓展了游戏设计和开发的可能性。

可访问性和包容性的提升，游戏和 VR 体验正变得更容易访问，更加包容，适应各种能力和背景的用户需求，例如提供改进的适应性控制选项和跨文化内容。随着技术的发展，游戏和 VR 体验正在变得更容易访问，更加包容，这意味着各种能力和背景的用户都能享受到这些技术的好处。例如，通过提供改进的适应性控制选项，如微软的 Xbox Adaptive Controller，游戏设备制造商们使得残障玩家能够根据自己的物理能力定制个性化的游戏操作方式。同时，VR 技术在提供教育和训练方面也显示出其包容性，例如使用 VR 模拟环境来训练有特殊需求的个体，或者提供不同文化背景的教育内容，从而跨越地理和文化的界限。此外，游戏内容的多样化和文化包容性也在增强，游戏开发者正越来越多地考虑包括不同性别、种族和文化背景的角色和故事情节，以反映全球玩家的多样性。这些进步不仅提高了游戏和 VR 体验的普遍性和吸引力，也强化了它们作为社会和文化交流工具的潜力。综上所述，可访问性和包容性的提升不仅是技术进步的体现，更是向着更加平等和多元化的数字娱乐世界迈进的重要步骤。

持续的技术创新，眼球追踪、脑机接口和更先进的运动捕捉技术等新兴技术的应用，进一步提升了沉浸感和交互性。元宇宙的概念和发展正在由持续的技术创新，尤其是眼球追踪、脑机接口以及先进的运动捕捉技术的应用所推动。这些技术为构建元宇宙中更加沉浸和互动的体验提供了关键的支撑。例如，眼球追踪技术在元宇宙环境中不仅能提供更精准的用户界面控制和交互，还能通过注视点渲染技术来优化虚拟环境的图像处理效率。脑机接口技术则开辟了全新的交互方式，使用户能够通过思维直接与元宇宙中的对象和环境互动，这不仅为用户体验带来革命性的改变，也为残障人士提供了无障碍访问元宇宙的可能性。此外，更先进的运动捕捉技术能够在元宇宙中更准确地复现用户的身体动作和表情，从而提供更自然和逼真的虚拟表现。这些技术的融合和发展，正在不断推进元宇宙概念的实现，预示着我们将步入更加沉浸、互动且连贯的虚拟世界，其中无限的创造和探索成为可能。总的来说，这些创新技术不仅是元宇宙构建的关键，也是实现其广泛应用和普及的基础。

（三）社交与互动增强

社交和多人游戏的发展，虚拟现实和游戏正变得更加社交化，新技术使玩家可以在虚拟空间中以更真实、更互动的方式进行社交和协作。在元宇宙的背景下，社交和多人游戏的发展正成为虚拟现实和游戏行业的重要趋势，新技术的运用正在将这一领域推向前所未有的社交化和互动化程度。随着高速、低延迟的网络技术，如5G，成为现实，以及云计算技术的不断进步，元宇宙内的玩家可以享受到更加真实和流畅的社交互动体验。例如，在元宇宙平台上，玩家不仅能以虚拟化身的形式参与多人游戏，还能在广阔的虚拟世界中与来自全球的玩家进行互动和协作，这超越了传统游戏平台的界限。此外，AR技术在元宇宙中的应用也为玩家提供了将虚拟内容与现实世界融合的新方式，增强了游戏的互动性和沉浸感。这种技术融合不仅为用户创造了多元化和广泛连接的虚拟社交空间，也为元宇宙的发展提供了强大的动力，预示着一个更加互联互通、共享共创的虚拟未来。

虚拟社交空间的创造，随着技术的进步，虚拟世界成为人们社交、工作和学习的新平台，提供了全新的社交和交流方式。特别是在元宇宙概念的推动下，虚拟世界正日益成为人们社交、工作和学习的新平台，开辟了全新的社交和交流方式。元宇宙作为综合性的虚拟环境，依托于先进的VR和AR技术，为用户提供了沉浸式的三维空间，其中个人可以通过自己的虚拟化身与他人互动。这种交互不仅限于传统的文本和语音通讯，还包括表情、手势和完整的身体语言。随着网络技术的进步，如5G和下一代Wi-Fi，以及云计算的普及，元宇宙内的交互变得更加流畅和真实，允许来自不同地理位置的用户共同参与社交活动、合作项目或学习课程。此外，AI技术在元宇宙中的应用也为个性化体验和智能互动提供了支持，使得虚拟社交空间能够更好地适应用户的个性化需求。元宇宙所代表的虚拟社交空间的创造，不仅是技术进步的体现，更预示着未来社交、工作和学习方式的根本变革，向我们展示了更加互联互通和互动的未来图景。

四、区块链技术发展趋势

区块链技术作为一种颠覆性创新，在过去几年里引起了广泛关注，并在各个行业展现出其独特的价值和潜力。在审视其发展趋势时，可以看到几个核心主题：去中心化金融（decentralized finance，DeFi）的兴起、非同质化代币（non-fungible token，NFTs）的流行、隐私和可扩展性的不断进步。

（一）去中心化金融领域

在去中心化金融领域，区块链技术已经开始重塑金融服务的基本结构，通过智能合约和分布式账本，提供了一种无须传统金融中介即可进行借贷、交易和资产管理的方式。举例来说，项目如 MakerDAO 和 Compound 等区块链组织在 DeFi 空间中实现了巨大的市值和用户基础增长，表明了市场对于去中心化金融产品的高度需求。

区块链技术的革新性在 DeFi 领域得到了显著体现，它挑战并重新定义了传统金融服务的运作模式。基于区块链的智能合约和分布式账本，DeFi 提供了一套不同于传统金融体系的规则，它赋予用户直接控制资金和资产的能力，省去了银行和其他金融机构的介入。这种自动化和去中介化的特性，不仅降低了交易成本，也大幅提高了系统的透明度和效率。DeFi 的典型应用包括借贷平台、去中心化交易所（DEXs）、稳定币以及其他各种复杂的金融工具。MakerDAO 是一个允许用户抵押加密资产并借出稳定币 Dai 的平台。

DeFi 生态系统中的这些项目和其他类似项目的成功，可以从它们迅速增长的市值和用户基数看出。根据 DeFi Pulse 的数据，截至 2023 年，DeFi 锁定的总价值已超过数十亿美元，这一数字在短短几年间呈现指数级增长。这种增长不仅体现了市场对于去中心化金融产品的需求，也显示了 DeFi 作为区块链应用的成功。然而，DeFi 的发展并非没有挑战。其面临的首要问题之一是智能合约的安全性。智能合约是自动执行的合约条款，但它们在编写或执行过程中的漏洞可能导致资金的丢失。2020 年，DeFi 平台的漏洞被黑客利用，造成了数千万美元的损失。因此，DeFi 项目开发者正在不断努力提高智能合约的安全性，包括采用各种安全协议和代码审计服务。另外，法规的不确定性也是 DeFi 成长过程中的一大障碍。由于 DeFi 项目通常没有中心化的运营团队，它们的法律地位往往较为模糊，这使得监管机构难以对其施加传统的金融监管。全球各地的监管机构正在探索如何在不扼杀创新的同时，确保消费者保护和金融稳定。监管环境的澄清将有助于 DeFi 的健康发展，避免潜在的金融风险。在用户采用率方面，DeFi 目前仍然是一个相对小众的市场。虽然加密货币的用户基础在不断增长，但对于大多数非技术用户来说，DeFi 平台的操作复杂性仍然是一大障碍。DeFi 项目正试图通过改善用户体验和提供更多教育资源来降低这一门槛。

DeFi 未来可能会继续扩展其产品和服务范围，从而吸引更广泛的用户群体。展望未来，DeFi 可能会继续扩展其产品和服务范围，从而吸引更广泛的用户群体。一方面，随着更多的传统金融资产被代币化，DeFi 有可能融入更多传统金融市场的领域。另一方面，随着区块链技术的进步，尤其是第二层解决方案（如闪电网络和侧链技术）的实施，DeFi 的可扩展性和效率有望大幅提升。

（二）非同质化代币

非同质化代币（NFT）为艺术家和创造者开辟了数字所有权和版权的新时代，使其作品可以在区块链上唯一和可验证地代表。NFT 的爆炸性增长，如 Beeple 的数字作品在佳士得拍卖行的高价售出，反映了这一新兴市场的活跃度和创新潜力。非同质化代币已经迅速成为数字艺术和集藏品世界中的一大革命。这些独一无二的代币代表了互联网资产的所有权，无论是数字艺术、音乐、视频还是其他形式的创意作品，都可以通过 NFT 得到证明和转让。其核心优势在于，它能为数字内容的创造者和所有者提供一个可靠的、不可篡改的所有权证明。

NFT 的出现为艺术家和创造者提供了前所未有的价值实现途径。在传统的艺术世界中，艺术品的复制品通常无法带来收益，且艺术家在二级市场中的销售几乎得不到任何收入。NFT 改变了这一现状。例如，数字视觉艺术家 Beeple 的作品在佳士得的拍卖中以 6900 万美元的价格售出，这不仅为 Beeple 本人带来了巨大的收益，也彰显了 NFT 在艺术品确权和交易中的巨大潜力。Beeple 的案例是众多成功案例中的典型，它标志着数字艺术开始被主流艺术市场和收藏家认可。然而，NFT 市场的繁荣也引发了许多讨论和争议。关于 NFT 的环境影响、版权问题、市场泡沫以及长期价值都是市场关注的焦点。例如，NFT 背后的区块链技术，尤其是以太坊，在验证交易时需要消耗大量电力，这引发了关于环境可持续性的担忧。

版权方面，虽然 NFT 为艺术家的作品提供了所有权和流通的可能，但在现实中执行这些权利却非常复杂。艺术家面临着作品被非法复制和分发的风险，因为 NFT 并不阻止人们复制相关的数字作品，它只能证明谁拥有原始作品的所有权。因此，艺术家和平台必须共同努力，制定和执行与数字版权相关的法律和规范。

尽管存在争议，NFT 的市场潜力仍然巨大。它不仅为数字艺术家提供了新的收入来源，也为投资者和收藏家提供了新的资产类别。随着更多的艺术家、名人和企业进入这一领域，NFT 市场预计将继续扩大。这种扩张同样伴随着挑战，例如如何评估 NFT 的真实价值、如何处理知识产权问题以及如何确保市场的公平性和透明性。除了艺术和收藏品之外，NFT 在游戏、娱乐、时尚和其他许多行业都找到了应用。在游戏行业中，NFT 允许玩家拥有和交易虚拟物品，为游戏经济系统带来了新的可能性。在音乐行业，NFT 能够为歌手和音乐人提供一个直接向粉丝售卖作品和体验的途径，从而绕开传统的音乐发行和销售渠道。

未来，NFT 有可能彻底改变内容创造、分发和所有权的格局。随着技术的成熟和规范的建立，NFT 能够在确保创作者权益和创造可持续生态系统方面发挥重要作用。不过，这一切的实现都需要业界、政府和社会各界的共同努力，以确保这一新兴市场的健康和长期发展。

（三）隐私和可扩展性

随着区块链应用的日益增加，用户对隐私安全的需求也越来越高。虽然区块链天然具有去中心化和透明性的特点，但这种透明性也带来了隐私泄露的风险。例如，在比特币这样的公共区块链上，交易虽然是匿名的，但交易历史是公开的，这使得交易双方的活动可以被追踪和分析。为了解决这一问题，零知识证明（ZK-proofs）等隐私保护技术开始被整合到区块链项目中。零知识证明是一种加密技术，它允许一方向另一方证明一个陈述的真实性，而无须透露任何有关该陈述的额外信息。Zcash 是采用零知识证明技术的知名加密货币，它允许用户进行完全匿名的交易。Monero 另一个重视隐私的加密货币，通过一系列的隐私保护技术，如环签名和隐藏地址，来掩盖交易的来源和去向。随着这些技术的发展和应用，区块链的隐私保护能力得到了增强。不过，隐私保护技术的实施也面临着挑战。首先是与法规的兼容性问题。许多国家和地区为了打击洗钱和恐怖融资等活动，已经制定了严格的金融监管规定，这些规定往往要求金融机构收集和报告客户的详细信息。过度的隐私保护可能会与这些规定发生冲突。

隐私保护技术通常会增加交易的复杂性和处理时间。尽管零知识证明等技术越来越高效，但它们仍然比传统的交易验证方法更加复杂和耗时。这在一定程度上限制了隐私保护区块链的可扩展性。交易的可扩展性是另一个主要的技术挑战。随着区块链用户数量的增加，每个区块能够处理的交易量成为制约区块链发展的瓶颈。比特币和以太坊等主流区块链因为在高峰时段交易拥堵和手续费上涨而受到了诸多批评。为了解决这个问题，研究者和开发者们提出了多种解决方案。一种方法是通过分片技术来提高区块链的处理能力。分片技术将网络分为多个小部分，或者片，每个片可以并行处理交易。这样可以大大增加网络的总吞吐量。第二代以太坊就计划采用分片技术来提升其可扩展性。另一种方法是通过二层解决方案来缓解主链的压力。这些解决方案，如闪电网络和 Plasma，创建在主链之上的第二层网络，可以处理大量的小额交易，只有最终的结算需要在主链上进行。这样可以大大减少主链的负担，降低交易费用，同时加快交易速度。交叉链技术的发展也为可扩展性问题提供了潜在解决方案。通过实现不同区块链之间的互操作性，可以将负载分散到多个区块链上，从而提高整个生态系统的效率和可扩展性。

综上隐私保护和交易可扩展性是区块链技术发展中的两大挑战，也是当前研究的热点。随着技术的不断进步和创新，未来的区块链平台将更加安全、高效，能够支持更多的应用场景和服务。然而，技术发展也需要考虑与现有法规的兼容性，以及如何平衡隐私保护和监管需求。通过社区、企业和监管机构的共同努力，区块链技术有望克服当前的瓶颈，实现其在多个领域的广泛应用。此外，区块链技术与元宇宙的结合被视为未来发展的一个重要方向。元宇宙需要一个安全、可靠的数字所有权认证系统，区块链在这里扮演关键角色。随着脸书公司转型为元，表明了科技巨头对元宇宙概念的认可与投资。在元宇宙构建的早期阶段，区块链技术不仅为虚拟资产交易提供了基础，而且也为元宇宙内的身份认证、社交互动和经济系统提供了可能性。

第二节　需求分析

一、人工智能技术需求分析

AI 技术的发展可以从多个维度进行分析。自上世纪提出以来，AI 技术经历了多次发展的高潮和低谷，而近年来由于计算能力的大幅提升、数据量的爆炸式增长以及算法的持续进步，AI 技术得到了飞速发展。特别是深度学习的突破性进展，推动了 AI 在视觉识别、语言理解、自然语言生成、推荐系统等领域的应用。AlphaGo 击败人类围棋冠军、GPT 系列模型的问答能力、OpenAI 的 DALL-E 生成绘画的实例，标志着 AI 在模式识别、决策制定和创造力方面里程碑式的成就。随着技术的不断进步，关于其社会影响、伦理隐患和法规制约等方面的讨论也越来越受到重视，这要求业界、学术界和政策制定者共同努力，推动 AI 技术的健康和可持续发展。AI 作为当前技术发展的重要推动力，其在市场需求中表现出强劲的增长势头。全球 AI 市场在 2021 年的收入超过了 3270 亿美元，预计到 2024 年达到 5540 亿美元。这一需求增长受到多个因素的共同推动，包括技术进步、数据可获取性的提高、计算能力的增强，以及越来越多的行业和企业认识到 AI 在提高效率、减少成本和促进创新中的作用。

（一）国家需求分析

人工智能技术作为一项关键的国家战略技术，正被全球众多国家纳入其长期发展规划中。各国政府认识到了 AI 在推动经济增长、国防安全、社会管理及国际竞争力中的重要性，因此在政策支持、资金投入、人才培养和国际合作等方面展开了积极的布局。

在经济领域，人工智能的应用为国家带来了创新和竞争力的提升。通过投资和支持人工智能技术的研究和开发，国家致力于在全球科技竞争中保持领先地位。人工智能的广泛应用不仅催生了新兴产业，还提升了传统产业的效率和智能化水平，为国家经济带来更高的附加值和竞争优势。在国家层面，人工智能技术的推动作用体现在经济创新和竞争力的提升上。通过引导资金、人才和技术资源，国家促使人工智能技术在各个行业广泛应用。这不仅激发了创新活力，还为国家经济注入了新的增长动力。新兴产业如智能制造、智能医疗和智能交通得到迅速发展，带动了相关产业链的升级，使国家在全球产业链中占据更有利的地位。

在产业升级和转型中，人工智能技术发挥了关键作用。自动化生产线、智能制造系统的引入提高了制造业的效率和质量，使国家在全球制造业中拥有更大的话语权。智能化的商业决策系统、市场预测模型等应用使企业更具竞争力，从而推动了整个经济体系的升级。另外，人工智能技术的广泛应用也催生了新的商业模式。大数据分析和机器学习算法为企业提供了更准确的市场信息和用户需求分析，使得个性化定制、精准营销等商业实践成为可能。这种商业模式的变革进一步促进了市场的繁荣，为国家创造了更多的就业机会。人工智能技术的发展还为国家培育了高新技术产业和相关人才。政府通过设立研发基金、支持高校科研机构和企业合作等方式，鼓励人工智能领域的创新。这不仅有助于国家在全球科技竞争中占据领先地位，同时也为培养更多高端人才提供了支持。

(二) 市场需求（产业）分析

企业级应用程序是推动 AI 市场增长的重要因素之一，其中包括客户关系管理和企业资源规划系统的智能化。例如，Salesforce 公司的 Einstein AI 平台就被集成在其云服务中，帮助企业更好地理解客户数据，从而提升营销效果和销量。同样，工业界通过采用 AI 来优化其生产流程，改进供应链管理，并实现设施的预测性维护。西门子通过其 MindSphere 平台利用大数据分析和机器学习算法，帮助企业实现了这些目标，从而显著降低了停机时间并提高了运营效率。

在消费者市场中，智能家居和自动驾驶汽车等应用正在激发对 AI 的广泛需求。亚马逊的 Alexa 和谷歌的 Assistant 智能助手的流行，展示了消费者对于通过自然语言处理和机器学习提供个性化体验的技术的兴趣。自动驾驶汽车技术的先行者特斯拉通过其 Autopilot 系统展示了 AI 在提高驾驶安全性和便利性方面的潜力。然而，AI 技术的应用并不局限于企业和消费市场。在医疗领域，AI 用于辅助诊断和个性化治疗方案的设计，如 IBM Watson Health 的应用，它可以帮助医生分析患者信息并提供治疗建议。教育领域也在利用 AI 进行个性化学习和评估。不可忽视的是，AI 市场的快速发展也带来了数据安全和隐私问题、技术伦理以及潜在的就业市场变动等挑战。因此，政府、行业组织和企业正在制定相关政策和标准以确保 AI 技术的可持续和负责任的使用。

AI 技术在全球范围内被广泛接受，集成到各个领域的实践中，改变了商业运作模式，也在塑造未来的社会结构和经济格局。随着技术的不断进步和应用的深入，AI 将继续在提高生产效率、增强用户体验和推动经济增长方面发挥关键作用。

(三) 研究需求分析

人工智能技术的发展在很大程度上取决于技术研发的前沿。当前，人工智能领域的技术研发主要集中在三方面：智能算法、大数据和深度学习。三个组成部分彼此相互依存、相互促进。

智能算法是 AI 技术的基础。它们涉及机器学习、模式识别、自然语言处理等多个领域。当前，智能算法正趋向于更加高效、可解释和自适应。比如，在机器学习领域，强化学习算法通过与环境的交互自我学习，已被广泛应用于游戏、自动驾驶车辆以及推荐系统。挑战在于如何在有限的资源下实现最优的决策过程。另外，因果推理算法正在兴起，它们不仅能从数据中学习模式，还能处理变量，这对于科学研究和决策支持系统具有重要意义。

大数据为智能算法的训练提供了必要的材料。随着互联网、物联网的发展，生产和收集数据的速度前所未有。大数据的处理、存储、分析与管理技术的进步，直接促进了人工智能的应用。大数据技术涵盖了数据挖掘、云存储、高性能计算等多个方面。当前，大数据技术面临的挑战包括如何保障数据的安全与隐私，如何提高数据处理的速度和质量，如何从海量数据中提取出有价值的信息。

深度学习是近年来 AI 领域的重要突破，特别是在图像识别、语音识别和自然语言处理等任务中展现了巨大的潜力。深度学习模型通过模仿人脑神经网络的结构，能够学习到数据中复杂的、层次多级的特征。现阶段，深度学习正向着更加高效的网络结构、更少的数据需求（如迁移学习、元学习）和更强的泛化能力发展。此外，深度学习的解释性和可解释性也成为研究的热点，因为在医疗、司法等领域，模型的决策过程需要被充分理解。

全球科研机构和商业公司在 AI 的研发上投入巨资。以谷歌 DeepMind 的 AlphaFold 为例，通过深度学习算法解决了蛋白质折叠问题，这一突破不仅在生物学领域具有里程碑意义，同时也展示了深度学习技术在解决复杂科学问题上的潜力。OpenAI 通过其大型语言模型 GPT，展示了深度学习在自然语言处理方面的强大能力，该技术被广泛用于文本生成、翻译、摘要和其他多种应用场景。

数据安全和隐私保护是 AI 研发的另一重点领域。随着 AI 技术在各行各业的应用，如何保护个人数据不被滥用成为一个挑战。欧盟的通用数据保护条例对 AI 处理个人数据提出了严格要求，推动了隐私保护技术的发展，如同态加密和联邦学习。AI 技术的道德和社会影响也是当前研究的焦点之一。随着 AI 决策系统在司法、金融和招聘等领域的应用，如何避免算法偏见、保证决策的透明性和公正性成为研究的热点。例如，IBM 的 AI Fairness 360 是一个旨在帮助检测和缓解算法偏见的开源工具包。

未来的 AI 研发需求将更加侧重于通用人工智能、解释性和可信性的提高、多模态学习，以及小样本学习。通用人工智能指的是能够执行任何智能任务的 AI 系统，这是一个长期目标，当前研究正致力于提高 AI 系统的适应性和灵活性。解释性和可信性研究旨在使 AI 系统的决策过程更加透明，以获得用户的信任。多模态学习关注于跨越视觉、语言和声音等不同类型的数据源进行学习。而小样本学习则旨在减少 AI 模型训练所需的数据量，使模型能够在少量数据上快速学习和适应。

人工智能的研发需求正在向着提升算法效能、增强跨领域应用、确保安全合规和伦理责任以及提高系统的透明度和可解释性等方向发展，这些需求将引导未来 AI 技术的研究方向和应用场景。未来，智能算法将继续在理论和实际应用之间推动技术突破；大数据将继续增强其基础设施，以支持更高效的数据分析和处理；深度学习将更加注重模型的泛化能力和可解释性，以便更好地服务于复杂、动态的现实世界问题。

（四）技术瓶颈分析

在研究和开发人工智能技术时，尽管取得了显著进步，但依然存在多个技术瓶颈。这些瓶颈往往涉及计算能力、数据处理、算法效率、可解释性，以及伦理法规等方面。以下是对这些技术瓶颈的分析。

（1）计算资源限制。随着深度学习模型变得越来越复杂，对计算资源的需求也在急剧上升。例如，OpenAI 发布的 GPT 系列模型，需要大量的计算资源来训练。这不仅增加了研发成本，也限制了模型创新的速度。此外，能耗问题也成为一个关注焦点，尤其是在追求环保和可持续发展的当下。

（2）数据隐私与安全性。数据是 AI 系统的基石，但在收集和处理大规模个人数据时，需要处理隐私和安全问题。例如，欧盟的通用数据保护条例对使用个人数据设立了严格的规定，给 AI 的数据获取带来了法律上的挑战。

（3）算法效率与泛化。当前的 AI 模型往往需要大量的数据才能学习，且在特定任务上表现出色，但是迁移到新的、未知的任务时效果大打折扣。这表明模型的泛化能力有限。例如，在 AlphaGo 战胜人类围棋选手后，尽管它在围棋领域表现优异，但这种技术并不能直接应用于其他领域。

（4）可解释性与透明度。深度学习模型往往被比喻为"黑箱"，即它们的决策过程缺乏透明度。这在需要高度准确性和可靠性的应用场景（如医疗诊断）中，构成了严重问题。例如，在使用 AI 辅助医疗诊断时，无法解释其推理过程可能会影响医生和患者的信任。

（5）伦理和法规挑战。AI 技术在发展的同时，其伦理和法规标准尚未成熟。例如，自动驾驶汽车在面临道德困境时的决策问题，以及 AI 在招聘过程中可能产生的偏见，都是亟待解决的问题。

（6）人才短缺。尽管 AI 领域发展迅速，但高质量的 AI 专家仍然稀缺。高度专业化的知识和技能要求限制了从教育到行业的人才流动。

（7）模型部署与维护。将 AI 模型从实验室转移到实际应用时，会面临新的挑战，包括模型的可持续维护和更新。例如，随着时间的推移，某些基于机器学习的系统可能会出现性能下降，需要定期的维护和再训练。

解决这些技术瓶颈需要跨学科的协作，包括计算机科学、数学、统计学、伦理和法律等多个领域的共同努力。通过提升算法效率、设计可解释的AI系统、加强数据安全和隐私保护措施，以及制定相应的伦理和法规指导原则，可以逐步克服这些瓶颈。例如，在算法效率方面，研究人员正在探索如何通过改进学习算法来减少对数据的依赖，提升模型的泛化能力。一种方法是通过增强学习或迁移学习技术，使得模型能够在一个领域学到的知识迁移到其他领域。在深度学习中，一些研究致力于开发更加高效的神经网络架构，如谷歌的MobileNet、脸书的ResNeXt等，这些架构旨在减少计算资源消耗同时保持或提升性能。在数据隐私与安全性方面，出现了如同态加密（homomorphic encryption，HE）和差分隐私（differential privacy，DP）等技术，它们允许在保持数据加密的同时进行分析和处理，以保护用户数据不被泄露。此外，数据合成和模拟的方法也在兴起，旨在生成高质量的合成数据以供训练使用，从而避免直接使用真实的敏感数据。为了提高AI的可解释性，研究者正在开发新的解释性方法和工具，比如局部可解释模型敏感解释（local interpretable model-agnostic explanations，LIME）和沙普利加和解释（shapley additive explanations，SHAP），这些方法试图向用户揭示AI决策背后的逻辑和贡献因素。在伦理和法规方面，国际上许多组织和国家正在积极制定AI治理的框架。例如，欧盟提出了AI伦理指南，明确了可信赖AI的七个要求，包括人工智能应具备透明度、非歧视、可靠性和安全性等。在模型部署与维护方面，机器学习运营正在成为一个重要的领域，它融合了机器学习和软件开发的最佳实践，以确保机器学习模型的顺利部署和持续运行。

尽管人工智能研发面临多种技术瓶颈，但通过技术创新、伦理法规制定以及人才培养等手段，我们有望逐渐解决这些挑战，并推动AI技术的健康发展。同时，企业和研究机构也需不断适应新兴的技术趋势，以维持竞争力，并促进AI技术的社会积极影响。

二、物联网云计算技术需求分析

物联网和云计算技术的结合为现代信息技术产业带来了创新的发展方向，它们共同构建了一个全新的生态系统，能够处理和分析来自成千上万联网设备的大量数据。物联网设备的泛在性和多样性带来了巨大的数据流量和处理需求，而云计算则提供了强大的资源池以存储、处理和分析这些数据，这对于实现智能城市、智慧医疗、智能交通等领域的应用至关重要。市场对实时数据处理和分析的需求日益增长，这要求物联网和云计算技术必须能够高效、稳定地协同工作。在工业领域中，实时监控和维护是保持生产效率和安全的关键。例如，通用电气的 Predix 平台就是一个结合了物联网与云计算的工业互联网平台，它可以实时监测工业设备的状态，并通过预测性维护来防止故障的发生，显著降低了维护成本并提高了生产效率。

（一）国家需求分析

随着全球数字化转型的深入，物联网与云计算在国家战略层面变得至关重要。国家需求分析突显出这些技术在提升经济效率、公共服务质量、国防安全，以及社会治理水平等方面的战略价值。物联网和云计算技术对国家需求的响应不仅体现在具体的应用项目中，而且在于这些技术对于应对全球性挑战，如气候变化、公共卫生和灾害应急管理等方面的潜力。物联网设备的全球安装基础正在迅速增长，预计到 2025 年将达到 750 亿台，云计算市场规模也呈现出强劲增长势头，据市场研究机构 Statista 统计，全球公共云服务市场规模预计将在 2025 年超过 4820 亿美元。

国家层面，物联网和云计算技术正被纳入更广泛的数字化转型和国家治理现代化的议程中。例如，我国发布的"十四五"规划和 2035 年远景目标纲要中，将新一代信息技术定位为国家发展的战略支柱，明确提出要加强 5G、物联网、云计算等基础设施建设，推动这些技术在智慧城市、智能制造、健康医疗等领域的应用。如雄安新区即为智慧城市示范区，其利用物联网和云计算的大数据分析能力，对城市管理、交通流量、环境监控等进行实时优化。通过这些技术的应用，雄安新区能在能源使用、交通管理等方面实现高效率和低碳排放。又如我国新型智慧城市计划，推动物联网和云计算技术在城市管理、交通、环境保护等方面的集成应用。案例中，深圳作为智慧城市试点，通过物联网技术实现了城市交通信号的智能调控，大数据分析帮助优化了交通流和减少了拥堵，这些改进措施使得城市交通效率提升了 10% 以上。

在欧洲，云计算和物联网被视为实现数字单一市场的关键技术。欧盟委员会启动的数字欧洲计划，投资数十亿欧元用于推动关键数字技术的发展和部署，其中物联网和云计算是重点投资领域。在应用实例中，荷兰利用物联网技术管理水坝，防患于未然地处理极端天气造成的水灾风险。欧盟提出的欧洲绿色协议也强调了物联网和云计算在环境监测、能源管理等方面的作用。在具体项目实施上，如德国的工业 4.0 战略，大量应用物联网和云计算技术来提高制造业的智能化水平和资源使用效率。

美国则在美国技术战略中强调了物联网的战略地位，特别是在农业领域，利用物联网技术实现精准农业，优化资源分配，提升农作物产量，同时降低环境影响。美国海洋和大气管理局使用云计算和物联网技术监控海洋环境，及时响应气候变化带来的影响。美国政府还启动了智慧城市倡议，将云计算和物联网视为提升城市运行效率的关键技术，涉及交通、能源、公共安全等多个方面。纽约市推行的 LinkNYC 项目，通过部署全市范围的免费 Wi-Fi 服务点，这些点位集成了传感器和广告屏，收集环境数据并提供市政信息，此举提升了城市的信息化水平，并为市民提供便利。

在国防安全领域，这些技术的集成也至关重要。例如，美国国防部的联合企业防务基础设施项目，旨在建立一个广泛的云服务平台，提供更加灵活和安全的数据存储与计算服务，以支持美军全球操作和决策制定。然而，随着物联网和云计算的发展，数据隐私和网络安全问题逐渐凸显，国家需求分析也必须包括对这些挑战的识别和解决方案的提出。数据显示，网络安全事件的频发和数据泄露事件的增加，正在促使各国政府加强对物联网设备和云服务平台的安全标准制定和监管。

可以预见的是，随着技术的进步和应用场景的拓展，物联网和云计算技术将更深入地融入国家发展的各个层面，成为推动社会进步和应对未来挑战的重要力量。这要求各国不仅要持续投资于技术研发和基础设施建设，同时还要在法规制定、标准建立和人才培养等方面进行深入工作，以确保健康和可持续的发展。

随着物联网和云计算的不断普及和发展，针对数据隐私和网络安全挑战，国家级的需求分析也在持续深化中。例如，欧洲通用数据保护条例为处理个人数据设置了严格的规则，涉及物联网设备和云计算平台上数据的收集和处理。随着《数据安全法》和《个人信息保护法》的相继出台，我国对物联网和云计算服务提供者提出了更高的数据治理要求。

当下物联网和云计算技术已经成为国家级战略的关键组成部分，不仅在经济发展、社会治理中发挥作用，更在国家安全和国际竞争力方面起到了至关重要的作用。未来的需求分析将进一步聚焦于如何平衡这些技术带来的效益与所面临的风险，确保可持续和安全的技术发展。

（二）市场需求（产业）分析

物联网与云计算技术市场的融合正在加速全球产业的数字化转型。全球物联网市场规模预计将从 2021 年的 3811 亿美元增长至 2026 年的 6509 亿美元，复合年增长率为 11.3%。此增长得益于企业对实时数据分析、操作效率提升、对增强的决策支持系统日益增长的需求。云计算作为物联网的基石，为海量数据的存储、处理和分析提供了必要的计算资源和弹性扩展能力。具体到行业应用，如智慧城市项目，通过集成传感器、连接器、云基础架构和大数据分析，实现了城市管理的智能化。例如，巴塞罗那智慧城市项目通过在城市设施中部署传感器，有效地管理了城市资源，如其智能照明系统每年节省了超过 3700 万欧元。在工业领域，云计算使制造企业能够实现更高效的供应链管理和生产流程，如通用电气的 Predix 平台提供了基于云的服务和工业互联网解决方案，用于资产性能管理和优化工业操作。

随着 5G 技术的发展，物联网设备之间的连接速度和带宽得到显著提高，进一步推动了物联网数据的实时分析和边缘计算的发展。边缘计算将数据处理任务从云端转移到本地设备，减少了延迟，使得像自动驾驶汽车这样对实时数据处理有极高要求的应用成为可能。例如，奥迪与华为合作，在其汽车中实现了 LTE-V 标准，使车辆能够实时交换交通信息。然而，随着市场需求的不断发展，物联网与云计算也面临着一系列挑战，包括数据安全和隐私保护、互操作性标准的缺乏，以及对技能劳动力的需求。对于物联网设备制造商和云服务提供商来说，这意味着必须不断创新，以提供安全、可靠和用户友好的解决方案。在未来，随着技术的不断进步和新兴技术（如人工智能、机器学习）的整合，物联网与云计算市场预计将持续扩大，为各个行业带来更深层次的变革和价值创造。

随着智能设备的普及和消费者对个性化服务的追求，个人数据的隐私和安全问题成为人们关注的焦点。例如，亚马逊的 AWS IoT 提供了端到端的安全解决方案，确保用户数据的安全传输和处理。同时，数据隐私保护法规（general data protection regulation，GDPR）的实施，也对物联网和云计算提出了更高的法律和合规要求。因此跨平台的集成和互操作性成了提高效率和降低成本的关键因素。为此，多个行业领先企业如微软和 IBM 等推出了支持多种协议和标准的平台服务，以确保不同设备和服务之间的兼容性和协同工作。此外，随着 5G 技术的商用化，物联网与云计算的结合将得到加强，5G 的高速率和低延迟特性对于提高物联网设备的响应速度和实时数据处理能力至关重要。例如，在智能交通系统中，实时的数据处理和响应能够极大提升交通效率和安全性。然而，随着设备数量的增加，数据量呈爆炸性增长，如何有效管理和分析这些数据，提取有价值的信息，成为云平台服务提供商的一大挑战。利用人工智能和机器学习算法，云计算平台可以提供更智能的数据分析服务，例如，谷歌 Cloud IoT 采用了先进的 AI 和 ML 技术，为用户提供洞察力强的决策支持。

为了支持物联网设备的能源效率和延长其工作周期，边缘计算被提出作为云计算的补充，它允许数据在靠近数据源的地方进行初步处理，减少了数据传输所需的时间和带宽。随着物联网设备的普及和应用的深入，边缘计算在处理速度和效率方面将起到越来越重要的作用。因此物联网云计算技术的需求分析指向了实时处理能力、安全性与隐私保护、跨平台的互操作性、5G 技术的整合以及边缘计算的应用等关键领域。市场对这些技术的需求促进了相关研究和创新的加速，同时也推动了相关法规和标准的发展。企业和服务提供商正在积极探索新的商业模式和服务模式，以充分利用这些技术带来的优势。

数字孪生技术在物联网和云计算的结合中扮演了重要角色。通过在云平台上创建设备或系统的虚拟副本，企业可以在无须物理介入的情况下进行监控、维护和优化。在制造业中，西门子通过其 MindSphere 平台利用数字孪生和物联网技术来优化产品的设计和生产过程，这种整合使得企业能够在生产环节提前预见问题，从而降低风险并提高效率。数据分析与人工智能的结合是物联网云计算领域的另一重要趋势。通过云平台上的先进分析和学习算法，可以从海量的物联网数据中挖掘出有价值的洞察，助力决策制定。例如，IBM 的 Watson IoT 平台利用 AI 对物联网设备生成的数据进行深度学习和模式识别，以优化运营并预测维护需求。此外，随着云计算技术的不断进步，提供高度可扩展和弹性的服务成为可能。亚马逊 AWS、微软 Azure 和谷歌云平台等大型云服务商提供的服务可以根据需要动态扩展，支持数以亿计的设备和交易，这对于应对物联网设备产生的大量数据和不断变化的负载需求至关重要。随着技术的发展，对数据治理和合规性的要求也越来越高。物联网设备产生的数据往往涉及个人隐私，因此加强数据保护和满足全球各地的法规要求变得非常关键。因此，云服务提供商不断完善其安全措施，保障数据在传输和存储过程中的安全。

物联网和云计算技术的融合为各行各业提供了前所未有的智能化和自动化可能，从而推动了工业 4.0 和智慧城市等概念的实现。随着技术的进步和市场需求的演化，这一领域仍然充满了巨大的发展潜力和商业机会。

（三）研究需求分析

在物联网云计算技术的研究领域，现实需求推动了一系列技术创新和理论探讨，其中安全性、数据处理能力和系统集成是研究的核心。随着设备日益增多，2025 年全球 IoT 设备预计将达到 750 亿台，这导致数据安全和隐私问题变得更加突出，引发了对更为高效的加密算法和隐私保护技术的需求。实际案例包括通过先进的分布式身份验证协议来保护物联网设备的数据安全，以及使用区块链技术来提高数据不可篡改性和透明度。

在数据处理能力方面，云计算的弹性资源分配能力为物联网提供了巨大的处理能力。为了处理和分析从成千上万的传感器收集到的庞大数据量，研究者致力于开发更为高效的数据挖掘和机器学习算法，用以提取有价值的信息并实现智能决策。例如，用于城市交通管理系统的智能算法，能够处理实时数据流，优化交通流量和减少碳排放。系统集成方面，物联网设备与云计算平台之间的协同作用也是研究的重点之一。这包括开发新的协议和标准以促进设备间的互操作性，如消息队列遥测传输（message queuing telemetry transport，MQTT）和受限应用协议（constrained application protocol，CoAP）等轻量级通信协议的研究，以及为实现不同行业和领域中物联网设备的无缝集成开发的服务定位和发现机制。研究亦聚焦于降低能耗和提升可扩展性，以适应日益增长的设备数量和数据量。例如，通过边缘计算将数据处理和存储分布在网络的边缘，可减少对中央云资源的依赖，降低延迟，并提升系统响应速度。在健康监护领域，这样的系统可以实现对患者生命体征的实时监控，及时发现问题并采取措施。

随着技术的发展，研究需求也在不断地演变。当前，物联网云计算的研究需求包括了对5G技术的整合、物联网设备的能源管理、大规模设备管理、人工智能和物联网的探索，旨在实现更智能、更高效和更安全的物联网系统。

物联网与云计算的技术融合已经成为现代信息技术发展的重要趋势。物联网云计算技术的发展现状揭示了各种行业和市场在智能化、自动化、数据处理和分析能力方面的持续增长。在这一框架中，物联网设备生成的大量数据需要通过云计算平台进行有效的存储、管理和处理，以支持决策制定和业务智能。

在工业领域，例如，通过物联网技术植入的传感器收集设备状态数据，并通过云平台进行分析，企业能够实现预测性维护和优化生产流程。而在智慧城市的构建中，物联网设备采集的交通流量、环境监测等数据，通过云计算的大数据分析能力支持城市管理者作出更加高效和及时的决策。在医疗行业，远程医疗系统中的监测设备通过云服务提供实时数据分析，极大提高了疾病的预防、诊断和治疗效率。例如，基于云计算的物联网平台可用于慢性病患者的连续监测，不仅提升了患者的生活质量，也降低了医疗成本。

当下，物联网云计算技术正面临诸多挑战，包括数据安全和隐私保护、网络带宽和连接性限制、数据处理和存储成本、跨平台兼容性问题。同时，随着5G技术的商用化，物联网云计算的实时数据处理和分析能力将获得显著提升，推动智能交通、自动化物流和工业4.0等应用的进一步发展。结合元宇宙的概念，物联网和云计算技术可以作为构建元宇宙基础设施的关键组成部分。在元宇宙中，物联网设备如虚拟现实头盔和传感器等可以实时收集用户的交互数据，而云计算则提供强大的数据处理能力来支持复杂的虚拟世界。随着技术进步，元宇宙能够利用物联网云计算技术来创建更为沉浸式和交互式的虚拟体验。举例来说，数字孪生技术可以用于在元宇宙中创建真实世界的高精度虚拟副本，这些副本可以通过物联网设备实时更新，而云计算则能处理这些数据，以确保虚拟环境与现实世界的同步。

物联网云计算技术的研究需求主要集中在安全性、实时数据处理、系统集成、跨行业应用的可扩展性方面。与此同时，元宇宙的兴起为物联网云计算技术带来了新的挑战和机遇，推动这一领域的研究和发展进入了一个全新的阶段。

（四）技术瓶颈分析

物联网云计算技术，作为支撑智慧城市、工业自动化和数字化转型的基石，其在发展中遇到了一些技术瓶颈，这些瓶颈成为制约其广泛应用和深入发展的关键因素。以下是基于当前研究和应用情况的一些分析。

（1）安全性与隐私保护。物联网设备普遍存在的安全隐患包括数据泄露、未授权访问和服务中断等问题。云平台的多租户环境增加了数据被非法访问的风险。例如，2017年的Mirai僵尸网络事件就揭示了IoT设备固有的安全问题，数百万被感染的设备被用来发动抵御流量（denial of service，DDoS）攻击，造成了广泛的互联网服务中断。

（2）数据处理和分析能力。尽管云计算提供了巨大的存储和计算资源，但是随着物联网设备数量的激增，数据的收集、处理和分析的能力仍然面临挑战。处理大规模的实时数据需要更高效的数据处理算法和更强大的计算能力。

（3）网络带宽和连接性。IoT设备往往需要持续的网络连接以发送数据到云平台。在许多情况下，网络的不稳定和带宽的限制影响了数据传输的效率和准确性。5G技术的推广有望缓解这一问题，但目前在全球范围内的覆盖和应用仍然有限。

（4）能源效率。IoT设备往往部署在能源受限的环境中，如何在保证性能的同时降低能源消耗是当前研究的热点。能源收集技术（如太阳能、振动能等）和低功耗网络技术是解决这一问题的方向。

（5）标准化和互操作性。IoT设备和云平台之间缺乏统一的标准和协议，这导致了互操作性问题。不同厂商的设备和系统之间的兼容性差异限制了跨平台、跨设备的数据集成和应用。

结合元宇宙的发展，物联网云计算技术将成为构建元宇宙虚拟世界与现实世界连接的桥梁。元宇宙的虚拟环境需要实时、高效地处理来自物理世界的大量数据。这不仅要求物联网设备具有更强大的数据捕捉和传输能力，也要求云计算平台能够实时处理和反馈数据。这些技术瓶颈在元宇宙的背景下将更加凸显，需要新的技术创新来克服。

为了实现元宇宙中虚拟和现实的无缝融合，数字孪生技术需对物理世界中的对象和环境进行高精度模拟。这不仅需要大量的数据采集和高效的数据传输技术，还需要强大的云计算支持以实现实时的数据同步和分析。例如，阿里巴巴通过其城市大脑项目展示了如何使用云计算和物联网技术来管理城市交通和服务，它使用实时数据分析来优化交通流量和城市资源配置，这种类型的系统可以作为元宇宙中实时交互和管理的一个微缩模型。

此外，对技术瓶颈的克服还需要研究机构与工业界的紧密合作。例如，谷歌旗下的谷歌云和谷歌城市实验室，正在研究如何通过云计算和人工智能技术来优化城市运营，提高能源效率和降低成本。这些研究不仅对传统的物联网应用有着直接的意义，同时也为构建高度互联互通的元宇宙环境提供了技术支撑。

在解决这些技术瓶颈时，也正在出现新的技术如边缘计算和雾计算，它们旨在将云计算的一部分功能下沉到网络边缘，即靠近数据源头的地方。这不仅可以减轻中心云平台的负载，降低对数据中心的依赖，也能提高数据处理的响应速度和效率，这对于元宇宙中实时互动尤为关键。

通过物联网云计算技术实现虚拟世界与现实世界的深度融合也是当下重要的研究方向，例如通过穿戴设备捕捉用户的动作和反应，然后通过云计算平台快速处理并响应，以实现更加沉浸式的体验。此外，物联网设备可以作为感知器，在现实世界中收集数据，为元宇宙中的虚拟环境提供实时更新的内容和信息，使得元宇宙与现实世界动态相连，而不再是孤立的虚拟环境。

综上所述，物联网云计算技术的发展对于元宇宙构建来说不可或缺，而对这些技术瓶颈的解决方案将直接影响到元宇宙的可行性、可用性和用户体验。面对未来，研究人员和工程师需要寻找新的创新途径，开发出更为安全、高效和可扩展的解决方案，以支撑元宇宙的广泛应用。

三、虚拟现实及游戏技术需求分析

随着信息技术的迅猛发展，元宇宙这一概念正迅速引起全球的关注和热议。元宇宙被视为一种数字化的虚拟空间，它不仅融合了现实世界和虚拟世界，还赋予用户身临其境的沉浸式体验。在元宇宙的构建中，虚拟现实技术和游戏产业扮演着举足轻重的角色。它们为元宇宙的实现提供了创新的技术手段和丰富的内容。

（一）国家需求分析

虚拟现实及游戏技术在全球范围内受到国家层面重视，其发展不仅被看作是新一代数字娱乐的风向标，而且越来越被视为一个国家技术创新能力的重要指标。各国政府通过提供研发资金支持、税收优惠政策以及制定相应的产业指导方针来促进VR技术的发展，并将其融入教育、医疗、国防等多个领域，以满足不同层面的国家需求。

美国政府支持航空航天局利用VR进行太空探索训练，军方使用VR进行战斗模拟，医疗机构采用VR技术进行手术训练和疗法研究等。美国政府通过资助创新项目和启动相关教育计划，以保持其在全球游戏产业的竞争优势。

欧洲国家也在此领域展示了国家层面的需求。欧盟委员会等机构投资VR技术，鼓励欧洲企业通过技术创新来提升竞争力。VR技术在欧洲涵盖了娱乐、教育和医疗等多个领域，并且在文化遗产保护和恢复等领域也展示了其独特价值。

尽管国家层面的需求和支持政策在不同国家间存在差异，但共同点在于所有国家都认识到了VR及游戏技术在提升国家软实力、推动经济发展、增强国防能力和改善民生服务等方面的重要作用。通过各类国家层面的支持和推广，VR及游戏技术正在成为全球技术发展和产业竞争的新战场。随着技术的不断进步，预计VR将在未来扮演更为关键的角色，而游戏技术将继续作为推动VR发展的重要力量，为实现更广泛的国家战略目标贡献力量。

在我国，随着国家对于科技产业自主可控的战略重视，VR和游戏技术作为国家级新兴产业的发展得到了政府层面的大力支持。我国政府通过设立产业基金、优化产业链的发展环境、鼓励VR内容创作和应用场景的探索，以及在国家科技项目中引入VR元素，来促进技术的国产化和市场化。自2016年虚拟现实被列入"十三五"信息化规划以及互联网加传统行业等国家政策文件以来，我国政府部门相继出台指导政策，全力支持虚拟现实产业的发展。工信部、国家发改委、科技部、教育部等部门相继推出了相关政策，为虚拟现实产业的发展提供指导和支持。国务院将虚拟现实视为构建现代信息技术和产业生态体系的重要新兴产业，并将虚拟现实智能建模技术列入了《新一代人工智能发展规划》中的"新一代人工智能关键共性技术体系"。工信部于2018年12月发布了《关于加快推进虚拟现实产业发展的指导意见》，从核心技术、产品供给、行业应用、平台建设和标准构建等方面提出了发展虚拟现实产业的重点任务。此外，科技部在"十三五"规划中将虚拟现实列入了现代服务业、健康产业、医疗器械、中医药科技和技术标准科技等领域的创新规划中。2020年，国家进一步明确了虚拟现实在文化旅游、教育宣传、商贸会展等领域的创新应用，在《关于进一步激发文化和旅游消费潜力的意见》《新时代爱国主义教育实施纲要》和《关于推进对外贸易创新发展的实施意见》等文件中作了规定。在《中华人民共和国国民经济和社会发展第十四个五年规划和2035年远景目标纲要》中，VR、AR产业被列为未来五年数字经济的重点产业之一。教育部将虚拟现实也视为深入推进信息技术与高等教育教学深度融合工作的重要组成部分，在《教育信息化"十三五"规划》和《教育信息化2.0行动计划》中提出了相应的推进措施。此外，教育部还新增了"虚拟现实应用技术"专业，并推动了虚拟现实在实验教学和高职院校的应用。

以上政策措施的出台，旨在促进虚拟现实产业的繁荣和创新能力的提升。这些政策涵盖了各个领域，并为虚拟现实技术的研发、应用和推广提供了资金支持、平台建设和市场培育等方面的支持。

（二）市场需求（产业）分析

根据2021年中国信息通信研究院发布的《虚拟（增强）现实白皮书》的数据，虚拟现实技术作为新一代信息技术融合创新的典型领域，在全球经济形势复杂多变和新冠疫情的影响下迎来了新的机遇。2020年全球虚拟现实终端出货量约为630万台，这表明虚拟现实技术已经在全球范围内得到了广泛的应用和接受。预计到2024年，虚拟现实终端出货量将超过7500万台，五年期间的增长率约为86%。这一强劲的增长趋势表明虚拟现实技术在市场上的需求不断增加。另外，报告还指出，一体式终端是虚拟现实终端市场的主流产品之一。2020年一体式终端出货量份额占据了51%，到2024年预计将进一步增至64%。这意味着消费者对于一体式终端的需求逐渐增加，其集成化、易用性和沉浸式体验成为消费者青睐的选择。本节内容通过娱乐和游戏体验需求、教育和培训需求、虚拟旅游和探索需求、虚拟社交和交互需求、医疗和健康护理需求、商业和工业应用需求、消费者设备和内容的多样性需求、文化创意内容研发需求、软件研发需求、硬件研发需求、内容研发需求十一个维度进行分析，具体内容如下。

1. 娱乐和游戏体验需求

娱乐和游戏体验是虚拟现实市场中最主要的需求。虚拟现实技术为用户提供了沉浸式、逼真的游戏和娱乐体验，使其能够全身心地融入虚拟世界中。

沉浸式体验：虚拟现实技术通过逼真的视听效果和交互方式，为用户创造了沉浸式的体验。用户可以完全融入游戏或娱乐场景中，感受到身临其境的效果，增强了参与感和娱乐价值。

真实感和情感连接：虚拟现实技术通过高清晰度的图像、立体声音效和触觉反馈等技术手段，为用户呈现真实感觉。这种真实感觉与情感连接，使用户能够与虚拟世界中的角色和情节产生更强的共鸣和情感交流。

多样化的游戏体验：虚拟现实技术为游戏开发商提供了创新的可能性。通过虚拟现实技术，游戏可以更加多样化和个性化，提供更丰富的游戏内容、更多样化的游戏玩法和更有趣的互动体验，满足不同用户的需求和喜好。

社交和协作体验：虚拟现实技术使得多人游戏和娱乐变得更加互动和社交化。用户可以与其他玩家进行虚拟世界中的互动，共同探索、合作或竞争。这种社交和协作体验增加了游戏的乐趣和互动性，使用户能够与他人建立联系和分享体验。

可定制和个性化的体验：虚拟现实技术允许用户根据个人喜好和需求进行定制和个性化的体验。用户可以根据自己的偏好选择游戏内容、角色设定、场景设置等，从而提升游戏体验的个性化和独特性。

2. 教育和培训需求

虚拟现实技术在教育和培训领域的需求也在迅速增长。学生和职业人士通过虚拟现实设备可以进行身临其境的学习和培训体验。这种交互式的学习方式可以增加学习的吸引力和效果，并提供实践和模拟的机会。

沉浸式学习体验：虚拟现实技术为学生和培训者提供了沉浸式的学习环境。通过虚拟现实技术，学生可以身临其境地参与到虚拟世界的教育场景中，如历史事件的再现、科学实验的模拟等。这种沉浸式学习体验能够激发学生的学习兴趣和动力，提高学习效果。

安全和风险管理培训：虚拟现实技术在危险环境和高风险行业的培训中发挥着重要作用。例如，火灾逃生模拟、飞行模拟等能够帮助学生在安全的虚拟环境中学习和练习相关技能，减少实际风险和成本。

实践和操作技能训练：虚拟现实技术为学生提供了模拟实践和操作技能的机会。例如，医学学生可以通过虚拟现实技术进行虚拟手术模拟，工程学生可以进行虚拟建筑设计和施工模拟。这种实践和操作技能训练有助于学生提前积累经验和技能，提高实际工作中的表现。

跨地域和跨文化学习：虚拟现实技术打破了地域和文化限制，使学生能够跨越时空和地域进行学习。通过虚拟现实技术，学生可以参观世界各地的名胜古迹、参与国际交流和合作项目，拓宽视野，增进跨文化交流。

个性化学习和适应性评估：虚拟现实技术可以根据学生的学习特点和需求提供个性化的学习体验和评估。通过虚拟现实技术的数据分析和智能算法，可以对学生的学习行为和表现进行监测和评估，并根据评估结果提供个性化的学习建议和指导。

教师培训和专业发展：虚拟现实技术不仅可以用于学生的教育和培训，也可以用于教师的培训和专业发展。通过虚拟现实技术，教师可以参与教学案例模拟、教学策略训练等专业发展活动，提升教学水平和能力。

3. 虚拟旅游和探索需求

虚拟现实技术为用户提供了探索世界和旅游的全新方式。用户可以通过虚拟现实设备参观世界各地的旅游景点，探索未知的地理环境，并享受沉浸式的旅游体验。这满足了用户对于旅游和探索的好奇心和需求。

虚拟旅游体验：虚拟现实技术使用户能够在家中或办公室舒适的环境中体验全球各地的旅游景点。通过虚拟现实设备，用户可以身临其境地探索名胜古迹、自然风光、城市风情等。这种虚拟旅游体验为无法亲身到达目的地的人们提供了一种替代方式，满足了他们对于旅游和探索的需求。

文化和历史探索：虚拟现实技术可以为用户提供深入了解各种文化和历史背景的机会。用户可以通过虚拟现实设备参观历史遗址、博物馆、艺术展览等，深入了解不同文化的细节和历史的发展。这种文化和历史探索的需求使得虚拟现实技术成为一种有价值的工具。

自然环境和生态探索：虚拟现实技术可以模拟各种自然环境，如森林、海洋、沙漠等，为用户提供探索自然界的机会。用户可以通过虚拟现实设备观察和互动各种动植物，了解生态系统的运作和保护问题。这种自然环境和生态探索的需求有助于提高人们对环境保护的意识和理解。

冒险和虚拟体验：虚拟现实技术为用户提供了安全、刺激和冒险的体验。用户可以参与虚拟现实游戏和冒险模拟，如登山、跳伞、潜水等，感受真实且令人兴奋的体验。这种冒险和虚拟体验的需求满足了人们对于刺激和娱乐的追求。

4. 虚拟社交和交互需求

社交交互是虚拟现实市场中的一个重要需求。用户希望能够在虚拟空间中与其他用户进行互动和社交活动，共享体验和参与虚拟社区。这种虚拟社交体验为用户提供了与现实世界不同的交流方式和社交互动的新可能性。

远程社交体验：虚拟现实技术可以提供身临其境的远程社交体验。用户可以通过虚拟现实设备与他人进行面对面的虚拟会议、聚会和互动。这种远程社交体验能够缩小地理距离，为用户提供更加真实和身临其境的社交体验。

虚拟社交平台：虚拟现实技术催生了各种虚拟社交平台的发展，用户可以在虚拟现实空间中创建个人化的虚拟形象，与其他用户进行互动、交流和合作。这种虚拟社交平台提供了一种全新的社交交互方式，丰富了人们的社交圈子和互动体验。

虚拟社交体验的个性化和自定义：虚拟现实技术允许用户根据个人喜好和兴趣进行个性化和自定义的虚拟社交体验。用户可以选择自己的虚拟形象、虚拟环境和交互方式，打造独特的虚拟社交体验。这种个性化和自定义的需求提升了用户对于虚拟社交的参与度和满意度。

跨文化交流和多样化体验：虚拟社交和交互需求使得用户能够跨越地域和文化界限，与全球范围内的用户进行交流和互动。用户可以体验不同文化的虚拟社交活动、参加跨国虚拟活动，增进跨文化交流和理解。

5. 医疗和健康护理需求

虚拟现实技术在医疗和健康护理领域的需求日益增长。它被应用于疼痛管理、心理治疗、康复训练等方面。虚拟现实可以提供个性化的医疗和健康服务，帮助患者减轻痛苦、提高康复效果，并提供更加舒适和安全的治疗环境。

手术模拟和培训：虚拟现实技术可以为医疗专业人员提供手术模拟和培训平台。通过虚拟现实设备，医生和外科团队可以进行高度真实的手术模拟，提升技术水平和团队协作能力。这种虚拟现实的手术模拟对于培训新的外科医生和提高手术成功率具有重要意义。

疼痛管理和康复：虚拟现实技术可以作为一种疼痛管理和康复工具。通过虚拟现实设备提供的视听刺激，患者可以分散注意力、减轻疼痛感知，从而改善康复过程和提高生活质量。虚拟现实还可以模拟各种康复环境和运动训练，帮助患者恢复功能和身体活动能力。

心理治疗和认知训练：虚拟现实技术在心理治疗和认知训练领域也发挥着重要作用。通过虚拟现实设备，心理医生可以创造各种虚拟情境和刺激，帮助患者面对恐惧、焦虑和创伤。虚拟现实还可以用于认知训练，帮助改善记忆、注意力和思维能力。

医学教育和远程诊疗：虚拟现实技术为医学教育和远程诊疗提供了新的可能性。通过虚拟现实设备，医学生可以进行身临其境的解剖学学习和临床实践模拟。同时，虚拟现实也能够实现医生与患者之间的远程诊疗，为偏远地区和无法前往医疗机构的患者提供便捷的医疗服务。

健康监测和管理：虚拟现实技术结合传感器技术，可以实现对健康数据的监测和管理。用户可以通过虚拟现实设备跟踪自己的生理指标、运动量和睡眠情况，并通过交互界面获取相关健康建议。这种个性化的健康监测和管理系统有助于促进用户的健康意识和健康管理。

6. 商业和工业应用需求

虚拟现实技术在商业和工业领域也有广泛的应用需求。例如，它可以用于建筑和房地产行业的设计和展示，产品设计和模拟测试，培训和模拟操作等。虚拟现实为企业提供了更高效、安全和成本效益的解决方案。

虚拟展览和虚拟购物：虚拟现实技术为商业和零售行业带来了全新的体验方式。通过虚拟现实设备，用户可以参观虚拟展览、体验虚拟购物，无须实际到达现场即可享受到全方位的展示和购物体验。这种虚拟展览和虚拟购物的需求有助于拓展商业和零售行业的销售渠道，提高用户参与度和购买体验。

虚拟现实设计和可视化：虚拟现实技术可以帮助商业和工业领域进行产品设计和可视化。通过虚拟现实设备，设计师和工程师可以在虚拟环境中进行产品设计、交互和测试，提前发现和解决问题。这种虚拟现实的设计和可视化需求有助于提高产品质量、加快开发周期和降低成本。

7. 消费者设备和内容的多样性需求

消费者对于虚拟现实设备和内容的多样性也有需求。他们期望有更轻便、舒适、易于使用的设备，以及更多种类、更高质量的虚拟现实内容，包括游戏、影视、教育、社交等各个领域。

随着技术的不断进步和应用场景的不断拓展，虚拟现实市场的需求将持续增长。各行业将更加积极地采用虚拟现实技术来提升用户体验、提高工作效率，并寻找创新的商业模式。虚拟现实技术的蓬勃发展将为全球经济带来新的活力，并推动社会生活和生产方式的进一步变革。

8. 软件研发需求

在虚拟现实及游戏技术的软件研发领域，存在着广泛而多样化的需求，以满足用户对于卓越游戏体验和沉浸式虚拟现实环境的追求。

游戏引擎开发：为了满足不同类型游戏的需求，需要研发高性能、稳定可靠的游戏引擎。这包括图形引擎、物理引擎、声音引擎等的开发和优化，以提供卓越的游戏体验。

开发工具和集成环境：为了提高开发效率和便捷性，需要开发各种开发工具和集成环境。这包括编程语言、集成开发环境、调试工具、资源管理工具等，以帮助开发人员更好地创建和调试虚拟现实及游戏应用。

用户界面设计和交互技术：为了提供沉浸式的用户体验，需要研发直观、易用的用户界面和交互技术。手势识别、头部追踪、触控交互等技术的开发和优化将帮助用户更自然地与虚拟现实及游戏内容进行互动。

多平台支持：虚拟现实及游戏技术需要支持多种不同的平台和设备，如PC、主机、移动设备、虚拟现实头显等。软件研发需要针对各个平台进行优化，以提供稳定、流畅的跨平台体验。

数据管理和分析：为了优化用户体验和改进产品，需要开发数据管理和分析工具，以收集、存储、分析和应用相关数据。这有助于了解用户行为、游戏性能等方面的信息，并根据数据结果做出相应的优化和改进。

安全和防作弊：为了保护游戏的公平性和用户数据的安全，软件研发需要关注安全机制和防作弊技术。这包括开发安全验证、反作弊系统和数据加密等，以确保游戏环境的健康和可靠性。

这些软件研发需求共同推动着虚拟现实及游戏技术的不断创新和发展，为用户带来更加精彩和引人入胜的游戏体验。

9. 硬件研发需求

虚拟现实及游戏技术的硬件研发需求与软件研发需求相辅相成，共同推动着技术的进步和创新。

显示技术的研发需求：为了提供高质量的虚拟现实体验，需要不断研发更先进的显示技术。这包括高分辨率、高刷新率和广色域的显示屏幕，以及更轻薄、舒适的佩戴设备，如头戴式显示器和眼镜。

追踪和定位技术的研发需求：为了实现精确的头部和手部追踪，以及用户在虚拟现实环境中的位置定位，需要研发高精度的追踪和定位技术。这包括使用传感器、摄像头、惯性测量单元和激光扫描等技术来实现实时的姿态追踪和位置跟踪。

用户输入设备的研发需求：为了提供更自然、直观的交互体验，需要研发创新用户输入设备。这包括手柄、手势识别、触摸板、手部追踪器等，以提供多样化的交互方式，使用户能够更好地参与虚拟现实体验。

处理器和图形处理单元的研发需求：为了支持复杂的图形渲染和物理模拟计算，需要研发更高性能的处理器和图形处理单元。这些硬件组件能够提供更快的计算速度和更高的图形渲染能力，以确保虚拟现实及游戏应用的流畅运行和逼真表现。

舒适性和人体工程学的研发需求：为了提供长时间舒适的使用体验，需要关注硬件设备的舒适性和人体工程学设计。这包括重量分布、头部支撑、通风设计和可调节性等因素，以减轻使用者的不适感和疲劳。

电力和续航能力的研发需求：虚拟现实及游戏技术对电力消耗较大，因此需要研发高效的电力管理系统和更持久的续航能力。这包括电池技术的改进、能量管理算法的优化和智能充电解决方案等，以满足用户对长时间使用的需求。

10. 内容研发需求

虚拟现实内容制作包括游戏、影视、教育、培训等领域的内容研发，需要体现在创造吸引人、具有创新性和艺术性的虚拟现实内容，提供更加丰富和深度的体验。

游戏创意和设计：需要富有创造力和创新性的游戏创意和设计，以提供吸引人的游戏体验。这包括游戏的故事情节、角色设计、关卡设计、游戏机制等方面。

环境和场景建模：虚拟现实游戏需要具有逼真的环境和场景，包括建筑物、自然景观、城市街道等，涉及三维建模、纹理贴图、光照效果等技术。

角色建模和动画：游戏中的角色需要进行三维建模和动画设计，以实现真实且流畅的角色表现。这包括角色的外观设计、骨骼动画、运动捕捉等技术。

游戏音效和音乐：游戏的音效和音乐是营造氛围和增强游戏体验的重要因素。需要进行音效设计和音乐创作，以提供与游戏情节和场景相匹配的声音效果。

11. 文化创意内容研发需求

虚拟艺术展览和体验：利用虚拟现实技术可以打造独特的虚拟艺术展览和文化体验，使观众可以在虚拟空间中欣赏艺术品和参与互动活动。

虚拟现实影视制作：虚拟现实技术可以应用于影视制作，创造出沉浸式的观影体验和交互式的剧情呈现，提供全新的观影方式和娱乐体验。

虚拟游乐设施和主题乐园：虚拟现实技术可以应用于游乐设施和主题乐园的打造，为游客提供丰富多样的虚拟体验和娱乐活动。

目前，虚拟现实内容示范停留在看上去很美的状况，即缺少规模化、可落地、有产出的商业实践，应用推广以展厅观摩式为主，示范辐射能力不高，使用感受有限。针对文化娱乐、工业生产、教育培训、医疗健康、商贸创意等应用领域，业内多数虚拟现实解决方案厂商对既有业务流程与现实场景的理解积累有限，仅从信息与通信技术专业视角出发，难以有效筛选识别多元化、差异化的细分场景内容需求。

（三）研究需求分析

虚拟现实及游戏技术的研究需求分析呈现出复杂多变的趋势，与不断扩展的应用场景紧密相关。在学术界，对 VR 技术的基础研究主要集中在提升用户体验的沉浸感、交互性、减少晕动症等负面影响的技术优化上。例如，斯坦福大学的虚拟人类交互实验室专注于探究虚拟环境对人类行为和感知的影响，这些研究的目的是为了提高 VR 技术的自然交互能力和逼真度。在产业界，主要的研究需求则转向如何将 VR 技术商业化并扩展到多个领域，例如游戏公司如索尼和 Oculus 正在探索更高分辨率的头戴显示设备和更精细的动作捕捉技术，以提供更为丰富和真实的游戏体验。同时，对于 VR 内容的创作，也有大量的研究需求，旨在提高内容的质量、多样性、可接入性。市场数据显示，全球 VR 市场预计将在未来几年内维持稳定增长，VR 市场规模预计到 2028 年将达到 62.1 亿美元。

随着 AI 技术的融合，研究焦点也转向了如何利用机器学习算法来提高 VR 环境的适应性和智能性。案例包括利用 AI 进行自然语言处理以实现与虚拟角色的更加自然的互动，或者利用深度学习来优化 VR 中的图像渲染流程，减少计算资源的消耗。在医学领域，VR 技术与 AI 结合的研究为手术模拟和治疗方案提供了个性化解决方案，增强了医疗模拟训练的有效性。另外，社会科学家和心理学家研究如何利用 VR 技术模拟社会环境和心理状态，以探索人类行为和心理的深层次机制。这些研究需求的共同点在于，不仅要求技术上的突破，同时也需要对人类自身行为和感知有更深入的理解。

综上所述，虚拟现实及游戏技术的研究需求跨越了技术开发和用户体验的改进，与各领域专业知识的整合以及跨学科合作密不可分。未来的研究趋势将更加侧重于个性化、自然化的交互方式，以及 AI 在内的先进技术的深度融合，同时伴随着对社会、经济和伦理影响的全面考量。随着技术的不断发展和应用场景的不断拓展，研究需求也将持续演变，预示着这一领域将持续处于动态的创新状态中。

（四）技术瓶颈分析

在虚拟现实及游戏技术的发展领域，技术瓶颈的存在显得尤为突出，阻碍了行业的快速前进。据 Statista 公司 2023 年的数据，尽管全球 VR 市场规模预计将从 2021 年的约 50 亿美元增长到 2028 年的近 120 亿美元，这一显著增长背后依旧隐藏着多项挑战。硬件限制是主要的瓶颈之一，包括但不限于头戴显示设备（head mounted display，HMD）的重量、佩戴舒适度、电池寿命以及渲染能力等。例如，尽管 Oculus Quest 2 等设备的推出使 VR 技术取得了重要进展，但用户体验的提升仍被限制在有限的 FOV 和屏幕分辨率内。

1. 软件层面

目前虽然虚拟世界的渲染技术已取得显著进步，但实时渲染复杂场景所需的计算能力仍然是一个瓶颈。比如，尽管 Epic Games 公司的 Unreal Engine 5 引入了革命性的 Lumen 照明系统，但高级别的视觉效果和光线追踪技术在普及中受限于消费级硬件的性能。另一个技术挑战是交互式设计的自然性和多模态性，当前 VR 游戏和应用程序大多依赖传统的游戏控制器或有限的手势识别技术，而真正的多模态交互设计包括语音、眼动追踪和更先进的体感控制仍在起步阶段。例如，虽然 Valve 的 Index 控制器提供了指间识别功能，但广泛的多模态交互体验仍未在市场上实现普及。

2. 用户体验方面

虚拟现实的晕动症问题持续存在，根据研究，晕动症的解决方案如动态 FOV 限制和视觉稳定标志的引入，虽有所改善，但依然未能根治。内容创造的门槛同样高，Unity 和 Unreal 等开发平台虽然为开发者提供了强大工具，但创作具有沉浸感和互动性的高质量内容依旧需要大量的资源和专业技能。与此同时，人工智能的介入为解决上述问题提供了新的视角。例如，使用 AI 算法进行图像渲染优化，如英伟达的深度学习超级采样技术，已经在游戏领域中得到应用，显著提高了渲染速度和图像质量。此外，AI 在自然语言处理和用户行为预测方面的应用也在提高交互设计的自然度。

3. 元宇宙未来发展

由于元宇宙概念的提出和发展，VR 和游戏技术的发展获得了更广阔的舞台。元宇宙被视为下一代互联网的体现，其依托的虚拟空间对于 VR 技术提出了前所未有的要求。例如，脸书（现 Meta）投入巨资打造其元宇宙构想，不仅推动了技术研发，也在市场上激发了对高性能、高交互性 VR 设备的需求。但同时，元宇宙也放大了现存的技术瓶颈，尤其是在实现高度复杂和持续扩展的虚拟环境方面。在元宇宙构想中，需求着眼于能够承载数以百万计用户实时互动的虚拟空间，这对网络基础设施、数据处理能力和实时渲染技术提出了巨大挑战。实际案例中，例如《堡垒之夜》等游戏在尝试融入元宇宙元素时，就经常面临服务器负载、同步性和延迟问题，尽管其开发商 Epic Games 拥有行业领先的技术和资源。

4. VR 技术与云计算

随着 VR 技术与云计算、边缘计算的结合越来越紧密，云 VR 的概念逐渐成为解决方案之一。这种模式通过强大的远程服务器来处理和渲染复杂计算任务，然后将结果流式传输到本地设备，从而减轻硬件瓶颈。例如，谷歌的 Stadia 和英伟达的 GeForce Now 服务展示了云游戏的潜力，尽管目前这些服务仍面临带宽和延迟问题，但它们指出了未来可能的发展方向。

5. 内容创建方面

AI 生成内容正在成为解决内容瓶颈的另一技术趋势。AIGC 允许自动生成或协助生成复杂的游戏资产和场景，大幅度减少传统内容创作所需的人力和时间。例如，OpenAI 的 DALL-E 和 GPT-3 模型在自动生成视觉内容和文本内容方面展现出强大能力，预示着未来在 VR 内容创作中 AI 的关键作用。

尽管技术瓶颈仍然明显，但持续的技术创新和跨领域融合，特别是 AI 技术的应用，为虚拟现实及游戏技术的发展提供了多元化的解决路径。结合元宇宙概念的推动，这些技术趋势不仅描绘了一个更加沉浸、互动和创新的未来虚拟体验，也对整个技术产业的未来布局提出了新的思考。随着技术的进步和市场的需求增长，预计这些瓶颈将逐步被克服，进一步推动 VR 及游戏技术向更高层次的发展。

四、区块链技术需求分析

近年来，区块链技术引起了广泛的关注和热议，尤其是 2017 年底比特币价格飙升引发的全球范围内的热潮，使得区块链技术进入了更多人的视野。但是，区块链技术除了在加密货币领域有所应用外，还有着广泛的应用前景，可以服务于多个行业，满足各种个性化需求。

（一）国家需求分析

区块链技术作为一种分布式账本技术，近年来由于其独特的不可篡改性、透明性和去中心化特征，已经引起了全球众多国家政府的高度关注和积极响应。各国政府对区块链技术的需求主要集中在提高行政效率、增加政府服务透明度、强化数据安全和隐私保护、促进金融包容性、推动数字经济发展等方面。在行政管理和服务方面，区块链技术能够通过创建不可更改且易于验证的数据记录来增强政府工作的可信度。以爱沙尼亚为例，该国通过 X-Road 系统，运用区块链技术保护公民的数据交换，提高了政府服务的效率和安全性。另外，格鲁吉亚政府与区块链公司 Bitfury 合作，将国土资源登记信息上链，大大提升了土地登记的透明度和公众信任度。在金融领域，中国人民银行发行的数字货币电子支付系统便是一个典型的国家级应用，其利用区块链技术以实现货币流通的高效与监管的便利。此外，许多国家的中央银行正探索央行数字货币的发行，以期提高支付系统的效率和降低运营成本。从数字经济的角度看，区块链技术在确保供应链透明度、打击假冒伪劣商品、版权保护和智能合约在内的各个方面都显示出巨大的潜力。例如，阿里巴巴利用区块链技术追踪和保障供应链中的商品真实性。此类应用展示了区块链技术在提高商业交易透明度、减少欺诈行为、降低交易成本方面的重要性。在法律和监管方面，国家需求推动了对区块链法规框架的建立。各国政府正在制定法律和政策，旨在促进区块链技术的健康发展，并防止其相关风险。

在欧洲，多国政府和私营部门在区块链技术的探索和应用上展现了极大的热情。例如，马耳他被称为区块链岛，其政府制定了一系列区块链友好的法律和政策，吸引了大量区块链公司和初创企业。同样，瑞士的加密谷也是一个全球知名的区块链技术和加密货币的中心。欧盟也在积极推动区块链技术的发展。通过欧盟区块链观察论坛和欧盟区块链服务基础设施等举措，欧盟致力于推广区块链在提供跨境服务中的应用，包括身份验证、文凭认证和供应链管理等。此外，欧盟还出台了《通用数据保护条例》，虽然对数据的处理提出了严格的要求，但同时也激励了区块链解决方案的创新，以符合数据隐私保护的高标准。

在美国，区块链技术得到了政府机构和私营企业的广泛关注和投资。美国多个州制定了支持区块链技术的立法措施，例如，怀俄明州就通过了多项法律，创建了友好的区块链法律环境。在联邦层面，尽管缺乏统一的区块链战略，但美国证券交易委员会和商品期货交易委员会等监管机构都在积极研究和制定区块链技术和加密货币的监管框架。美国的私营部门在区块链技术研发和应用方面同样处于全球领先地位。大型科技公司如 IBM 和微软都推出了基于区块链的服务和产品。金融服务行业，特别是纽约的金融机构，也在积极探索使用区块链技术来改善支付系统、清算和结算流程。

我国在区块链技术的应用与发展方面也展现出显著的活力和政策推动力。我国在推广和支持区块链技术方面表现出高度的积极性，认为这是推动数字经济发展的关键技术之一。政策方面，中国将区块链作为国家战略技术之一，强调要把区块链作为核心技术自主创新的重要突破口，出台了一系列政策和计划，旨在推动区块链技术的研究和产业化应用。例如，中国人民银行领导的数字货币、电子支付项目数字人民币，是在区块链技术基础上进行探索的一项重要金融科技项目。产业发展方面，我国拥有众多区块链企业和项目，涵盖金融、供应链管理、知识产权保护、教育和其他领域。特别是在供应链和物流领域，区块链技术正在被用来提高透明度、效率和安全性。另外，阿里巴巴、腾讯、华为等大型科技公司也都在积极布局区块链技术，推出了各种基于区块链的解决方案和服务。研究和教育方面，多个高等学府和科研机构也在区块链领域开展深入的基础研究和人才培养。这些研究涉及区块链的底层技术、加密技术、应用开发等多个方面。监管环境方面，对于区块链技术中涉及的虚拟货币有较为严格的监管政策，禁止了加密货币的交易和首次代币发行（initial coin offering，ICO），以防金融风险和控制资本流动。尽管如此，这并不妨碍区块链技术在非货币领域的应用和发展。

随着技术的进步和应用案例的增多，我国在未来的区块链技术发展中将继续保持先行者和领导者的地位。同时，在区块链技术的国际标准制定、技术出口、国际合作等方面也具有影响力。

此外，在元宇宙等新兴概念的推动下，区块链技术在虚拟世界中的作用越来越受到重视。元宇宙为区块链技术提供了一个新的广阔平台，区块链在元宇宙中主要用于加密货币交易、虚拟资产的确权、身份验证和跨平台交互等多个方面。随着元宇宙概念的发展成熟，国家对于区块链技术的需求有望进一步扩大，从公共服务的数字化转型到国际贸易的便利化，再到法律框架的建立和元宇宙的探索，区块链正在成为国家战略中的一个关键技术。因此，区块链技术的国家需求分析不仅要考虑当前的实际应用，也需预见未来技术发展趋势，以及如何在新的数字时代背景下制定相应的政策和法规，推动技术的持续创新与应用拓展。

（二）市场需求（产业）分析

区块链技术作为一种分布式账本技术，正在迅速改变多个行业的运作方式，从金融服务到供应链管理，再到版权和身份验证服务。在全球范围内，根据国际数据公司的数据，全球在区块链解决方案上的支出预计将从2021年的67亿美元增长到2023年的157亿美元，显示出市场对于区块链技术的强烈需求和快速成长趋势。从产业应用角度看，金融领域仍是区块链技术应用最为广泛的行业。区块链技术被用于加强交易透明度、减少欺诈和提高效率。数字货币，尤其是比特币和以太坊等加密货币，展示了区块链在提供去中心化支付系统方面的潜力。而去中心化金融（DeFi）项目，例如 Uniswap 和 Compound，已经在资产交易和贷款等金融服务领域展示了区块链的革命性应用。根据国际数据公司的报告，全球在区块链上的支出到 2024 年年底将达到 196 亿美元。金融机构通过利用区块链进行跨境支付、反洗钱跟踪和智能合约，以实现更高效、透明的金融操作。例如，J. P. Morgan 的区块链平台 Onyx，已经处理了价值超过百亿美元的业务。

在供应链管理方面，区块链技术提供了一种无法篡改且透明的记录保持机制，有助于确保供应链的完整性。例如，沃尔玛与 IBM 合作的食品信任解决方案，使用区块链技术来追踪食品的来源，极大地提高了食品安全性和可追溯性。同时由于区块链技术的应用优化了库存管理。例如，IBM 和马士基合作的 TradeLens 平台利用区块链技术实现了全球供应链过程的可视化和优化。

区块链技术的潜力不仅限于传统行业。随着数字资产交易的兴起，非同质化代币市场的爆炸性增长也凸显了区块链在艺术品和收藏品领域的潜力。据 NonFungible.com 的数据显示，2021 年 NFT 市场的交易量已经超过了 170 亿美元。在元宇宙的构想中，区块链技术扮演着核心角色。通过使用区块链，元宇宙内的资产所有权可以被加密和确权，如同现实世界中的产权一样确凿无疑。NFT 的兴起，就是区块链技术如何在数字资产确权方面发挥作用的一个明显例证。虚拟世界中的艺术品、虚拟地产、各种形式的数字收藏品，通过区块链技术获得了唯一性和所有权证明，从而成为可交易、可投资的资产。例如，Decentraland 是一个基于以太坊的虚拟现实平台，用户可以购买、建设和交易虚拟土地，这一切都是通过区块链确权和交易实现的。在元宇宙中，区块链不仅提供了一种创建和交易虚拟商品和服务的手段，也成为构建信任和确保交易安全的基石。

不过，区块链技术在市场需求中面临的挑战也不容小觑。问题包括但不限于能源消耗的可持续性、系统的可扩展性、监管的不确定性。以比特币为例，其网络的能源消耗已经成为一个广泛讨论的话题，同时也推动了对于更为环保的区块链协议（如证明权益）的研究和开发。

区块链技术的应用正在迅速扩展，它在金融、供应链、版权管理等领域显示出巨大的潜力，并在元宇宙中找到了新的增长点。为了全面实现其技术应用，解决与能源消耗、系统性能和监管合规相关的挑战是必不可少的。预计未来几年,区块链技术将继续保持高速的增长势头,与元宇宙等新兴领域的结合将进一步推动其创新和应用的深度与广度。

(三)研究需求分析

区块链,作为一种去中心化的记录技术,以其不可篡改和透明度高的特性,在多个领域显示出强大的应用潜力。然而,研究需求仍然聚焦在如何解决当前的技术瓶颈,比如扩展性问题、能效、跨链交互、数据隐私、安全性、合规性等方面。

当前区块链技术在交易吞吐量方面与传统金融交易系统存在巨大差距,这直接限制了其在大规模商业环境中的应用。例如,比特币网络每十分钟只能处理大约七笔交易,远不及信用卡处理系统的能力。其次,交易确认的时间延迟对于需要实时或近实时交易处理的应用场景构成挑战,如股票交易或在线支付。

在可扩展性方面,区块链网络必须能够支持更多的节点加入而不牺牲性能。此外,能源消耗问题,尤其是采用 PoW 的区块链,由于其巨大的计算需求,导致环境和经济成本极高。智能合约的安全性也是一个突出的问题,因为它们一旦部署便无法更改,任何漏洞都可能导致重大的财务损失。扩展性问题是区块链技术的主要挑战之一,例如比特币和以太坊这类公有链因为其交易速度和处理量的限制受到诸多批评。因此,研究需求集中在开发新的共识机制和链上链下扩展解决方案上,以支持更大规模的应用。关于能效,特别是对于采用工作量证明的区块链,存在巨大的能源消耗问题,研究者正努力寻找更环保的替代方案,如权益证明等。

跨链技术也是研究的一个重点,因为它允许不同区块链之间的数据和价值转移,为建立互操作性和新型服务开辟了可能性。而数据隐私和安全性问题则促使研究者探索如零知识证明等加密技术,以增强区块链的隐私保护能力。在合规性方面,如何使区块链解决方案符合不断发展的法律和监管框架,是另一大研究领域。

因此,从技术、社会和法规多个层面上,区块链技术的研究需求正推动着全球范围内的创新和学术探索,同时也需要技术开发者、学者、行业专家和政策制定者之间的紧密合作。随着技术的不断成熟和政策环境的逐步明朗,区块链技术预计将更加深入地融入经济和社会的各个方面。

(四)技术瓶颈分析

区块链技术自其问世以来,不仅为加密货币提供了基础,而且其分布式账本技术已经扩展至众多行业应用,从而成为一种重要的创新工具。然而,在实现其全部潜力的过程中，该技术仍面临多方面的瓶颈和挑战。

第一，可扩展性。可扩展性问题，区块链尤其是公共链在处理大量交易时的效率远远落后于传统的中心化数据库系统。例如，比特币网络的处理速度和交易费用在网络拥堵时期成为用户的普遍抱怨。

第二，法律和监管。区块链技术的发展受到政策制定者关注的程度不一，导致全球范围内监管环境的不确定性，从而抑制了企业和投资者的参与热情。目前区块链技术在金融、供应链管理、版权认证等领域取得了初步成功，但在规模化应用中仍存在局限性。例如，以太坊网络虽然支持多种去中心化应用，但在用户激增时常出现网络拥堵，暴露了其处理能力的不足。隐私保护是另一个关键的研究需求点。区块链的透明性虽然有其优点，但在某些商业和个人应用中，过度的透明性可能会导致隐私泄露。因此，如何在不牺牲去中心化和安全性的前提下增强隐私保护，成为研究者们的一个主要课题。零知识证明等先进技术在这方面展示了潜力，但在大规模应用中的效率和实用性仍需要进一步研究。监管不确定性和区块链技术的法律环境同样是影响其发展的关键因素。不同国家对于区块链和加密货币的态度和政策有着显著差异，导致了全球市场的分割。这种监管上的碎片化不利于形成统一的市场规则，使得跨境交易和国际合作变得更加复杂。尽管如此，一些区块链项目和公司已经开始与监管机构合作，共同探索适合的监管框架，试图打破这一壁垒。

第三，技术推广普及。区块链技术在面对市场需求时，其发展的瓶颈不仅限于技术层面。用户体验的问题也不容忽视，尽管区块链提供了去中心化和安全性的优势，但对于普通用户而言，许多区块链应用的使用门槛仍然相对较高。复杂的操作流程、私钥管理的风险、不直观的界面设计，这些都减少了区块链技术对于非专业用户的吸引力。从全球市场发展现状来看，区块链技术在金融领域的应用最为成熟，特别是在资产管理、跨境支付和供应链金融等方面。但即便在这些领域，区块链的潜力还远未完全发挥。以供应链为例，虽然区块链能提高透明度和追溯性，但整个供应链生态系统的数字化程度决定了区块链技术的有效性。当前，许多供应链仍然依赖于传统的、非数字化的记录和流程，这限制了区块链的整合和优化潜力。

第四，与元宇宙产业结合。与元宇宙的结合为区块链技术提供了新的发展机遇。元宇宙需要一种可靠的价值转移系统来支撑其庞大的虚拟经济体系，区块链的非同质化代币、去中心化金融和加密货币是构建这一体系的关键组件。区块链可以为元宇宙中的资产确权和交易提供基础设施。在元宇宙中，区块链可以提供一种确权、交易和分配数字资产的透明机制，这些资产包括虚拟土地、装备和各种形式的数字内容。然而，区块链在元宇宙中的应用也放大了其现有的瓶颈问题。

区块链技术作为一个仍在快速发展的领域，它在技术瓶颈、法律监管及与新兴概念如元宇宙的结合方面，还有待进一步的探索和优化。随着技术进步、行业参与者的协作和更明智的政策制定，区块链有望解决这些挑战，并在未来的数字世界中发挥更加关键的作用。总之，区块链技术的应用越来越广泛，市场需求日益旺盛，国家政策大力扶持，研发人员和企业也在积极推动相关业务的进一步研发和应用。但是，技术瓶颈仍然存在，这需要研究者们不断去尝试不同的技术方案，提高技术水平。相信随着区块链技术的不断完善和发展，它将会给人们的日常生活和商业运作带来更多的便利性和创新性。

参考文献

［1］Stephenson N. Snow crash：A novel［M］. Spectra，2003.

［2］Ning H，Wang H，Lin Y，et al. A Survey on the Metaverse：The State-of-the-Art，Technologies，Applications，and Challenges［J］. IEEE Internet of Things Journal，2023.

［3］Hackl C. The metaverse is coming and it's a very big deal［EB/OL］.（2020）. https://www.forbes.com/sites/cathyhackl/2020/07/05/the-metaverse-is-coming--its-a-very-big-deal/?sh=3313ee63440f.

［4］Will the metaverse make shopping better？［EB/OL］.（2021）. https://futu re.ipsos.com/buying/will-the-metaverse-make-shopping-better.

［5］Yao R. How the rise of metaverses will impact the entertainment industry［EB/OL］.（2020）. https://medium.com/ipg-media-lab/how the-rise-of-metaverses-will-impact-the-entertainment-industry-83e da2e979ab.

［6］Ball M. 元宇宙需要什么样的网络？［EB/OL］.（2021）. https://m.huxiu.com/article/458130.html.

［7］Amanda. How the metaverse design is changing digital interaction［EB/OL］.（2021）. https://techbullion.com/how-the-metaverse-design-is-changing-digital-interaction/.

［8］Jeon H J，Youn H C，Ko S M，et al. Blockchain and AI Meet in the Metaverse［J］. Advances in the Convergence of Blockchain and Artificial Intelligence，2022，73（10.5772）.

［9］张钹，朱军，苏航. 迈向第三代人工智能［J］. 中国科学：信息科学，2020，50（9）：1281-1302.

［10］Colantonio G. Facebook Gaming expands cloud offering amid metaverse rumors［M/OL］. Digital Trends，2021. https://www.digitaltrends.com/gaming/facebook-gaming-cloud-expansion/.

［11］Zhang S H，Zhang S K，Liang Y，et al. A survey of 3d indoor scene synthesis［J］. Journal of

Computer Science and Technology, 2019, 34: 594-608.

[12] Yu L F, Yeung S K, Tang C K, et al. Make it home: automatic optimization of furniture arrangement [J]. ACM Transactions on Graphics (TOG)-Proceedings of ACM SIGGRAPH 2011, v.30, (4), July 2011, article no.86, 2011, 30 (4).

[13] Yu L F, Yeung S K, Terzopoulos D. The clutterpalette: An interactive tool for detailing indoor scenes [J]. IEEE transactions on visualization and computer graphics, 2015, 22 (2): 1138-1148.

[14] Yeh Y T, Yang L, Watson M, et al. Synthesizing open worlds with constraints using locally annealed reversible jump mcmc [J]. ACM Transactions on Graphics (TOG), 2012, 31 (4): 1-11.

[15] Liang Y, Xu F, Zhang S H, et al. Knowledge graph construction with structure and parameter learning for indoor scene design [J]. Computational Visual Media, 2018, 4: 123-137.

[16] Fu Q, Chen X, Wang X, et al. Adaptive synthesis of indoor scenes via activity-associated object relation graphs [J]. ACM Transactions on Graphics (TOG), 2017, 36 (6): 1-13.

[17] Zhang S H, Zhang S K, Xie W Y, et al. Fast 3d indoor scene synthesis by learning spatial relation priors of objects [J]. IEEE Transactions on Visualization and Computer Graphics, 2021, 28 (9): 3082-3092.

[18] Zhang S, Han Z, Lai Y K, et al. Active arrangement of small objects in 3D indoor scenes [J]. IEEE transactions on visualization and computer graphics, 2019, 27 (4): 2250-2264.

[19] Kim H, Garrido P, Tewari A, et al. Deep video portraits [J]. ACM transactions on graphics (TOG), 2018, 37 (4): 1-14.

[20] Yenamandra T, Tewari A, Bernard F, et al.i3dmm: Deep implicit 3d morphable model of human heads [C]//Proceedings of the IEEE/CVF Conference on Computer Vision and Pattern Recognition.2021: 12803-12813.

[21] 中国信息通信研究院，华为技术有限公司，京东方科技集团股份有限公司. 虚拟（增强）现实白皮书 [EB/OL]. (2021). http://www.caict.ac.cn/kxyj/qwfb/bps/202103/P020210331549691466973.pdf.

[22] Thomas Alsop. Virtual reality (VR)-statistics&facts [EB/OL]. (2023). https://www.statista.com/topics/2532/virtual-reality-vr/#topicOverview.

[23] IDC. 中国数字化转型支出将以17.9%的年复合增长率增长，增速位于全球前列 [EB/OL]. (2023). https://www.idc.com/getdoc.jsp?containerId=prCHC50855923.

[24] NonFungible. Yearly NFT Market Report2021 [EB/OL]. (2021). https://www.nonfungible.com/reports/2021/en/yearly-nft-market-report.

第三章

元宇宙产业技术路线图分析

元宇宙产业有四大核心技术：人工智能、物联网云计算技术、虚拟现实与游戏技术、区块链技术。人工智能既能提高元宇宙系统的智能化程度，还能为用户提供更加个性化、互动性强的体验。物联网和云计算技术在元宇宙中的应用，使得大量设备能够互联互通，云计算提供了必要的计算资源和数据存储。虚拟现实和游戏技术是构建元宇宙体验的核心，能为元宇宙场景提供沉浸式的视觉体验，使用户能够在虚拟环境中进行各种交互活动。区块链技术在元宇宙中提供了一种安全可靠的数据交换和财产所有权记录方式。四大技术有各自的应用领域和发展方向，并共同构建元宇宙生态系统。

第一节　元宇宙产业技术路线图制定的主要思路

元宇宙作为一个虚拟世界的范畴，正在逐渐崭露头角，成为技术、娱乐和商业的交汇点。在这一全新的领域中，制定元宇宙产业技术路线图是至关重要的，它有助于明晰发展方向、提升创新能力，推动元宇宙产业的快速成长。

元宇宙产业技术路线图主要是对未来技术趋势的预测、现有技术基础的分析、对各种潜在风险的评估。

一、路线图制定的背景

元宇宙是当前科技领域极具前景和潜力的概念，它代表着虚拟现实和现实世界的深度融合，可以为用户提供沉浸式的虚拟体验。元宇宙作为一个整合了人工智能、区块链、云计算、物联网等众多先进技术的概念，正日益引起人们的关注和研究。为了更好地推动元宇宙技术的发展并开创元宇宙时代，制定元宇宙技术路线图成为一项具有重要意义的任务。

元宇宙是建立在虚拟现实技术基础之上的一个虚拟空间，它可以与现实世界进行无缝互动。元宇宙不仅仅是一个媒介，更是一个将虚拟和现实世界连接起来的综合体。元宇宙的概念起源于科幻作品，如《黑客帝国》和《科学怪人》等。随着技术的进步和创新的推动，元宇宙的实现已经渐渐成为现实。制定元宇宙技术路线图的必要性体现在以下几个方面：①元宇宙技术领域研究和发展涉及多个学科和技术领域，具有复杂性和多样性。制定路线图可以提供统一的框架和指导，确保技术研发的一致性和协同性；②制定元宇宙技术路线图可以增强技术研发的可预测性，从而帮助企业和组织进行长期规划和投资；③元宇宙技术的研发需要大量的资源和资金支持，制定路线图可以集中资源，提高研发效率。

元宇宙技术的重要性不言而喻。首先，元宇宙技术有着广阔的应用前景。它可以为电子商务、娱乐、教育、医疗等多个行业提供全新的体验和服务。其次，元宇宙技术有助于推动数字化转型。在元宇宙中，人们可以进行虚拟交流、参与虚拟社交活动，并且能够获取和共享全球范围内的信息资源。此外，元宇宙技术还有助于解决传统虚拟现实技术存在的隔阂和单一性问题，提供更加沉浸式的体验和更加多样化的交互方式。

在制定元宇宙技术路线图的过程中，也会面临一些挑战，主要包括多方利益协调难题、技术发展的不确定因素以及资金、人才和资源供给问题。首先，在元宇宙技术的发展过程中，不同利益相关方的目标和利益可能存在冲突和不一致。因此，在制定路线图时需要充分协调和妥善处理各方的需求和意见。其次，技术的发展具有不确定性，未来可能出现新的技术突破和创新方向，这对于路线图的制定提出了挑战。此外，元宇宙技术的研发需要大量的资源和资金支持，同时还需要拥有相关的技术人才和研发设施。

二、路线图制定的目的

元宇宙是一个多元化的数字生态系统，涵盖了虚拟现实、增强现实、人工智能、区块链、云计算等多个技术领域。为了确保元宇宙的稳定运行和用户体验，各技术领域需要协同合作，确保标准化和互操作性。元宇宙技术路线图的制定不仅可以促进元宇宙技术的标准化和协同发展，还可以为技术创新提供方向和指引，进一步推动产业生态的形成。在这个综合性的数字生态系统中，各种技术领域都有着重要的作用，因此协同合作和互操作性变得至关重要。

元宇宙技术的标准化是确保其稳定运行和用户体验的基础。虚拟现实、增强现实、人工智能、区块链、云计算等技术密切相关，它们的互通性和兼容性对于元宇宙的整体运作至关重要。制定元宇宙技术路线图是为了确保这些技术在元宇宙中的相互配合和协同发展，提高用户体验和使用效果。通过制定统一的技术标准，不同技术领域的产品和服务可以更好地相互配合，实现更高水平的互操作性。这将为用户带来极大的便利，也将加速元宇宙技术的普及和发展。

元宇宙技术路线图可以引导技术创新和产业生态的形成。随着元宇宙概念的兴起，各种创新性的技术应用层出不穷。制定技术路线图可以为这些创新提供指引，使其在元宇宙生态系统中得到有效整合和发展。技术路线图通过明确技术发展的方向和重点，鼓励各方在这些方向上进行深入研究和创新。这将为技术创新提供更加明确的目标和方向，有助于加速技术研发和应用的进程。通过技术路线图的制定，不同技术领域之间可以形成紧密的合作关系，构建一个健康和可持续的产业生态系统。对于元宇宙的发展来说，技术和应用的协同发展是不可或缺的。技术路线图可以明确不同技术之间的整合方向和配合方式，为不同领域之间的合作提供框架和机会。通过合作和协同，不同技术领域的企业和机构可以共同推进元宇宙的发展，实现技术的互补和优势的整合。

制定元宇宙技术路线图还有助于促进国际间的技术交流与合作，推动全球元宇宙技术的发展。元宇宙作为一个全球性的数字生态系统，不同国家和地区的技术创新和应用开发都需要进行合作和交流。技术路线图可以为不同国家和地区提供一个共同的参考框架，促进技术交流和合作的开展。通过合作和共享经验，不同国家和地区可以共同推进元宇宙技术的发展，实现全球范围内的共赢和共同发展。

综上，元宇宙技术路线图的制定对于推动元宇宙技术的标准化和协同发展具有重要作用。它不仅为技术创新提供方向和指引，还有助于促进技术和应用的协同发展，形成健康和可持续的产业生态系统。通过技术路线图的制定，可以推动国际间的技术交流与合作，促进全球元宇宙技术的发展。元宇宙的实现离不开各种技术领域的协同合作和共同努力，而技术路线图将成为它们之间密切合作的桥梁和纽带。

三、路线图制定的方法

从元宇宙的四大支撑技术与产业链角度出发，以项目启动、元宇宙四大支撑技术调研与探索、元宇宙产业链、中期修改及项目结题等五次研讨会主题作为主要路线，以组织专家讨论会、问卷调查、相关产业专家、学者采访、组织开展相关线下线上活动和投票活动等多种方法展开相关工作。主要研究内容对目前元宇宙技术核心竞争力的四个关键领域，即人工智能技术、物联网云计算技术、虚拟现实及游戏技术与区块链技术，同步展开调研，分别对四个技术领域现有的国内外发展情况、应用场景，以及在元宇宙中的现状进行描述，绘制元宇宙技术结构图。通过前期调研结合团队实际工作经验，明确指出目前相关技术在元宇宙发展中面临的突出问题和难点。针对这些问题进行分类与总结，组织技术研讨，探索突破路径和发展方向。结合前期成果，对其应用场景、社会效益和经济效益等方面进行描述并绘制元宇宙产业链路线图。

（一）项目启动阶段

该阶段前期对元宇宙技术与产业链展开调研，并根据团队实际工作经验起草相关项目规范。项目规范包含项目的概要性描述、总体要求、交付和成功的度量标准、风险、进度和计划等内容，并邀请元宇宙四大技术领域内的研究学者和产业链相关的企业引领者等参加，对规范进行评估与讨论。同时探讨元宇宙发展现状以及面临的问题，并初步形成元宇宙产业链的主要可视化框架。

（二）支撑技术调研

元宇宙四大支撑技术包含：人工智能技术、物联网云计算技术、虚拟现实技术、区块链技术。具体来讲，元宇宙基于区块链技术搭建经济体系，基于人机交互技术实现更高维度，基于虚拟现实技术提供沉浸式体验，基于人工智能技术进行多场景深度学习，基于物联网云计算技术打造"智慧连接""深度连接""全息连接""泛在连接"和"算力即服务"的基础设施。简而言之，元宇宙技术将现实环境映射到虚拟世界，将虚拟世界与现实世界在身份系统、社交系统和经济系统上密切融合，赋能用户进行个性化内容生产和多元化世界编辑，构建虚实融合的数字生活空间。根据以上元宇宙四大技术特征，本项目从用户问卷调研、拜访专家和企业家等多种渠道出发，收集元宇宙四大技术现阶段以及将来发展趋势等相关资料，并组织技术专家通过学术交流会、研讨会和讲座等方式共同研讨突破路径和发展方向，从而形成元宇宙产业链结构中四大支撑技术的主体框架与思想内容。

（三）产业链调研

目前，元宇宙行业产业发展正积极布局硬件与内容。硬件作为第一入口，需要更为丰富的内容相互促进发展，以游戏和链游等为元宇宙内容的初级形态成为主要环节。此外，底层技术架构逐步发挥作用，内容 IP 以及场景制作、生产、运行和交互等应用都依赖底层技术架构的支撑。同时，随着底层技术架构的升级带动数据处理的量级大幅提升，后端基建与人工智能真正发挥大的功效数据洪流下，人工智能的作用将越来越大。一方面，人工智能将成为元宇宙中的核心生产要素。最后的部署应用的关键要素还是需要回归于内容和场景；相对比较于硬件和技术等其他方面，内容与场景的变数最大。另一方面，元宇宙将会催生出远超目前所预期的新内容、新场景和新业态，重塑内容产业的规模与竞争格局过程中有大量繁荣整个生态的技术和服务提供商。除此之外，随着元宇宙四大支撑技术的发展，使得元宇宙能够全产业布局，并对目前已经具有元宇宙初期形态的相关产业进行优化，例如游戏、数字孪生和智能制造等等。不仅如此，对于智慧教育、智慧医疗和智慧社区等应用场景都能够依靠元宇宙技术快速形成产业升级，提高发展水平。根据这一情况，本项目将邀请国内外相关产业专家对元宇宙技术图册的产业链部分进行指导建议，针对元宇宙产业链内容开展专家研讨会，对目前元宇宙产业的发展现状进行图形化总结，结合数据和文字的具体描述。通过开展专家研讨会、线下活动、调查问卷、相关领域企业家以及学者采访，就目前元宇宙产业链中所存在的问题以及突破路径进行描述并绘制图表加以说明。总结归纳成功元宇宙产业案例发展模式，对其进行抽象化提取，形成具有泛用性的元宇宙产业链发展流程图，为元宇宙产业链未来发展提供指导性意见。

（四）路线图撰写及审核

路线图撰写过程分为前期撰写阶段和后期修改与审核阶段。在撰写阶段，根据前面的工作，开展元宇宙关键技术内容路线图撰写，对路线图内容的科学性、可靠性、指导性和实时性开展研讨会议，对专家、学者的意见进行分类、归纳总结，对路线图在元宇宙关键节点技术方面的内容进行修改和补充。同时根据元宇宙关键技术内容，撰写元宇宙产业链上的相关内容与市场机会。充分展示和表达出元宇宙核心技术与产业链之间的关系，并对其提出的产业问题、发展路线和解决方案开展研讨会进行论证，确保方案具有可行性和有效性。修改与审核阶段对路线图所标示的发展现状、问题、解决方案与实际情况进行对比，确保路线图指导的正确性、可读性和推广性。

四、路线图制定的原则

第一，尊重规律、分步推进。把握"元宇宙"虚实映射、虚实交互、虚实融合的演进规律，重点加强前沿技术突破、前瞻领域布局，推动产业整体健康有序发展。

第二，集成创新、联动发展。把握"元宇宙"群智赋能、跨界融合的基本特征，发挥"元宇宙"的叠加、倍增、放大效应，带动数字技术、数字产业实现跳变和跃迁。

第三，价值引领、效果导向。把握"元宇宙"以虚促实、以虚强实的价值导向，立足提升实体经济生产效率、满足人民群众美好生活需要，推动经济高质量发展。

第四，市场主导、政府引导。把握"元宇宙"需求牵引、市场驱动的发展逻辑，充分激发多元市场主体的想象力和创造力，共同营造良好发展生态。

第五，包容审慎、防范风险。把握"元宇宙"在发展中规范、在规范中发展的治理要求，营造包容开放环境，建立相关规则体系，防范安全风险和行业乱象。

元宇宙技术路线图的制定是推动元宇宙技术发展的重要举措。在元宇宙的发展背景下，制定路线图可以提供技术发展的指导和规划，推动相关技术的标准化和协同发展。然而，制定元宇宙技术路线图也面临着多方利益的协调和技术不确定性等挑战。为解决这些问题，需要政府、行业联盟和学术界的合作，共同推动元宇宙技术的发展。通过制定和实施元宇宙技术路线图，我们可以加速元宇宙技术的发展，促进创新应用的出现，为社会经济发展带来新的机遇和挑战。

第二节　具体领域路线图分析

我们生活在一个数字化快速发展的时代，科技创新如急流，不断聚集成大海，将我们推向未知的未来。元宇宙，作为这一时代的代表之一，正在以前所未有的速度崭露头角，改变着我们的生活、工作和娱乐方式。元宇宙，顾名思义，是一个超越现实的宇宙。它是一个数字化、虚拟、互动的世界，融合了虚拟现实、增强现实和混合现实技术，使人们能够在其中创建、交流、互动和探索。元宇宙不仅仅是虚拟娱乐的天地，它也是一个巨大的商机，一个能够推动科技进步和产业发展的力量。本节将聚焦于四个主要主题：人工智能技术路线图、物联网云计算技术路线图、虚拟现实及游戏技术路线图以及区块链技术路线图。这四个主题代表了元宇宙的关键要素，它们相互交织、相互依赖，共同构筑了元宇宙的基础。

在元宇宙中，人工智能是核心。它赋予元宇宙以丰富的智慧和自动化能力，使虚拟世界更加生动和智能化。该部分将揭示人工智能技术的演进历程，从早期的基础算法到深度学习和强化学习的最新进展。我们将深入探讨人工智能在元宇宙中的应用，包括虚拟角色的智能行为、自动化内容生成和情感分析等。

物联网和云计算是元宇宙的重要支柱，它们构建了元宇宙的基础设施，使数十亿的设备能够互相通信和协作。该部分将深入探讨物联网技术的发展，包括传感器技术、物联网标准和物联网云平台。我们还将讨论云计算在元宇宙中的角色，包括大规模数据存储和处理、云游戏和分布式计算。

虚拟现实和游戏技术是元宇宙的视觉和交互关键。本节内容围绕虚拟现实的发展历程，从早期的头戴显示器到全沉浸式虚拟现实体验。我们还将深入探讨游戏技术的进步，包括游戏引擎、虚拟世界设计和虚拟角色建模。还将讨论虚拟现实在医疗、教育和娱乐领域的广泛应用。

区块链技术在元宇宙中扮演着关键的角色，确保数字资产的安全和可信性。该部分围绕区块链技术的原理和演进，从比特币的诞生到智能合约和去中心化应用的发展。我们还将深入探讨区块链在元宇宙中的应用，包括数字资产交易、虚拟土地所有权和身份验证。

元宇宙不仅是科技的未来，也是商业的未来。它代表了数字化、虚拟化和互动的未来，超越了传统概念的虚拟世界。在元宇宙中，人们可以沉浸在虚拟环境中，与数字角色互动，参与各种活动，无论是社交互动、教育学习还是商业交易，都将发生在这个数字化的新宇宙中。

一、人工智能技术路线图分析

人工智能技术在元宇宙产业中扮演支柱角色，致力于创造高度沉浸式、多感知的虚拟世界，超越了现实，实现了个性化的虚拟体验、互动和创作。它促进了跨界合作、沟通和娱乐，拓展了人们的虚拟与现实生活。

人工智能技术并不是单一的技术，而是一个复杂的技术集合。本文将重点介绍其中的数据与特征工程技术、机器学习基本算法技术、计算机视觉技术等与元宇宙相关的关键技术群，分析它们的重要性、当前发展现状及未来展望。最后，结合这些分析，提出相关的发展任务和政策建议，以进一步推动元宇宙产业的发展。

（一）发展现状及愿景

机器学习基础算法已经经过了长时间的发展，其发展历程可以追溯到20世纪五六十年代。最早期，机器学习算法主要集中在符号推理和专家系统领域，如决策树和逻辑推理。然而，到了20世纪90年代，统计学习方法逐渐崭露头角，支持向量机、随机森林和朴素贝叶斯等算法开始受到广泛关注。随着数据的积累和计算能力的提升，深度学习在 2010 年左右崭露头角，卷积神经网络和循环神经网络等算法引领了图像识别、自然语言处理和语音识别等领域的发展。如今，机器学习领域已经进入了深度学习时代，神经网络模型不断演进，为人工智能技术提供了强大的支持。机器学习大部分基础算法已在学术论文中公开发表，因此国内外水平相差不大。

与国际先进水平相比，我国在基础技术群方面存在的不足之一是缺乏高质量的数据集，尤其是高质量的中文语料数据集。这在自然语言处理领域尤为显著。举例来说，在英语语言领域，许多国际研究项目和机构已经构建了大规模、高质量的语料库，以支持机器翻译、文本分析、情感分析等应用。然而，在中文语境下，尽管中文是世界上最广泛使用的语言之一，但高质量的中文语料数据集相对较少。这限制了中文自然语言处理算法的性能和应用范围。因此，我国需要更多的投资和资源用于构建高质量的中文语料库，以弥补这一差距，促进基础技术群的发展，提高人工智能技术在中文环境下的水平。

在针对大模型的评价指标方面，国内与国外水平相当，均未构建完善的大模型评价体系。目前国内的模型评估体系大部分关注语言层面，但大模型不单是语言智能的载体，在国外一些研究中，将大模型当做具备初级认知能力的智能体。因此，在大模型质量评估上，不能仅仅停留语言处理层面进行评测，更多地需要从人类认知的角度借鉴思路建立大模型的完整的评测体系，比如从认知发育理论借鉴理论指引，大模型是否具有可逆思维、创造思维、抽象思维、数值思维等能力，大模型是否存在认知偏见、是否存在认知障碍等。

计算机视觉技术是人工智能领域的重要分支，其研究现状呈现出蓬勃发展的态势。深度学习技术的突破性进展为计算机视觉领域注入了新的活力，使得计算机视觉技术在图像分类、目标检测、人脸识别等领域取得了重大突破。同时，计算机视觉技术的研究领域不断扩展，涉及图像处理、模式识别、机器学习、人工智能等多个方面。在应用领域方面，计算机视觉技术已经广泛应用于安防、自动驾驶、医疗、消费等众多领域，并且已经取得了重大突破。在学术界，计算机视觉技术的研究也十分活跃，许多知名的学术会议和期刊都设有计算机视觉相关的专题，吸引了大量的研究人员和工程师参与其中。未来随着技术的不断进步和应用场景的不断扩展，计算机视觉技术将会在更多领域发挥重要作用。

近年来，随着深度学习技术的不断进步，大语言模型逐渐成为自然语言处理领域的研究热点。大语言模型具有巨大的参数数量和强大的表示能力，能够更好地理解和生成人类语言，为自然语言处理的许多任务提供了新的解决方案。在自然语言理解方面，大语言模型的应用已经取得了显著的进展，例如在文本分类、情感分析、问答系统等任务中，大语言模型能够更好地提取文本的语义信息，提高任务的准确率和性能。在自然语言生成方面，大语言模型的应用也实现了多样化，例如在机器翻译、文本摘要、对话生成等任务中，大语言模型能够更好地理解和生成目标语言，提高生成的质量和流畅度。尽管大语言模型在自然语言处理领域取得了很多进展，但也面临着一些问题和挑战。例如模型的解释性、公平性和隐私保护等问题需要进一步解决。此外，大语言模型的训练和推理也需要大量的计算资源和存储空间，可能会限制其在一些实际场景中的广泛使用。大语言模型在自然语言处理领域的应用前景仍然非常广阔。未来随着技术的不断进步和应用场景的不断扩展，大语言模型将会在更多的领域得到应用，例如智能客服、智能助手、教育等领域。同时，大语言模型也可能会带来新的商业模式和创新应用，例如基于对话的智能推荐系统、个性化教育等。

语音处理技术的研究现状呈现出多元化、交叉性的特点。从语音识别和合成技术、语音情感分析技术、语音增强技术、语音编解码技术到语音与多媒体融合技术，各种技术的不断进步和应用，为人们的生活和工作带来了极大的便利和效益。例如，语音识别技术已经可以实现高准确率的语音转文字，方便人们进行文字输入和沟通交流；语音合成技术可以将文本转换为自然语言语音，实现智能化的语音播报和通知等功能；语音情感分析技术可以通过语音识别和机器学习等技术，对人类的情感进行自动分类和判断，为智能客服、智能问答、智能家居等领域提供了有力的支持；语音增强技术可以有效地抑制噪声、回声等干扰因素，提高语音信号的质量和清晰度，改善人们的通话体验；语音编解码技术可以实现高效语音通信，降低编解码的复杂度和数据传输的带宽；语音与多媒体融合技术可以将语音与其他媒体（如图像、视频等）进行同步传输和处理，为人们提供更加丰富的视听体验。未来随着技术的不断进步和应用场景的不断扩展，语音处理技术将会在更多领域发挥重要作用，为人们的生活和工作带来更多的便利和效益。

2013 年，Word2Vec 模型诞生，首次提出将单词转换为向量的"词向量模型"以提高计算机文本数据处理能力。2014 年，对抗式生成网络（generative adversarial network，GAN）问世，开创了深度学习的生成模型研究新时代。2017 年，Google 推出 Transformer 架构，基于自注意力机制，为大模型预训练算法奠定基础。2018 年，OpenAI 和 Google 发布 GPT-1 和 BERT 大模型，将预训练大模型带入自然语言处理领域的主流。2020 年，OpenAI 发布 GPT-3，拥有 1750 亿参数，实现了零样本学习任务的显著性能提升。随后，采用强化学习、代码预训练、指令微调等策略，进一步提高模型的推理和任务泛化能力。2022 年 11 月，ChatGPT 上线，以逼真的自然语言互动和多场景内容生成迅速引爆互联网。2023 年 3 月，GPT-4 发布，具备多模态理解和多类型内容生成能力。大模型的迅速发展得益于大数据、大算力和大算法的完美结合，提高了预训练和生成能力以及多模态多场景应用能力。ChatGPT 的成功，部分要归功于 MicrosoftAzure 的强大算力和丰富数据支持，以及基于 Transformer 架构的 GPT 模型和人类反馈强化学习策略。

目前，大模型领域国内外的竞争愈发激烈，呈现多元竞争格局。OpenAI 是该领域的引领者，不断发布优秀的大模型。微软则通过与 OpenAI 的合作，将其 Office 办公产品整合，推出了 Copilot Office。此外，微软还宣布 Win11 将接入 GPT-4。谷歌也不甘示弱，发布了新一代大模型 PaLM 2，并已将超过 25 个 AI 产品和功能接入 PaLM 2，包括对话机器人 Bard、AI+ 办公助手 Duet AI 等。元（Meta）公司也推出了大模型 LLaMA，积极参与竞争。亚马逊与初创公司 Hugging Face 合作开发了 ChatGPT 竞品，名为 BLOOM。在国内，科技巨头纷纷发布自主研发的大模型。百度发布了文心一言，阿里推出了超大规模语言模型通义千问，腾讯混元 AI 大模型团队发布了万亿级中文 NLP 预训练模型 HunYuan-NLP-1T。华为发布的鹏城盘古大模型是首个千亿级生成和理解中文 NLP 大模型。此外，高校和科研院所也积极布局大模型领域，如清华大学的 Chat GLM、复旦大学的 MOSS、中科院自动化所的紫东太初。

尽管大模型领域发展迅猛，仍然面临三大主要挑战。首先，存在评估体系不够完善的问题。当前，大部分针对大模型的评估数据集更偏向于学术性质，难以全面反映现实世界中多样化和复杂的问题。因此，迫切需要实际、具多样性的数据集，用以评估大模型在真实世界的适应能力。其次，需要建立大模型的伦理和道德标准，加强监督与管理。大模型的发展必须遵守人类的道德准则和价值观。否则，大模型可能会引发伦理问题，对社会产生负面影响。因此，建立伦理框架和监管机制对大模型的可持续发展至关重要。最后，大模型的可解释性问题亟待解决。目前，大多数大模型仍然是黑匣子，内部运作机制难以解释。为了加强大模型的透明度和可解释性，需要进一步研究和开发技术，以使大模型的决策和输出更容易理解和解释，从而增强其可信度和可用性。

数字人技术目前处于蓬勃发展的阶段，其研究现状涵盖了多个方面。在技术方面，三维建模和图形渲染技术以及深度学习和生成对抗网络的应用，已使虚拟数字人的外貌、表情、肢体动作和语音变得更加逼真。同时，跨模态和多模态技术的发展使虚拟数字人能够跨足多种感知模态，提供更全面的互动体验。

数字人技术在各种领域有广泛的应用，包括游戏、娱乐、虚拟试衣、虚拟购物、在线教育和医疗保健等。它们不仅作为虚拟助手，还担当虚拟教师、虚拟导购等多重角色，为用户提供沉浸式的体验。此外，开放平台和工具的推出为更多开发者提供了参与虚拟数字人创作的机会，促进了创新和多样性的应用。

然而，数字人技术依然面临一些挑战，包括伦理和道德问题、虚拟数字人的可信度、隐私和安全性等担忧。未来的研究将需要在解决这些挑战的同时，继续推动虚拟数字人技术的创新和应用，以满足不断增长的市场需求。

智能决策领域取得了显著进展，主要体现在强化学习和深度强化学习的应用上，这些方法在游戏、机器人控制、自动驾驶等领域获得了广泛应用，并结合了深度学习技术，提高了决策模型的性能和泛化能力。

智能决策技术已成功应用于金融、医疗、供应链管理和物流等多个领域，例如在金融中，它用于风险评估、交易执行和资产管理。这些应用促进了机器决策支持系统的兴起，这些系统能够协助人类决策者更明智地应对复杂问题，提高了效率和准确性。

同时，对于决策的可解释性和公平性提出了更高要求。研究人员正在致力于开发能够解释和验证决策的方法，以确保决策不引入不公平性或歧视性。此外，智能决策技术已经成为跨学科研究的焦点，涉及计算机科学、数学、统计学、经济学和心理学等领域。

尽管智能决策技术取得了显著成就，但仍然面临一些挑战，如数据隐私和伦理问题、模型的可解释性、泛化能力的提高等。因此，未来的研究将需要不断创新，以解决这些挑战，并推动智能决策技术在更广泛的实际应用中的发展。

（二）需求分析

元宇宙时代的到来标志着人工智能技术面临着前所未有的机遇与挑战。本文将通过对市场、国家以及研发三个层面的需求分析，全面探讨元宇宙时代人工智能技术的发展方向，以满足日益增长的社会、经济和科技需求。

1. 市场需求分析

在元宇宙时代，消费者进入虚拟商业空间时，他们期望获得个性化、精准的商品推荐。虚拟购物助手是另一个元宇宙时代的关键应用。消费者在虚拟商业空间中可能面临的挑战之一是在无实体触感的环境中选择产品。人工智能技术可以为消费者提供虚拟试衣间、试戴功能等体验，使其更直观地感受商品的样式、尺寸和质地。通过视觉和虚拟现实技术的结合，虚拟购物助手可以为消费者打造更真实、更生动的购物体验，有效缓解线上购物的局限性。在虚拟商业空间中，人工智能技术还能通过数据分析和预测性建模，帮助商家更好地了解市场趋势、消费者行为和竞争对手动态。这样的洞察力可以为商家提供更科学、更精准的决策支持，优化产品组合、定价策略，提高供应链效率，最终提升整体运营效益。在这个互动蓬勃发展的虚拟商业空间中，人工智能技术将引领着商业模式的变革，推动着消费者和商家之间更深层次的连接。

2. 国家需求分析

元宇宙时代的来临为人工智能技术提供了全新的发展平台，而这一技术的应用在国家层面呈现出多方面的需求。国家对人工智能技术的需求不仅仅体现在经济发展领域，还涉及科技创新、国家安全、社会治理等多个方面。

从经济发展的角度看，人工智能技术是推动产业升级和创新驱动的关键力量。在元宇宙时代，国家需求在不断变化的全球经济竞争中占据有利地位。通过推动人工智能技术的应用，国家能够实现产业结构的升级，提高产业附加值，推动数字经济的发展。智能制造、智能交通、智能医疗等领域的创新将为国家经济注入新的活力。

国家安全方面，人工智能技术的需求愈发迫切。元宇宙时代国际关系的复杂性和不确定性增加，国家面临的安全威胁也更加多元化。人工智能技术在军事领域的应用，如智能军事装备、智能安防系统，将提高国家的安全水平。与此同时，人工智能在网络安全、情报分析等方面的运用，也将帮助国家更好地应对各类安全挑战。

社会治理是国家需求中一个不可忽视的方面。元宇宙时代社会结构变革迅速，治理需求更加多元化和复杂化。人工智能技术在社会治理中的应用，如大数据分析、智能城市规划、智能交通管理，能够提高国家治理效能。通过人工智能技术，国家能够更好地理解社会运行的规律，及时应对社会问题，实现治理的科学化和智能化。

综合而言，元宇宙时代国家对人工智能技术的需求在多个方面表现得十分迫切。经济发展、科技创新、国家安全、社会治理等各个领域都需要人工智能技术的支持。

3. 研发需求分析

人工智能技术作为科技领域的核心驱动力，其研发需求在多个层面呈现出迫切和复杂的特征。这一需求涵盖了从基础研究到应用创新的广泛范围，旨在推动人工智能技术在社会、经济、科技等多个领域的全面发展。以下是对元宇宙时代围绕人工智能技术的研发需求进行的全面分析。

基础研究是人工智能技术发展的关键，对于这方面的研发需求尤为显著。在元宇宙时代，理论突破和基础研究将为人工智能技术提供更广阔的发展空间。深度学习、强化学习、自然语言处理等领域的研究将为人工智能的核心算法提供更多的创新思路。此外，新型的计算模型和算法体系的探索也是基础研究的重要组成部分，有助于提高人工智能系统的效率和性能。

数据是人工智能技术的基石，对于处理海量数据的能力提出了更高的要求。因此，元宇宙时代对于数据处理、存储、传输等方面的研发需求十分迫切。新型的数据处理算法、高效的存储结构以及更快速的数据传输技术将为人工智能系统提供更强大的支持。在这一领域的创新将直接影响到人工智能技术在实际应用中的表现，特别是在处理大规模、复杂性数据时。

在硬件研发方面，元宇宙时代提出了更高的要求。传统的计算机体系结构已经不能满足人工智能技术的需求，因此对于新型硬件的研发成为当务之急。量子计算、神经元芯片、光子计算等新型硬件的研究将为人工智能技术提供更高效、更节能的计算支持。这不仅涉及硬件本身的研发，还包括与软件的深度整合，以更好地发挥硬件的性能。

元宇宙对于人工智能算法的实用性提出了更高的要求，因此在应用研发方面也存在重要的需求。例如，在医疗领域，人工智能技术的应用可以辅助诊断、提高治疗效果，但这需要深入的医学领域专业知识的融合。在交通领域，智能交通系统的研发需要将人工智能技术与实际的交通规划、管理相结合。因此，对于不同领域需求的深度理解和研发是十分必要的。

此外，人工智能技术的可解释性、鲁棒性、安全性等方面的研究也是当前研发需求中的重要部分。在元宇宙时代，人工智能系统的决策透明度和稳定性对于社会的接受和应用的推动都至关重要。因此，对于提高人工智能技术的可解释性，增强其抗攻击能力，保障系统的安全性都是当前亟须解决的问题。

人工智能技术的融合创新也是研发需求的一个重要方面。元宇宙时代的特点之一就是不同领域的融合，而人工智能技术作为横跨各个领域的关键技术，其融合应用的研发需求更为显著。例如，人工智能与物联网、区块链、生物技术等领域的深度融合将推动新一轮科技创新，为社会的全面发展提供强有力的支持。

（三）技术群分析

人工智能领域的主要技术可分为三大类，基础技术、核心技术和前沿技术。在基础技术方面，涵盖了数据的收集与处理、机器学习的基本算法以及模型的评估与性能指标等内容。核心技术领域包括了计算机视觉、自然语言处理以及语音处理等关键技术。而前沿技术涵盖了 AI 大模型、数字人技术以及智能决策技术等新兴领域（见图3-1）。

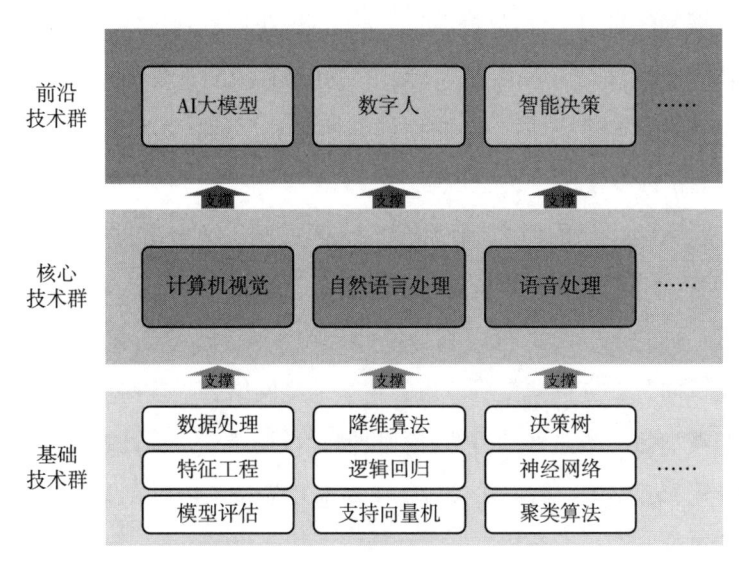

图 3-1 人工智能技术路线示意图

1. 基础技术群

数据在人工智能领域中扮演着至关重要的角色。它是人工智能的燃料，负责为机器学习算法提供信息和见解。数据为人工智能模型提供了训练和学习的材料，使它们能够理解、归纳和预测。大规模的数据集可以帮助模型更好地捕捉复杂的模式和关联，从而提高性能。此外，数据的质量和多样性对模型的成功至关重要。数据的准确性、完整性和时效性直接影响模型的表现。因此，数据采集、清洗、整合和准备的工作是人工智能项目中不可或缺的环节。通过充分利用数据，人工智能可以在图像识别、自然语言处理、预测分析等领域实现惊人的成就，推动了创新和自动化的进步。数据是驱动人工智能革命的关键因素，对于解决各种复杂问题和改善我们的生活方式具有深远的影响。

特征工程是人工智能中的关键环节，它涉及选择、构建和转换数据中的特征，以便机器学习模型更好地理解和预测信息。好的特征工程可以显著提高模型性能，因为它有助于模型更好地捕捉数据中的关联和模式。特征工程使数据变得更具信息价值，有助于降低维度、减少噪声，以及提高模型的泛化能力。在人工智能项目中，精心设计的特征工程可以使模型更准确地执行任务，如图像识别、自然语言处理和预测分析，从而推动了人工智能技术的发展和应用。因此，特征工程在构建强大的人工智能系统中具有至关重要的地位。

数据与特征工程为人工智能模型提供了基础，它们是模型成功的关键因素。通过精心准备的数据和经过精心设计的特征，模型可以更准确地理解和预测信息，从而实现各种人工智能任务，如图像识别、自然语言处理和预测分析。

在人工智能中，模型评估与性能指标是衡量和评估机器学习模型表现的重要步骤。模型评估通常涉及使用一组已知结果的数据集（称为"测试集"）来测试模型的预测能力。这有助于我们了解模型在新数据上的表现，以及是否能够泛化到未知的情况。

机器学习基础算法在人工智能中扮演着至关重要的角色。人工智能的实现主要依赖于机器学习，而机器学习的核心则是各种基础算法。这些基础算法包括聚类算法、降维算法、逻辑回归、支持向量机、决策树、神经网络等，这些算法被广泛应用于监督学习、无监督学习、半监督学习等各种机器学习场景，并为计算机视觉、自然语言处理、人机交互、数字人、智能决策等中下游应用端技术提供底层技术支持。

（1）聚类算法

聚类算法是一类用于将数据集中的对象或数据点分组成具有相似特征的簇或群体的技术。聚类有助于数据探索、模式发现和数据组织，它不依赖于事先标记的数据，因此适用于无监督学习任务。聚类在数据分析、图像分割、社交网络分析、客户细分、异常检测和自然语言处理等领域中都有广泛的应用。

（2）降维算法

降维算法是机器学习中的一类技术，旨在处理高维数据，减少数据集的维度，同时保留或捕捉数据中的主要信息和模式。这些算法在机器学习和数据分析中非常有用，因为高维数据集不仅增加了计算复杂性，还容易导致过拟合。降维算法有助于解决这些问题。

（3）逻辑回归

逻辑回归是一种常用的分类算法，用于解决二元分类问题。尽管名称中包含"回归"一词,但它实际上用于分类任务。逻辑回归的主要目标是估计自变量与二元因变量之间的关系,以便根据输入特征对新样本进行分类。逻辑回归是一个重要的分类工具,适用于许多实际问题。它的简单性和性能使其在实际机器学习任务中得到广泛应用,通常作为机器学习工作流程的一部分,与其他算法和技术结合使用以解决各种分类问题。

(4)支持向量机

支持向量机(support vector machine,SVM)是一种强大的监督学习算法,其主要思路是通过找到一个最佳的决策边界(或超平面),来实现对不同类别的样本进行分类。SVM 在多个领域中得到广泛应用,包括图像分类、文本分类、生物信息学、金融风险评估等。它能够有效处理高维和复杂的数据,并在许多实际问题中表现出色。

(5)决策树

决策树模型是一种机器学习算法,用于处理分类和回归问题。它构建一种树形结构,其中每个内部节点表示一个特征或属性,每个分支代表一个特征值的比较,而叶节点表示最终的分类或数值预测。决策树的主要目标是将数据分割成不纯度最低的子集,以便进行准确的分类或预测。决策树广泛用于解决分类问题,如垃圾邮件识别、客户分群和疾病诊断。它可以帮助确定输入数据属于哪个类别。决策树还可用于回归问题,如房价预测、股票价格预测和销售预测。它可以预测数值型输出。

(6)神经网络

神经网络是一种受到生物神经元启发的人工智能模型,已经在多个领域取得了显著的成功。它是深度学习的核心组成部分,具有出色的模式识别和学习能力。神经网络的基本思想是模仿人脑中的神经元之间的信息传递过程。人脑中的神经元通过电化学信号传递信息,而人工神经元通过数学模型来模拟这种传递。每个人工神经元接收多个输入,对它们进行加权求和,并将结果传递给激活函数,以产生输出。这个输出可以连接到其他神经元,从而形成神经网络。

神经网络已经在多个领域中取得了卓越的成就。计算机视觉:CNN 在图像识别、人脸识别和目标检测中取得了显著进展;自然语言处理:RNN 和变换器模型(Transformer)在机器翻译、情感分析和自然语言生成方面表现出色;医疗保健:神经网络被用于医学图像分析、疾病诊断和药物发现;金融领域:神经网络用于股票价格预测、信用评分和欺诈检测;自动驾驶:深度学习在自动驾驶汽车的感知和决策中起到关键作用。

2. 核心技术群

（1）计算机视觉技术群

计算机视觉技术着眼于使计算机系统能够理解、解释和处理图像和视频数据，模仿人类的视觉能力。计算机视觉技术在人工智能领域中扮演着至关重要的角色，视觉是人类感知世界的主要方式之一，将计算机视觉与人工智能结合起来可以使计算机具备更全面的感知和理解能力。

以下是计算机视觉技术所包含的具体技术。

图像处理和分析：计算机视觉的基础是图像处理，它包括对数字图像进行各种操作，如去噪、增强、特征提取和图像分割。这些技术为 AI 系统提供了处理视觉数据的基础。

物体检测和识别：计算机视觉技术可以训练机器学习模型来自动检测和识别图像或视频中的物体。这对于自动驾驶、视频监控、医学图像分析和智能助手等应用至关重要。

人脸识别：人脸识别技术使计算机能够检测和识别图像或视频中的人脸。这在安全身份验证、社交媒体标记和刑事侦查中发挥着重要作用。

图像生成和增强：计算机视觉技术不仅可以分析图像，还可以生成新的图像。这对于虚拟现实、计算机图形学、艺术创作和医学图像生成非常有用。

自动驾驶和机器人视觉：在自动驾驶和机器人领域，计算机视觉技术允许车辆和机器人感知其周围环境，以便导航和决策。

医学图像分析：医学图像处理和分析是医学诊断和研究的关键领域，计算机视觉技术在 X 射线、CT、MRI 和超声图像等方面有着广泛的应用。

视觉推理：计算机视觉技术不仅可以提供静态图像的分析，还可以进行视觉推理，理解图像中的关系、场景和动态变化。

计算机视觉技术对人工智能的重要性在于它为人工智能系统提供了视觉感知的能力，使计算机能够处理和理解大量的视觉数据。这为各种应用领域提供了无限潜力，包括自动化、医疗保健、交通、娱乐、安全和制造业。随着深度学习和神经网络的发展，计算机视觉技术在解决复杂问题和提高系统性能方面取得了显著进展。因此，计算机视觉技术与人工智能的融合对于实现更智能、感知能力更强的计算机系统是至关重要的。

（2）自然语言处理技术

自然语言处理（natural language processing，NLP）是人工智能领域中一项重要的技术，旨在使计算机能够理解、分析和生成人类自然语言的文本和语音。NLP 技术对于实现智能系统、智能人机交互等下游应用而言至关重要。

以下是自然语言处理中的主要技术。

文本处理：自然语言处理技术涵盖文本数据的处理，包括分词、标记化、词干提取、词性标注和句法分析等。这些技术有助于将文本数据转化为计算机可理解的形式。

语义理解：NLP 技术使计算机能够理解文本的语义含义，包括词汇义、句子结构和上下文关联。这对于正确解释文本中的信息至关重要。

机器翻译：机器翻译是 NLP 领域的一个重要应用，它涉及将文本从一种语言翻译成另一种语言。这对国际交流、跨语言信息检索和多语言支持非常重要。

信息检索：NLP 技术用于改进信息检索系统，帮助用户找到与其查询相关的文档或网页。这对于搜索引擎和文档管理系统至关重要。

自动摘要和生成：NLP 技术可以自动生成文本摘要或文章，或者创建自动生成的内容，这在新闻报道、内容生成和智能助手中有广泛应用。

情感分析：情感分析技术允许计算机分析文本中的情感和情绪，这对于社交媒体监测、消费者反馈分析和舆情分析非常重要。

语音识别：语音识别是 NLP 的一部分，它涉及将口头语言转化为文本。这在语音助手、自动电话系统和语音识别设备中广泛应用。

文本分类和情感分析：NLP 技术可以用于文本分类，例如垃圾邮件检测和新闻主题分类。情感分析可以确定文本中的情感极性，如正面、负面或中性。

对话系统：NLP 技术支持对话系统的开发，这包括聊天机器人、虚拟助手和客户服务自动化。这对于改善用户体验和自动化常见任务非常有用。

信息抽取：信息抽取技术可以从文本中提取结构化信息，例如从新闻文章中提取事件信息或从医学文献中提取疾病数据。

NLP 技术对于人工智能的重要性在于它扩展了计算机系统的感知和理解能力，使其能够处理自然语言数据。这对于实现自然的人机交互、智能搜索、自动化文档处理、多语言支持和文本分析非常重要。随着深度学习方法的崭露头角，NLP 技术已经取得了显著进展，使计算机能够更好地理解和生成自然语言。这对于实现更智能的应用程序和服务，以及更好地理解人类沟通和信息传递，具有重要意义。

（3）语音处理技术

语音处理技术是人工智能领域的一个重要分支，旨在处理、分析和理解声音信号。这种技术使计算机能够与人类通过语音进行交互，从声音中提取有用的信息。

以下是语音处理技术的主要方面。

语音识别（automatic speech recognition，ASR）：语音识别技术旨在将口头语音转化为文本。它用于语音助手、语音搜索、转录服务以及语音命令的识别。深度学习技术在提高语音识别准确性方面发挥了关键作用。

语音合成（text-to-speech，TTS）：语音合成技术允许计算机将文本转化为自然流畅的语音。这在语音助手、有声读物、自动电话应答系统等领域广泛应用。

语音情感分析：语音情感分析旨在识别说话者的情感状态，如快乐、愤怒、悲伤等。这有助于情感感知智能助手、客户服务、市场调查等应用。

说话人识别：说话人识别技术用于验证说话者的身份。它可用于语音识别解锁手机、安全访问控制等领域。

语音处理在自然语言处理中的应用：语音处理与NLP技术结合，用于分析口头语音和文本数据，使计算机能够更好地理解和回应自然语言。

语音处理技术的发展受益于深度学习和大数据的支持，使得语音识别和合成越来越接近人类水平的性能。这些技术在智能助手、客户服务、医疗保健、自动驾驶等各种领域都有广泛的应用，改善了人机交互和生活质量。

3. 前沿技术群

（1）AI大模型技术

AI大模型是大数据、大算力和强大算法的融合产物，它凝结了大规模数据中蕴含的隐藏知识库。这种模型主要具有"预训练"和"大模型"两个特征，即模型已在大量数据集上进行预训练，无需或仅需少量微调即可支持各种应用。

AI大模型标志着人工智能向通用智能迈进的重要里程碑。其应用将AI的核心要素由"数据、算法、算力"转变为"场景、产品、算力"。在经历了以数据为基础的互联网时代和以算力为基础的云计算时代后，我们正迈向基于大模型的AI时代。这将推动人工智能技术在各个领域的广泛应用，并重新定义我们对AI的认识和期望。

AI大模型的发展经历了不同阶段，从参数规模、技术架构、模态支持和应用领域等多个角度进行了演进。在参数规模方面，AI大模型经历了预训练模型、大规模预训练模型和超大规模预训练模型三个主要阶段。每年，参数规模至少提升十倍，从亿

图 3-2　AI 模型技术应用示意图

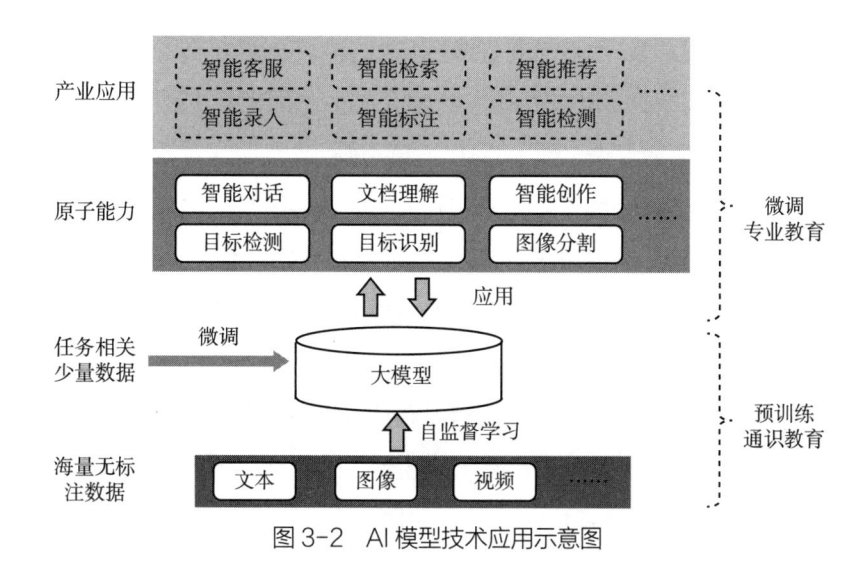

级到百万亿级。当前，千亿级参数规模的大模型成为主流。技术架构上，Transformer 架构是主流算法的基础，支持了 GPT 和 BERT 两条主要技术路线。GPT3.0 的发布使 GPT 模型成为大模型的主流路线。几乎所有参数规模超过千亿的大型语言模型采用 GPT 模式。在模态支持方面，AI 大模型可以处理多种模态下的多种任务，不仅限于单一模态和单一任务。应用领域分为通用大模型和行业大模型。通用大模型在多场景任务中表现出色，而行业大模型经过微调以满足特定行业领域的需求。AI 大模型的发展正朝着与知识、可解释性、学习理论等多方面相结合的方向发展，呈现出多领域多点开花的趋势。随着技术不断进步和应用场景的扩展，AI 大模型将在更多领域广泛应用，推动人工智能技术的不断创新和发展。

（2）数字人技术

数字人是一种借助计算机技术和人工智能技术打造的虚拟人物或数字化人格，它们能够模仿和展现类似于人类的行为、思想和外貌。简单来说，数字人就是把人类的外貌特征和行为举止转换成数字化模型，以便在虚拟世界中进行人物模拟。

数字人的核心目标是创造出逼真的虚拟人类，从而在虚拟世界、媒体、娱乐、教育和商业等多个领域发挥积极作用。例如，目前已经得到应用的数字人主播、游戏和电影中的数字人角色、数字人客服以及文史旅游讲解员等。

数字人需要模仿正常人类在多个方面的特征，包括外貌、表情、行为和语言等。首先，数字人的外貌可以是逼真的三维模型或二维图像。它们应该能够展现面部表情、肢体动作和声音。一些数字人还可以通过摄像头捕捉用户的表情和动作，并实时反映在虚拟角色身上，增加互动的真实感。其次，数字人需要具备接近人类的语音发音和语言理解能力。它们可以使用深度学习语音合成技术产生自然流畅的语音，甚至模仿特定人的音色和说话习惯。数字人还应能够进行自然语言对话，书写流利的文本语言，以回答问题、交流信息等。此外，数字人应该能够与人类互动，具备一定程度的智能。它们应能理解和回应用户的指令、问题和情感。数字人可以进行互动式对话、提供建议，甚至具备情感智能，能够识别和回应用户的情感状态。这使得数字人能够更自然地与人类互动，提供更丰富的用户体验。

  数字人的技术原理主要依赖于深度学习和计算机图形学的融合。首先，通过深度学习算法，大量的人类面部数据被用来训练模型，这些数据包括面部结构、纹理、表情等。深度学习模型能够学习并理解这些数据，构建出人类面部的数学模型。接下来，计算机图形学技术介入，将数学模型转化为逼真的三维人脸模型。这个模型包括了面部的几何结构，如脸部轮廓、眼睛、鼻子和嘴巴。为了增强逼真感，纹理映射技术将原始数据中的纹理映射到三维模型上，以保留真实面部的细节。为了进一步提高真实感，法线贴图被应用，将模型表面的几何信息转化为法线贴图。这有助于模拟皮肤的细微纹理和光滑度，增加数字人脸的逼真度。光照模型则用于计算数字人脸表面的光照效果，确保数字人脸与其周围环境的光照一致性，从而进一步提高逼真度。最后，数字人可能需要经过后期处理，包括添加背景、调整光照和处理渲染效果等，以确保数字人脸与其互动环境协调一致。总的来说，数字人技术的原理是通过深度学习和计算机图形学的协同作用，模拟人类面部特征和外貌，为多领域的应用提供更加逼真和互动性更强的虚拟人物。

  数字人技术的应用场景非常广泛。在游戏开发领域，数字人可以增加游戏的逼真度，提供更丰富的游戏体验。在影视制作中，数字人可以替代实际演员进行特效拍摄，降低制作成本，并创造出更多创意的角色。此外，数字人技术还在虚拟试衣和虚拟购物中发挥关键作用，让用户能够尝试服装和产品，提高购物的互动性。在教育和医疗领域，数字人用于虚拟培训和模拟手术，提供了更好的教育和培训方式。总之，数字人技术对多个行业都具有革命性的影响，为用户和企业提供了更多创新和机会。它主要包含以下技术。

  三维建模和渲染技术：这是构建数字人的基础技术，涉及详细的三维模型制作，包括模拟肌肤纹理、头发、衣物等。三维建模为数字人提供了结构框架，而高级的渲染技术（如光线追踪）则赋予这些模型以逼真的视觉效果。这些技术的进步使得数字人的外观越来越接近真实人类，具有逼真的肤色、光泽和阴影效果。

动作捕捉技术：动作捕捉是将真实人类的动作转换到数字人物身上的关键技术。通过捕捉演员的动作并将其映射到三维模型上，数字人可以模拟出自然流畅的身体语言和动作。这项技术的关键在于创造逼真的运动模式，从而使数字人物的行为更加自然和真实。

面部捕捉技术：面部捕捉专注于捕捉和复现复杂的面部表情。它通过分析人类面部的微妙动作，如眼睛的闪烁、嘴角的微笑等，将这些细节精确地映射到数字人的面部模型上。这样的技术使数字人能够展现丰富多变的表情，增强其表达和情感传达的能力。

语音识别和生成技术：这些技术使数字人能够理解人类语音输入，并以自然的语音方式进行响应。语音识别技术允许数字人解析和理解用户的指令或问题，而语音生成技术则让它们能以自然的声音回应，这些技术共同提供了一种流畅的语音交互体验。

自然语言处理技术：NLP 技术赋予数字人理解和生成文字信息的能力，使其能够处理复杂的语言结构，并以自然的方式进行文字交流。这不仅包括基础的命令识别，还涉及情感分析和语境理解，从而使数字人在交流中更加智能和人性化。

人工智能和机器学习：AI 和机器学习技术为数字人提供了学习和适应的能力。这些技术使数字人能够从用户交互中学习，逐渐优化其响应方式，并在一定程度上模拟人类的决策过程。这些算法的应用使数字人在复杂情境中的表现更加自然和高效。

情感计算技术：情感计算技术使数字人能够识别和响应用户的情感状态。通过分析用户的语音、文字或面部表情，数字人可以理解用户的情绪并做出相应的反应，从而提供更加个性化和富有同理心的交互体验。

虚拟现实和增强现实技术：VR 和 AR 技术为数字人提供了新的展示和交互平台。在 VR 环境中，数字人可以成为用户沉浸式体验的一部分；而在 AR 应用中，它们可以被集成到现实世界的环境中，为用户的日常生活增添互动层次

（3）智能决策技术

智能决策技术是一种结合数据分析和人工智能的方法，用于自动化和优化决策制定过程。通过数据挖掘、机器学习和模型预测，智能决策技术帮助个人和组织更好地理解复杂问题、降低风险、提高效率，从而实现更明智的决策，适用于多个领域，包括金融、医疗、物流和市场营销。

实现智能决策需要一个综合性的流程，涉及数据处理、机器学习建模、系统集成和持续监控。这些步骤需要紧密协作，以确保智能决策系统能够有效地应对不断变化的情况，并做出最佳决策。

（四）技术群实现可能性和制约因素

人工智能技术的技术群构成了人工智能技术的基础，而核心技术群和前沿技术群则涉及计算机视觉、自然语言处理、语音处理、大模型、数字人和智能决策等。在深入分析这些技术群的实现可能性和制约因素时，我们可以更好地了解人工智能技术发展的现状和未来挑战。

1. 计算机视觉

计算机视觉技术是人工智能技术中的核心领域之一，涉及从图像或视频中获取信息的任务。在实现可能性方面，计算机视觉技术已经在图像识别、目标检测、人脸识别等领域取得了显著的进展。深度学习的应用使得计算机视觉系统能够从大规模数据中学习特征，实现更为准确的视觉任务。

计算机视觉技术仍然受到一些挑战的制约。例如，对于复杂场景的理解和对抗性攻击问题仍然是一个亟待解决的问题。此外，计算机视觉技术的应用还涉及隐私和伦理等方面的考量，需要在技术和法规层面进行综合考虑。

2. 自然语言处理和语音识别

自然语言处理技术在实现可能性和面临制约因素方面表现出复杂而丰富的特征。首先，技术的实现可能性得以显著提升，主要得益于深度学习和预训练语言模型的引入。这使得计算机能够更好地理解和处理自然语言，取得在文本理解、情感分析等任务上的重要进展。应用方面，自然语言处理技术在社交媒体分析、智能客服、虚拟助手等领域得到广泛应用，提供更智能、自然的交互体验。这一可能性的实现还受益于大规模语料库的建设和开源工具的普及，使得更多研究者和从业者能够参与到自然语言处理技术的发展中，形成了一个相对开放的研究和应用环境。

自然语言处理技术面临的制约因素也不可忽视。首先，语言的多义性和歧义性给技术带来挑战，尤其是在处理复杂语境和专业领域术语时。这使得技术在真实世界中的应用受到一定的限制。其次，文化差异对于自然语言处理技术的全球推广提出了挑战，需要更多的跨文化研究和定制化的技术解决方案。此外，随着对隐私和数据安全的关注不断升温，自然语言处理技术在文本生成、语音识别等方面引发了一系列隐私和伦理问题，需要在技术发展和法规制定中平衡数据使用与个体权益的关系。

3. AI 大模型

AI 大模型是人工智能领域的一项核心技术，代表着深度学习和神经网络的最新进展。这一技术的实现可能性在不断提高，主要得益于计算能力的增强、数据集的丰富和算法的不断优化。随着硬件技术的发展，特别是图形处理单元（GPU）和领域专用芯片（如 TPU）的广泛应用，AI 大模型的训练和推理速度得到了显著提升。

AI 大模型也面临一些制约因素。首先，庞大的模型需要大量的计算资源，这在一定程度上限制了小型企业和研究机构的参与。其次，大规模数据集的获取和管理也是一个挑战，特别是涉及隐私和安全问题时。此外，AI 大模型的解释性和可解释性问题也是研究和应用中的一个瓶颈，限制了其在某些关键领域的应用。

4. 数字人技术

数字人技术涉及在计算机系统中创建和模拟具有人类特征和行为的虚拟个体。这一技术的实现可能性不断提升，主要得益于计算能力、图形处理技术和传感器技术的不断进步。数字人技术在虚拟现实、增强现实、游戏开发和人机交互等领域的广泛应用，使得数字人的外观、动作和语音表现更加逼真。

数字人技术也存在一些制约因素。首先，实现真实感的数字人需要庞大的计算资源，包括高性能计算机和先进的图形处理单元。这对于一些资源受限的应用场景可能构成挑战。其次，数字人技术的伦理和法律问题也需要认真考虑，包括虚拟人物的版权、隐私和潜在滥用等方面。

5. 智能决策技术

智能决策技术是人工智能技术在复杂决策问题上的应用，包括机器学习算法、优化方法和决策支持系统。实现可能性方面，智能决策技术在大数据环境下表现出色，能够从海量数据中提取关键信息，为决策提供支持。决策树、强化学习等算法的不断发展，使得智能决策技术在自动驾驶、供应链优化、金融风险管理等领域得到广泛应用。

智能决策技术也受到一些制约因素的影响。首先，算法的可解释性问题使得在一些对解释要求较高的领域应用受到限制。其次，数据的质量和时效性对于智能决策的影响非常重要，而一些实际应用中数据质量和时效性难以保证。此外，决策中的伦理和社会因素也需要充分考虑，以避免不当的决策对个体和社会造成不良影响。

（五）人工智能技术展望

根据前文的分析，我们应当集中精力发展人工智能领域的若干方向，其中包括但不限于以下几个关键方向：建立高质量的大规模数据集、推进高性能的大型模型研究、构建全面的大模型评估框架、提高神经网络的可解释性、确保人工智能模型的安全性，并制定人工智能伦理和道德准则。这些方向将推动人工智能技术的发展，以确保其能够有效地支撑元宇宙的构建（见表3-1）。

根据以上重点发展方向，本文建议采用如下的具体发展任务和相应的政策。

表3-1 人工智能技术发展建议表

标号	具体发展任务	预计完成时间	政策建议
1	构建大规模通用中文语料库	2028年	1）设立专门的数据采集和标注项目，鼓励专业人员和志愿者参与数据采集和标注工作。2）建立数据共享机制，鼓励不同机构之间的数据合作和共享。这样可以有效避免重复采集和标注数据，提高数据利用效率。3）加强与国际先进机构和团队的合作，共同开发高质量的数据集，并共享相关资源和成果。通过国际合作，可以吸收国际先进经验和技术，提高我国在基础机器学习算法方面的研究水平。
2	构建大规模通用"文本-图像对"数据库	2028年	
3	各领域专用大规模数据库	2030年	
4	训练国际领先的大语言模型	2028年	1）构建国家级高性能计算资源共享平台，使得企业、高校团队均能够利用充足的计算资源训练大模型，并减少重复建设。2）推动企业和研究机构之间建立合作机制，共同推进大语言模型的研发和训练。3）提供数据支持，如开放公共数据、提供数据集等，以鼓励企业和研究机构进行大语言模型的研发和训练。4）鼓励创新和创业，为大语言模型的研发和训练提供更多的机会和平台。例如，可以举办大语言模型领域的创新创业大赛、设立大语言模型领域的创业基金等。
5	训练国际领先的大视觉模型	2028年	
6	构建完善的大模型评价体系	2025年	
7	构建可解释的深度神经网络	2028年	1）设立相关基金项目。2）增加对机器学习与深度学习基础理论研究的支持力度。
8	构建安全的深度神经网络	2028年	1）设立相关基金项目。2）增加对机器学习与深度学习基础理论研究的支持力度。
9	建立完善的人工智能伦理道德标准	2033年	1）设立相关基金项目。2）推动国家级人工智能伦理道德标准的设立。
10	结合可解释的深度神经网络增强虚拟数字人和智能决策模型的可信度	2033年	1）设立相关基金项目。2）鼓励创新和创业，为提升虚拟数字人和智能决策模型的可信度提供更多的机会和平台。
11	结合安全的深度神经网络增强虚拟数字人和智能决策模型的安全性	2033年	1）设立相关基金项目。2）鼓励创新和创业，为提升虚拟数字人和智能决策模型的安全性提供更多的机会和平台。

（六）人工智能技术在元宇宙产业中的应用和发展

人工智能技术在元宇宙产业中的应用和发展是一个充满活力的领域，它正在塑造元宇宙的未来，并改变我们与虚拟世界的互动方式。AI 技术的应用范围非常广泛，涵盖了从内容创造、用户交互到数据分析和安全管理等多个方面。AI 技术在提高元宇宙交互体验方面发挥着至关重要的作用。以自然语言处理和语音识别为例，这些技术使用户能够通过自然语言与元宇宙中的虚拟角色或环境进行交流。例如，Epic Games 的虚拟人物项目 MetaHuman Creator 就利用了 AI 技术，让用户能够创造和定制高度逼真的虚拟人类角色。这些角色不仅外观逼真，还能进行自然的面部表情和语言交流，提供更加丰富的互动体验。在内容创造方面，AI 的作用同样不可或缺。通过机器学习和深度学习算法，AI 能够协助设计师和内容创造者生成复杂的虚拟环境和物品。例如，英伟达的 Omniverse 平台就是一个集成了 AI 技术的协作和模拟环境，它允许创造者在实时 3D 工作流中合作，利用 AI 加速渲染和模拟过程。这不仅提高了创作效率，还使得创作的内容更加丰富和真实。数据分析是另一个 AI 技术在元宇宙中大放异彩的领域。AI 算法能够处理和分析大量的用户数据，帮助开发者理解用户行为、优化用户体验，并预测市场趋势。例如，罗布乐思（Roblox）这个流行的游戏平台就利用 AI 分析用户数据，以优化其游戏设计和提供个性化的用户体验。AI 的这一应用不仅提升了用户的参与度，也为平台的长期发展提供了数据支持。AI 在元宇宙安全性方面的应用也不容忽视。随着元宇宙的不断扩展，用户数据的安全成为一个重要问题。AI 技术可以帮助监测和预防安全威胁，保护用户数据不受侵犯。例如，AI 驱动的安全协议能够实时监控元宇宙中的异常活动，迅速识别并应对潜在的安全风险。

展望未来，AI 技术在元宇宙中的应用将变得更加深入和广泛。随着 AI 技术的进步，未来的元宇宙将可能包含更加智能化的虚拟助手，这些助手能够提供个性化的信息、服务和娱乐体验。例如，虚拟助手可以根据用户的兴趣和行为数据，推荐元宇宙中的活动和内容，甚至协助用户在虚拟环境中进行创造和设计。AI 技术在元宇宙产业中的应用和发展正开启一个全新的篇章。从提升用户体验到创造丰富多彩的内容，从深入数据分析到保障安全稳定的环境，AI 的每一步发展都在不断塑造元宇宙的未来。随着技术的不断进化，AI 在元宇宙中的角色将变得更加重要，为用户提供更加丰富和深刻的虚拟体验。

二、物联网与云计算技术路线图分析

（一）发展现状及愿景

1. 物联网

随着科技的发展和数字化时代的到来，物联网正在成为重要的技术和应用领域。物联网市场规模逐年扩大，预计至 2025 年将达到 1500 亿美元。各种行业都在积极采用物联网技术，包括智能家居、智能城市、智慧医疗等。物联网技术的不断创新和突破推动了其发展。例如，无线通信技术的进步使得物联网设备之间的连接更加便捷和可靠。边缘计算的发展使得数据处理更加高效和快速。物联网技术在各个领域都有广泛的应用，以下是几个重要的应用领域：

（1）智慧城市：物联网技术在智慧城市建设中扮演着重要角色。通过城市基础设施的智能化、交通管理和环境监测等手段，可以提高城市的运行效率和生活品质。

（2）工业制造：物联网技术为工业制造领域带来了全新的机遇。通过设备间的连接和数据的实时分析，可以实现智能化生产、设备监控和维护，提高生产效率和质量。

（3）智慧农业：物联网技术在农业领域的应用也非常广泛。通过传感器监测土壤湿度、气温等数据，实现精准的灌溉和农作物管理，提高农业生产的效益和可持续性。

（4）医疗保健：物联网技术可以在医疗保健领域实现更加智能化和便捷的服务。智能医疗设备和监测器件可以实时收集和传输患者的健康数据，帮助医生进行诊断和治疗。

物联网作为一项领先的技术和应用，具有广阔的发展愿景：

（1）智能化生活：物联网的最终目标是实现智能化生活。通过连接各种智能设备，人们可以享受到更加便捷、舒适和高效的生活。智能家居可以实现对房屋内部设备、照明、温度和安全系统的远程控制和管理。智能城市可以提供智能停车、智能交通、智能能源管理等服务，提高城市居民的生活质量。

（2）个性化服务：物联网可以为人们提供个性化的服务。通过收集和分析大量的数据，物联网可以了解个人的需求和偏好，从而为人们提供定制化的服务。例如，智能健康设备可以监测个人的健康状况，并根据个人需要提供个性化的健康建议和方案。

（3）提高效率和减少资源浪费：物联网的应用可以帮助提高效率，减少资源浪费。例如，智能工厂可以通过物联网连接不同的设备，实现自动化和智能化的生产流程，提高生产效率和降低能源消耗。智慧农业可以通过物联网监测土壤湿度、气温等信息，精确灌溉和施肥，提高农业产量和减少资源浪费。

（4）促进经济发展和创新：物联网的发展将促进经济的增长和创新的产生。各种行业将会因为物联网的引入而产生新的商业模式和机会。例如，智能交通领域的发展将催生出一系列与交通相关的智能设备和服务，推动交通管理和出行方式的变革。同时，物联网的发展也需要各种技术和创新的支持，推动科技前沿的突破和应用的推广。

（5）促进可持续发展：物联网可以在环境保护和可持续发展方面发挥重要作用。通过实时监测和管理能源消耗、减少污染排放，物联网可以帮助实现资源的有效利用和环境的改善。同时，物联网也可以用于提供环保教育和意识的普及，鼓励人们参与到可持续发展的实践中。

2. 云计算

云计算作为一项颠覆性的技术和服务模式，目前处于快速发展的阶段。云计算市场规模逐年扩大，成为IT行业的重要领域。根据市场研究报告，全球云计算市场在2020年达到了3700亿美元，并预计将以年均复合增长率超过15%的速度增长，到2026年将达到1.2万亿美元。云计算技术在各个领域都得到了广泛的应用，以下是几个重要的应用领域：

（1）企业和组织：云计算可以为企业和组织提供灵活的IT基础设施和服务。通过云计算平台，企业可以按需购买计算资源、存储空间和软件服务，提高IT资源的利用效率，降低成本。

（2）科学研究：云计算可以为科学研究提供强大的计算和存储能力。研究人员可以通过云计算平台共享数据和计算资源，加速科学研究的进程，推动科学技术的发展。

（3）社交媒体和娱乐：云计算在社交媒体和娱乐行业发挥着重要作用。用户可以通过云计算平台存储和分享照片、音乐和视频等大量的媒体文件，实现互联网上的社交和娱乐体验。

（4）公共服务：云计算可以提供各种公共服务，如政府信息管理、在线教育、电子医疗、智慧城市等，提高公共服务的效率和质量，促进社会进步。

云计算的发展愿景是提供弹性和灵活性的计算资源，实现跨平台和便利性的访问，促进数据共享和协作，降低成本并提供可扩展性，推动创新和技术进步。随着技术的不断发展和创新的推动，云计算将在各个领域发挥越来越重要的作用，并为用户提供更加便捷和强大的计算服务。

（1）弹性和灵活性：云计算的发展愿景之一是提供弹性和灵活性的计算资源。通过云计算，用户可以根据需求随时调整和扩展计算资源，无须担心硬件和设备的限制。这使得企业能够更好地应对业务的变化和突发需求，提高效率和灵活性。

（2）跨平台和便利性：云计算的另一个发展愿景是实现跨平台和便利性。云计算服务提供商可以通过互联网将服务以软件即服务的形式提供给用户。用户无须关心软件和硬件的安装和配置，只需要通过互联网访问云平台即可使用各种应用和服务。这使得用户能够随时随地访问自己的数据和应用，提高工作效率和便利性。

（3）数据共享和协作：云计算的发展愿景还包括促进数据共享和协作。通过云计算，用户可以将数据存储在云端并进行实时同步，实现多个用户之间的数据共享和协作。这使得团队能够更好地共享信息和合作，提高工作效率和协同性。

（4）低成本和可扩展性：云计算的目标之一是降低成本并提供可扩展性。通过云计算，企业可以避免大规模的硬件和设备投资，将计算资源和服务外包给云服务提供商。这样可以大大降低成本，并根据需求灵活调整计算资源的规模和规模。

（5）创新和技术进步：云计算的发展也推动了创新和技术进步。云计算服务提供商致力于不断创新和提升服务质量，通过引入新的技术和功能来满足用户需求。同时，云计算为企业和开发人员提供了强大而灵活的平台，促进了应用和服务的创新。

（二）需求分析

随着科技的不断进步和物联网技术的快速发展，人们对物联网的需求也越来越高。物联网技术能够提供更智能的家居生活。通过将家中的各种设备连接到物联网，人们可以通过智能手机或其他智能设备控制家居设备的开关、调节温度、监控家庭安全等，实现智能化的居住环境。

物联网技术在工业生产和物流领域也有着重要的应用。通过将工厂中的各种设备和机器连接到物联网，可以实现设备之间的实时监测和数据交互。物联网技术也能够为城市提供更智慧的交通管理。通过在道路上部署传感器和监控设备，可以实时监测交通情况，并通过智能交通信号灯、智能停车系统等设备进行交通管理和指导。物联网技术对于医疗和健康管理也有着重要的作用。通过将医疗设备和患者监测设备连接到物联网，可以实现患者的健康数据实时上传和监测。医生可以通过远程监控，对患者的病情进行及时评估和治疗，提供更精准和便捷的医疗服务。

云计算是一种基于互联网的计算模式，它通过将计算资源（如服务器、存储设备、数据库等）和服务（如软件、平台、基础设施等）提供给用户，实现真正的按需使用和弹性扩展。云计算具有高效、灵活、安全等特点，满足了企业和个人对于计算资源和服务的需求，其中包括：弹性和灵活性需求、成本优化需求、数据存储和共享需求、安全和隐私保护需求、业务扩展和创新需求等。

（三）技术群分析

物联网和云计算技术是当前信息技术领域的两个重要方向，二者的结合能够实现从设备到云端的全生命周期管理和服务，为各行各业的应用提供了更高效、智能、可扩展的解决方案。

物联网技术群主要包括传感器技术、网络技术、嵌入式系统技术和数据管理技术等。其中，传感器技术是物联网的核心，通过传感器可以实时感知和采集到各类环境信息，如温度、湿度、光照强度等，实现智能化和自动化的控制。网络技术是保证设备互相连接和通信的基础，包括无线技术、互联网协议等。嵌入式系统技术是使物联网设备具备计算和通信能力的关键，通过嵌入式系统可以实现对设备的远程控制和管理。数据管理技术是面对海量的物联网数据进行存储、处理和分析的重要手段，包括云计算、大数据和人工智能等。

云计算技术群主要包括虚拟化技术、分布式计算技术、自动化管理技术和资源调度技术等。虚拟化技术是将物理资源抽象为虚拟资源的一种技术，通过虚拟机可以实现资源的共享和隔离。分布式计算技术是将计算任务分割成多个子任务由多个节点并行执行的技术，通过分布式计算可以提高计算性能和可扩展性。自动化管理技术是通过软件和算法实现对云计算资源的自动管理，包括资源的分配、调度、监控和故障处理等。资源调度技术是根据用户需求和系统状态调度资源的一种技术，通过资源调度可以提高资源的利用率和服务的质量。

1. 物联网技术

物联网技术的发展为我们的生活和工作带来了许多便利和机遇。物联网通过联接各类设备和系统，提供了前所未有的数据获取和分析能力，为各行各业带来了巨大的机遇。物联网的技术路线图可以大致分为三个阶段：感知层、网络层和应用层（见图3–3）。

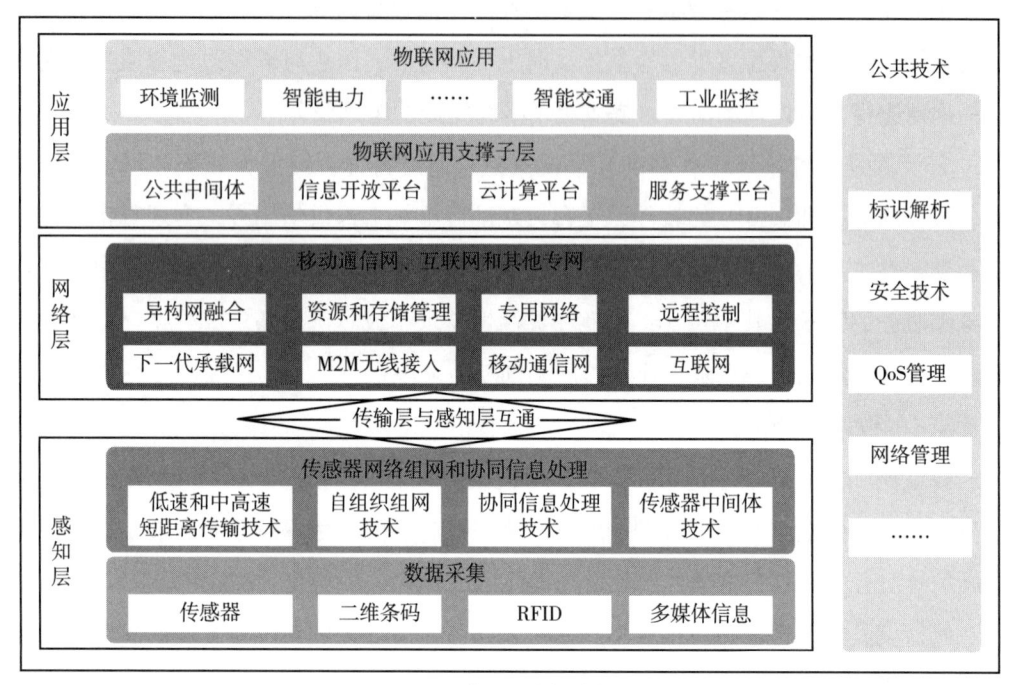

图 3-3 物联网基础架构图

物联网感知层是物联网架构中的一个重要组成部分，用于收集和感知环境中的各种数据。它由各种传感器、节点和设备组成，负责采集环境中的物理信息并将其转化为数字信号。多个传感器节点连接起来，形成一个网络，实现数据的采集、传输和处理。传感器节点可以是各种物体或设备，如温度传感器、湿度传感器、光照传感器等。节点之间通过协作和共享信息，实现对数据的联合处理和分析。感知层的任务是将实时的环境数据从物理世界传输到物联网系统中，为上层应用提供数据支持和决策依据。

感知层的主要任务是通过各种传感器、执行器等设备，对环境进行感知和交互。在感知层，技术发展的重点在于提高设备的灵敏度、精度和可靠性，以及降低设备成本。目前，感知层的技术路线图主要包括以下几个方面：

（1）中速低速短距离传输技术：物联网中有很多设备需要进行中速、低速和短距离的数据传输。这些设备通常使用无线传输技术，如低功耗蓝牙技术、Zigbee、Z-Wave 等，用于实现设备之间的近距离通信和数据传输。

（2）协同信息处理技术：物联网中的设备会产生大量的数据，协同信息处理技术用于对这些数据进行处理和分析。它包括数据的传输、聚合、过滤和分析等，以实现对环境和设备状态的感知和理解。

（3）传感器中间体技术：传感器中间体技术用于对物联网中的传感器进行管理和集成。它提供了对传感器的统一接口和数据访问，并支持灵活的传感器配置和管理，以适应不同的应用场景和需求。

（4）传感器和执行器的研发和优化：传感器和执行器是物联网设备的关键部件，需要不断提高其性能和降低成本。柔性传感器采用柔性材料制造，可以适应各种曲面和形状，实现更广泛的应用。它们可以用于身体监测、可穿戴设备和智能家居等领域。

（5）智能传感器的研发和推广：智能传感器能够实现对环境数据的实时监测和数据处理，是物联网设备的重要组成部分。微纳传感器是一种微小尺寸的传感器，具有高灵敏度和低功耗的特点。它们可以用于医疗监测、环境监测和工业自动化等领域。

网络层负责数据在物联网中的传输和路由，将来自物联网感知层的数据传输到上层应用和服务中。网络层是物联网技术的中间层，主要包括各种通信协议和网络架构，用于将感知层的数据进行传输和处理。在网络层，技术发展的主要目标是提高网络传输速度、降低延迟，以及保障数据的安全性和隐私性。目前，网络层的技术路线图主要包括以下几个方面：

（1）异构网融合：物联网中的设备和传感器使用不同的通信协议和技术，如 Wi-Fi、蓝牙、Zigbee 等。异构网融合技术致力于将这些不同的网络融合在一起，提供统一的接入和通信环境。Wi-Fi 6 是一种新一代的无线局域网技术，提供了更高的数据传输速率、更低的延迟和更好的网络容量。

（2）资源和存储管理：物联网中的设备会产生大量的数据，资源和存储管理技术用于有效地管理和处理这些数据。它包括数据采集、存储、处理和分析等方面的技术。

（3）专用网络：物联网中有一些特定的应用场景需要创建专用的网络，以满足特定的需求。例如，智能家居、工业自动化等领域都需要建立自己的专用网络。

（4）下一代承载网：物联网的规模和连接性要求对网络承载能力提出了更高的要求。下一代承载网技术将提供更高的带宽、更低的延迟和更可靠的连接，以支持物联网设备之间的高效通信。

（5）M2M 无线接入：物联网中的设备之间通常需要无线接入。M2M（机器对机器）无线接入技术包括诸如 NB-IoT、LTE-M 等低功耗宽带无线技术，用于实现设备之间的无线通信。NB-IoT 是一种低功耗广域网（LPWAN）通信技术，专为物联网设备提供长距离、低功耗和广覆盖的连接。它适用于低速、低功耗的物联网应用，如智慧城市、智能农业和智能家居。

（6）移动通信网：物联网中的设备通常需要通过移动网络接入互联网。5G NR 是第五代移动通信技术，具备高速、低延迟和大容量的特点。它为物联网提供了更快速、可靠和安全的连接，适用于高速、大规模的物联网应用，如智能交通、工业自动化和智能医疗。

物联网应用层技术是指在物联网中运行的应用层协议和技术。它是构建物联网的关键，它负责处理设备之间的通信、数据传输和应用层协议的交互。应用层的主要任务是通过各种应用程序和平台，对感知层和网络层的数据进行处理和分析，从而实现对现实世界的智能化控制和管理。

物联网应用层技术是一套用于物联网应用开发的协议、技术和标准，包括通信协议、身份认证和安全、数据处理和存储、云平台和应用开发等。这些技术的目标是实现设备之间的可靠通信和数据传输，以及开发各种物联网应用。技术发展的主要目标是提高数据处理能力、智能化程度和用户体验。应用层是物联网技术体系结构中的顶层，负责物联网应用的开发与运行。它涉及以下几个关键方面：

（1）公共中间体：公共中间体是物联网应用开发的基础设施，用于提供统一的接口和服务。它包括认证、身份管理、数据交换、安全等功能，为应用开发者提供高效的开发环境和资源，降低应用开发的复杂性和成本。

（2）信息开放平台：信息开放平台用于将物联网设备产生的数据进行整合、处理和开放。它提供数据存储、处理和 API 接口等功能，使得应用开发者可以方便地获取和利用物联网设备产生的数据，实现各种创新的应用。

（3）服务支撑平台：服务支撑平台为物联网应用提供各种支撑服务，包括设备管理、数据分析、事件处理等功能。它提供便捷而灵活的服务接口和工具，帮助应用开发者实现设备管理、数据分析和事件处理等功能。

2. 人工智能物联网技术

人工智能物联网（artificial intelligence of things，AIOT）技术是人工智能和物联网的结合，旨在通过将人工智能应用于物联网设备和系统中，实现更智能、自动化和智能化的物联网应用。目前，AIOT 的技术路线图主要包括以下几个方面：

（1）智能感知：AIOT 技术可以通过使用各种传感器和设备，实现对环境、物体和人的智能感知和识别。例如，通过图像识别技术，可以实现智能监控和安防系统。

（2）数据分析和预测：AIOT 技术可以对物联网设备产生的大量数据进行分析和学习，从而提供更准确的预测和决策能力。例如，通过对传感器数据的分析，可以预测设备的故障和维护需求。

（3）自主决策和控制：AIOT 技术可以使物联网设备具备自主决策和控制能力，减少对人的干预。例如，智能家居系统可以根据用户的习惯和需求，自动调节温度、照明和安全系统。

（4）人机交互：AIOT 技术可以改善人与物联网设备之间的交互方式，使其更加智能和自然。例如，语音识别和自然语言处理技术可以实现与智能助理设备的语音交互。

（5）安全和隐私保护：AIOT 技术可以提供物联网设备之间的安全和隐私保护。例如，使用区块链技术可以确保数据的完整性和安全性。

AIOT 技术的发展和应用，将进一步推动物联网的智能化和自动化，为人们的生活和工作带来更多便利和效益。它在智能家居、智慧城市、工业自动化、智能交通等领域具有广泛的应用前景。

3. 边缘计算技术

边缘计算技术将计算和数据处理能力推向离用户和设备更近的边缘，减少了数据传输的延迟和带宽需求。边缘计算可以提供更快速的响应和更高效的数据处理，适用于物联网、自动驾驶等场景。边缘计算是一种将计算和数据处理能力推向离用户和设备更近的边缘的计算模式。它的目标是减少数据传输的延迟和带宽需求，提供更快速的响应和更高效的数据处理。

边缘计算可以将人工智能算法和模型部署到边缘设备上，实现在本地进行智能决策和处理。这可以提高响应速度和隐私保护，同时减少对云端的计算资源需求。边缘智能设备是指具备人工智能算法和模型的边缘设备。这些设备可以在本地进行智能决策和处理，减少对云端的依赖，提供更快速和隐私保护的智能。可编程阵列逻辑（field-programmable gate array，FPGA）是一种可编程逻辑器件，可以根据需要重新配置其内部电路。FPGA 在边缘计算中被广泛应用，可以实现高度定制化的计算和加速任务。专用集成电路（application-specific integrated circuit，ASIC）是一种专用集成电路，针对特定的应用进行设计和制造。在边缘计算中，ASIC 可以提供高性能和低功耗的计算能力。

总体而言，边缘计算技术通过将计算和数据处理能力推向离用户和设备更近的边缘，提供了更快速、高效和安全的计算和数据处理能力。它在物联网、自动驾驶、工业自动化等领域具有广泛的应用前景。

4. 云计算虚拟化技术

云计算技术是一种通过互联网提供计算资源和服务的模式。它基于虚拟化技术和分布式系统，以灵活、按需的方式向用户提供计算能力、存储空间、网络带宽和各种服务。云计算是一种基于互联网的新型计算模式，它将计算资源、存储资源和应用程序等服务通过互联网提供给用户，使得用户能够按需获取和使用这些资源，而无须在本地安装和配置大量的硬件和软件。云计算技术的发展迅速，已经成为企业和组织中的重要技术（见图 3-4）。

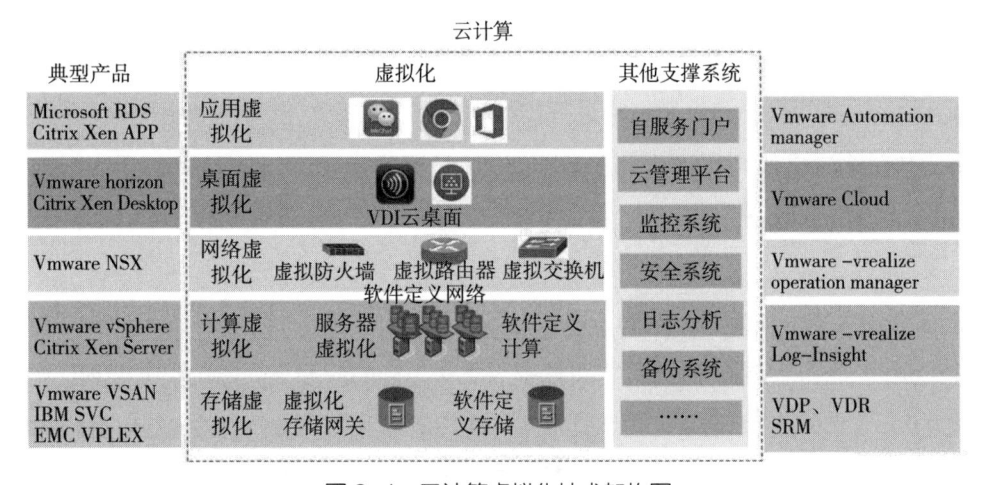

图 3-4　云计算虚拟化技术架构图

虚拟化技术是云计算的基础。它通过在物理服务器上创建多个虚拟机，使得多个应用或用户可以共享同一组硬件资源。虚拟化技术包括应用虚拟化、桌面虚拟化、网络虚拟化、计算虚拟化和存储虚拟化等。云计算虚拟化技术是云计算的核心技术之一，它通过将物理硬件资源划分为多个虚拟资源，实现资源的共享和利用率的提高。以下是云计算虚拟化技术的几个重要方面：

云计算应用虚拟化是指将应用程序和其依赖的运行环境进行虚拟化，以实现应用程序的快速部署、弹性扩展和资源隔离的技术。它是云计算的核心技术之一，可以提供灵活的应用部署和管理方式。

在云计算应用虚拟化中，应用程序和其依赖的运行环境被打包成一个独立的虚拟容器。这个容器包含了应用程序的所有组件和配置信息，可以在不同的计算节点上进行部署和运行。通过虚拟化技术，应用程序可以与底层的物理硬件和操作系统解耦，实现跨平台和跨环境的部署。

云计算应用虚拟化的主要优势在于应用程序的虚拟容器可以在几分钟内进行部署和启动，大大缩短了应用程序的上线时间。同时，通过自动化的方式，可以根据需求动态扩展应用程序的容量，提高系统的弹性和可伸缩性。主要优势包括：快速部署和扩展、资源隔离和安全性、灵活的环境迁移。

桌面虚拟化技术是一种将桌面操作系统和应用程序进行虚拟化，以实现用户桌面环境的隔离和集中管理的技术。它可以将用户的桌面环境（包括操作系统、应用程序和数据）从物理设备中解耦，使用户可以在任何设备上访问自己的桌面。桌面虚拟化技术的主要目标是提供更灵活、安全和可管理的桌面环境。它的优势体现在隔离和安全性、灵活的访问、集中管理等。

网络虚拟化是将物理网络资源划分为多个虚拟网络的技术。它允许多个虚拟网络共享同一组物理网络设备，并提供虚拟网络之间的隔离和安全性。网络虚拟化可以通过软件定义网络技术实现，通过集中管理软件控制网络流量和配置。

计算虚拟化技术是一种将物理计算资源（如服务器、存储和网络）进行抽象和隔离，以创建虚拟的计算环境的技术。计算虚拟化技术的主要目标是提高计算资源的利用率、灵活性和可靠性。它可以将多个虚拟机运行在同一台物理服务器上，从而实现资源的共享和动态分配。这样可以避免物理服务器的浪费和资源闲置，提高整体的计算效率。计算虚拟化技术还可以提供隔离和安全性。每个虚拟机都被隔离在自己的虚拟环境中，互不干扰。这样可以防止一个虚拟机的故障或安全漏洞对其他虚拟机造成影响。同时，计算虚拟化技术还可以提供快速备份、恢复和迁移等功能，增强了系统的可靠性和灵活性。

存储虚拟化是将物理存储资源抽象为虚拟存储资源的技术。它允许将多个物理存储设备组合成一个逻辑存储池，并为用户提供统一的存储空间。存储虚拟化可以提供数据的高可靠性和可扩展性，以及对数据的备份和恢复。

5. 分布式系统技术

云计算基于分布式系统的思想，将计算资源分散在多个服务器上，提供高可用性和可伸缩性。分布式系统设计和管理资源的方式对云计算的性能和效率至关重要。常见的分布式系统技术包括负载均衡、容错和故障恢复机制。云计算分布式系统技术是指利用云计算环境进行分布式计算的技术，该技术将大规模的计算任务分解为多个子任务并在多台计算机上并行执行，以实现高效、可靠和可扩展的计算。

云计算分布式系统还涉及许多其他领域的技术，如分布式算法、消息传递机制、并行计算等。这些技术共同构成了云计算分布式系统的基础，为实现高效、可靠和可扩展的云计算服务提供了支持。分布式系统技术在云计算、大数据处理、物联网等领域得到广泛应用，可以提供高可用性、高性能和高扩展性的计算和存储能力。

6. 大数据技术

云计算架构提供了大规模数据存储和处理的能力。大数据技术包括分布式文件系统（如 Hadoop 分布式文件系统）、批处理框架（如 MapReduce）和流处理框架（如 Apache Storm）。这些技术可用于处理和分析大规模数据集，以提供更好的决策支持和业务洞察。云计算大数据技术是指将云计算和大数据技术相结合，以处理和分析大规模的数据集。云计算提供了强大的计算和存储能力，而大数据技术则提供了处理和分析大数据的工具和方法。以下是一些常见的云计算大数据技术：

（1）分布式存储系统：云计算大数据技术通常使用分布式存储系统，如 Apache Hadoop 的 Hadoop 分布式文件系统（hadoop distributed file system，HDFS）或 Amazon S3。这些系统将大数据集分为多个块，并在多个计算节点之间分布存储，以实现高可用性和可扩展性。

（2）分布式计算框架：云计算大数据技术使用分布式计算框架来处理和分析大数据集，如 Apache Hadoop 的 MapReduce、Apache Spark、Apache Flink 和 Google 的 BigQuery 等。这些框架使用并行计算的方式，将数据集分成小块，在多个计算节点上进行处理，并将结果进行汇总。

（3）数据处理和分析工具：云计算大数据技术使用各种数据处理和分析工具来处理和分析大规模数据集，如 Apache Hive、Apache Pig、Spark SQL 等。这些工具提供了 SQL-like 查询语言或编程模型，以便对大数据集进行复杂的查询、分析和转换操作。

（4）数据流处理：随着数据量增长和实时性要求的提高，数据流处理技术成为云计算大数据技术的重要组成部分。例如，Apache Kafka 和 Apache Flink 等工具可以处理流式数据，实时地对数据进行计算和分析。

（5）可视化和报告工具：云计算大数据技术使用可视化和报告工具，如 Tableau、Power BI 和 Google Data Studio 等，以可视化方式呈现和报告大数据分析结果。这些工具提供丰富的图表和仪表板，帮助用户更好地理解和解释大数据分析结果。

云计算大数据技术提供了处理和分析大规模数据集的高效和可扩展的解决方案。它们在许多领域，如商业智能、数据挖掘、机器学习和人工智能等方面，都发挥着重要作用，并对业务决策和创新产生着重要影响。

7. 多云管理技术

多云管理技术是指帮助企业管理和监控多个云平台上的资源和服务的技术。随着云计算的普及，许多企业选择在不同的云平台上部署和运行他们的应用程序和服务。然而，管理和监控多个云平台上的资源和服务可能会变得复杂和困难。多云管理技术提供了一种集中管理和监控多个云平台的解决方案，使企业能够更好地管理和利用云计算资源。以下是一些常见的多云管理关键技术：

（1）多云管理平台：多云管理平台是一个集中管理和监控多个云平台的工具。它提供了一个统一的界面，让管理员可以在一个地方管理和监控多个云平台上的资源和服务。多云管理平台可以帮助企业实现跨云平台的资源调度和数据流动。

（2）云管理工具：云管理工具是一类软件工具，用于管理和监控云平台上的资源和服务。这些工具可以帮助企业自动化管理和监控云平台上的资源，提高运维效率和可靠性。一些常见的云管理工具包括 OpenStack、VMware vRealize 等。

（3）云管理 API：云管理 API 是一组接口，用于管理和监控云平台上的资源和服务。通过使用云管理 API，企业可以编写自己的管理工具或集成现有的管理工具，以实现对多个云平台的统一管理和监控。

（4）云管理策略：云管理策略是一组规则和流程，用于管理和监控云平台上的资源和服务。通过制定和执行云管理策略，企业可以更好地管理和利用云计算资源，提高资源利用率和降低成本。

8. 云计算开发平台

云计算开发平台为开发者提供了丰富的工具和资源，用于构建、部署和管理云应用程序。云计算开发平台是基于云计算技术构建的一套开发环境和工具集，旨在支持开发人员在云上进行应用程序的开发、测试和部署。

（1）亚马逊 AWS（Amazon Web Services）：AWS 是目前全球最大的云计算平台之一，提供了广泛的云服务，包括计算、存储、数据库、人工智能、机器学习等。AWS 提供了丰富的开发工具和 SDK，如 AWS SDK、AWS CLI 等，以便开发人员在 AWS 上构建和部署应用程序。

（2）微软 Azure：Azure 是微软的云计算平台，提供了类似于 AWS 的各种云服务。

Azure 支持多种编程语言和开发工具，如 Visual Studio、Azure CLI、Azure SDK 等，使开发人员能够轻松地在 Azure 上构建和部署应用程序。

（3）谷歌 Google Cloud Platform（GCP）：GCP 是谷歌的云计算平台，提供了计算、存储、数据库、人工智能等各种云服务。GCP 支持多种编程语言和开发工具，如 Google Cloud SDK、Google Cloud Client Libraries 等，以便开发人员在 GCP 上进行应用程序开发。

（4）IBM Cloud：IBM Cloud 是 IBM 的云计算平台，提供了各种云服务，包括计算、存储、数据库、人工智能等。IBM Cloud 支持多种编程语言和开发工具，如 IBM Cloud CLI、IBM Cloud SDK 等，以便开发人员在 IBM Cloud 上构建和部署应用程序。

（5）阿里云（Alibaba Cloud）：阿里云是阿里巴巴集团的云计算平台，提供了各种云服务，包括计算、存储、数据库、人工智能等。阿里云支持多种编程语言和开发工具，如阿里云 CLI、阿里云 SDK 等，以便开发人员在阿里云上进行应用程序开发。

这些云计算开发平台提供了丰富的云服务和开发工具，使开发人员能够轻松地构建、部署和管理云应用程序。开发人员可以根据自己的需求和偏好选择适合自己的云计算开发平台。云计算开发平台的目标是提供一个灵活、高效和可扩展的开发环境，帮助开发人员快速构建和部署应用程序，并充分利用云计算的优势。在选择云计算开发平台时，需要考虑平台的功能特性、可用性、性能和安全性等因素，以及与自身应用程序需求的匹配程度。

物联网技术群和云计算技术群之间存在密切的关联和依赖。物联网技术群提供了丰富的设备和数据资源，而云计算技术群则提供了弹性、高效的计算和存储能力，为物联网提供了基础设施和平台支撑。物联网和云计算的结合使得物联网应用的开发、部署和管理更加便捷和高效，能够满足不同规模和复杂度的应用场景需求。在未来的发展中，物联网技术和云计算技术将继续深入融合，共同推动各行各业的智能化和数字化转型。

（四）技术群实现可能性和制约因素

1. 物联网

物联网技术是指通过互联网连接和交互的智能设备和物体之间的网络。它可以让物体具备感知、交互和自动化的能力，实现物体之间的互联互通。物联网技术在各个领域都具有广阔的应用前景，包括智能家居、智慧城市、工业控制等。

物联网技术的实现有一定的可能性，其主要原因包括以下几点：

（1）随着网络技术和传感器技术的快速发展，物联网技术的实现变得更加容易和可行。如今，越来越多的设备和物体都配备了传感器和网络连接功能，可以感知和收集各种数据，并通过互联网进行传输和处理。

（2）云计算和大数据技术的成熟也为物联网技术的实现提供了有力的支持。云计算可以提供强大的计算和存储能力，将传感器收集到的大量数据进行分析和处理。而大数据技术可以从庞大的数据中提取有价值的信息和洞察，帮助用户做出更准确的决策。

（3）物联网技术在多个领域的应用已经取得了显著的成果。例如，智能家居领域的智能电器、安防系统等已经开始普及和应用；智慧城市领域的交通管理、环境监测等也取得了一定的进展。这些成功案例为物联网技术的推广和实施积累了经验，并树立了信心。

物联网技术的实现还存在一些制约因素，包括以下几点：

（1）安全问题是物联网技术实现的一大挑战。由于物联网涉及大量的设备和数据流动，网络安全问题尤为突出。黑客攻击、数据泄露等安全事件对用户的隐私和财产安全构成潜在威胁。因此，在物联网技术的实现中，安全性应作为重要的考虑因素，并加强相关的技术和管理措施。

（2）标准和互操作性也是物联网技术实现的制约因素之一。由于不同厂商和设备采用的通信协议和数据格式存在差异，造成了设备之间的互通性问题。为了实现物联网的真正价值，需要制定统一的标准和规范，促进不同设备之间的互操作性。

（3）能源和带宽限制也限制了物联网技术的实施。大量的设备连接和数据传输需要消耗大量的能源和带宽资源，而目前的能源和带宽技术还无法满足物联网技术的需求。因此，研究和开发高效的能源管理和带宽利用技术，以满足物联网技术的实际需求，是迫切需要解决的问题之一。

综上所述，物联网技术的实现具有一定的可能性，但也面临一些制约因素。尽管存在一些挑战，但随着技术的进一步发展和创新，相信物联网技术的实施会越来越成熟，为社会带来更多的便利和效益。

2. 云计算

云计算技术是一种基于网络的信息技术模式，通过网络将计算和存储资源交付给用户。它提供了一种灵活、可扩展和经济高效的方式来管理和提供计算资源。云计算技术的实现具有广泛的可能性，但也存在一些制约因素：

（1）云计算技术可以在各个行业中实现。无论是大企业还是个人用户，都可以通过云计算技术来获得更高效的计算资源。对于大企业来说，云计算可以帮助他们快速扩展计算资源，提高业务效率。对于个人用户来说，云计算可以提供便捷的云存储和在线应用，满足个人需求。

（2）云计算技术可以帮助提高资源利用率。传统的计算模式中，往往需要为每个用户或应用程序提供独立的硬件和软件，而这种模式下很容易造成资源的浪费。而云计算技术通过虚拟化和资源共享，可以让不同用户或应用程序共享同一个硬件和软件资源池，提高资源利用效率。

（3）云计算技术可以提供弹性的计算资源。在传统的计算模式中，如果用户需要临时增加计算资源，那么就需要购买额外的硬件和软件，这既费时又费钱。而云计算技术可以根据用户需求实时分配和回收计算资源，为用户提供灵活的资源管理，从而降低成本并提高效率。

云计算技术的实现也存在一些制约因素：

（1）安全性问题。由于云计算技术将计算和存储资源交付到网络上，用户的数据可能会受到安全威胁。云计算服务提供商需要制定合理的安全策略，确保用户数据的安全和隐私。

（2）网络稳定性问题。云计算技术依赖于网络进行资源交付，如果网络不稳定或者网络延迟较高，可能会影响用户体验和业务运行。因此，云计算服务提供商需要部署高可靠的网络架构，确保资源交付的可靠性和实时性。

（3）成本问题。尽管云计算技术可以提高资源利用率和降低成本，但对于一些中小企业或个人用户来说，云计算服务费用可能依然较高。此外，云计算技术的实施和运维成本也不容忽视。因此，在使用云计算技术时，需要进行综合考量和评估，确保经济效益的实现。

综上所述，云计算技术的实现在各个行业中具有广泛的可能性，并且可以帮助提高资源利用率和提供弹性的计算资源。然而，在实现云计算技术时，需要注意解决安全性、网络稳定性和成本等制约因素，以确保技术的有效实施和运营。

（五）物联网与云计算技术的发展与展望

物联网和云计算技术是当今信息技术领域发展最快、应用最广泛的两个领域。它们的结合使得各个领域的应用更加智能化、高效化，并为社会带来了诸多便利和创新。在未来的发展中，物联网和云计算技术将继续发挥重要作用。

物联网技术的发展将更加智能化。随着传感器、芯片、通信技术等的不断进步，物联网设备将变得更加智能化和小型化，能够实现对环境、设备和用户的更全面感知。通过物联网技术，不仅能够实现设备之间的互联互通，还可以通过分析大数据和人工智能技术，实现智能决策和自动化控制。未来，物联网技术将进一步融入生活的各个方面，如智能家居、智能交通、智慧医疗等，为人们提供更智能、便捷的服务。

云计算技术的发展将更加有弹性和可扩展。云计算技术通过资源的共享和虚拟化，使用户能够根据需求灵活地调整计算和存储资源，提高资源的利用效率和成本效益。随着云计算技术的不断发展，云服务商将进一步提供更多丰富的计算和存储服务，如 FaaS（functions-as-a-service）和容器化技术，使用户可以更方便地进行应用开发、部署和维护。未来，云计算技术还将与边缘计算相结合，实现更快速、低时延的计算和存储服务，为各行各业的应用提供支持。

物联网和云计算技术在安全和隐私保护方面也将得到更加重视和加强。由于物联网和云计算涉及大量的设备、传感器和用户数据，安全和隐私问题成了发展中需要重点关注的问题。未来，将加强对物联网设备和网络的安全防护，提高用户数据的隐私保护能力，制定更完善的法律和技术手段来规范物联网和云计算服务的安全和隐私保护。

物联网和云计算技术的发展也将促进人工智能和大数据技术的发展。物联网和云计算技术所产生的海量数据为人工智能和大数据分析提供了丰富的资源，进一步推动了人工智能和大数据领域的发展。未来，随着物联网和云计算技术的不断演进和创新，人工智能和大数据技术将更加普及和应用，为社会创造更多的价值和机遇。

总的来说，物联网和云计算技术的发展方向是更智能化、弹性化和安全化。未来，我们可以期待物联网和云计算技术在各个领域的广泛应用，为人们的生活、工作和社会发展带来更多的便利和进步。然而，随着技术的不断发展，我们也需要关注与物联网和云计算相关的伦理和法律等问题，确保这些技术的合理、安全和可持续发展。

（六）物联网与云计算在元宇宙产业中的应用和发展

物联网和云计算技术在元宇宙产业的应用和发展是一个充满活力的领域，正在重塑我们对于虚拟世界的认识和互动方式。物联网技术在元宇宙产业中扮演着关键角色。通过将现实世界的物理设备和对象连接到虚拟世界，物联网技术为元宇宙带来了新的维度。这些连接不仅包括基本的数据收集和传输，还涉及到更复杂的互动和控制功能。例如，微软的混合现实平台 HoloLens 就是一个将物联网技术与元宇宙结合的案例。通过 HoloLens，用户可以在现实世界中看到和互动的虚拟对象，这些对象可以与物理世界中的设备进行实时互动，从而提供了一种全新的沉浸式体验。云计算技术在这一过程中发挥着至关重要的作用。它为物联网设备提供了强大的数据处理和存储能力，使得元宇宙中的复杂运算和大规模数据管理成为可能。例如，亚马逊的 AWS 提供了庞大的云计算资源，支持元宇宙平台的运行，包括数据存储、处理和分析。通过这些云服务，元宇宙平台能够管理来自成千上万个物联网设备的数据，实现高效的运算和即时更新。物联网与云计算的结合还为元宇宙带来了智能化的可能。借助于先进的数据分析和人工智能算法，元宇宙平台可以对收集到的大量数据进行深入分析，实现更加个性化和智能化的服务。例如，在智能家居领域，通过物联网设备收集的数据可以被上传到云平台进行分析，然后这些数据可以用于在元宇宙中创建更加个性化和可互动的虚拟环境。

安全性也是物联网与云计算在元宇宙产业中发挥重要作用的一个方面。随着越来越多的设备连接到元宇宙，数据安全和隐私保护变得尤为重要。云计算平台可以提供安全协议和加密技术，确保数据传输的安全和用户隐私的保护。同时，物联网设备的安全管理也是一个挑战，需要有效的策略来防止未经授权的访问和数据泄露。

未来，物联网和云计算在元宇宙中的应用将变得更加深入和广泛。随着技术的发展，我们可以预期更多创新的应用出现，如更智能的虚拟助手、更加精准的数据分析和预测，以及更加无缝的现实与虚拟世界的整合。例如，物联网设备可以在未来用于实时捕捉用户的生理和环境数据，这些数据经过云计算平台的分析，可以用于创建更加个性化和适应性强的元宇宙体验。物联网与云计算技术在元宇宙产业中的应用和发展正推动这一领域迈向更加智能化、互动化和个性化的未来。从提升用户体验到创造丰富多彩的内容，从深入的数据分析到保障安全稳定的环境，这些技术的每一步发展都在不断塑造元宇宙的未来。随着技术的不断进化，物联网和云计算将在元宇宙中扮演越来越重要的角色，为用户提供更加丰富和深刻的虚拟体验。

三、虚拟现实及游戏技术路线图分析

在元宇宙的浪潮中，虚拟现实和游戏扮演着关键角色，它们将为元宇宙的发展提供坚实的技术和娱乐基础。

（一）发展现状及愿景

1. 虚拟现实与游戏技术的兴起

虚拟现实通过创建数字化的三维环境，使用户能够身临其境地感受这个虚拟世界。这一技术的主要组成部分包括虚拟现实头显、控制器、传感器和计算机系统。用户将头显戴在头上，进入虚拟环境后可以通过控制器进行互动，这种互动可以模拟现实世界中的动作，例如行走、抓取物体等。虚拟现实技术的兴起可以归因于多个因素。首先，技术的进步使虚拟现实头显变得更加轻便、舒适和易于使用。高分辨率的显示屏和更快的刷新率增加了虚拟世界的逼真感，减少了眩晕感。此外，虚拟现实内容的丰富多样化也推动了用户对这一技术的兴趣。虚拟现实不再局限于游戏，还包括教育、培训、医疗治疗和社交交互等各种应用领域。

虚拟现实游戏是虚拟现实技术中的一个重要应用领域，也是引发市场需求增长的主要驱动因素之一。虚拟现实游戏为玩家提供了前所未有的互动性和沉浸感，使他们能够完全融入游戏世界中。玩家可以亲自体验游戏中的冒险，感受到真实的存在感，这是传统游戏无法提供的体验。虚拟现实游戏的魅力在于其多样性。玩家可以探索神秘的幻想世界，与虚拟角色互动，解锁谜题，或者参与激烈的多人在线竞技游戏。这些游戏的类型和主题各不相同，满足了各种不同玩家的需求。从奇幻冒险到科幻射击，虚拟现实游戏提供了无限的可能性。虚拟现实游戏的崛起也激发了开发者的创新热情。他们不断探索虚拟现实技术的潜力，设计更加引人入胜的游戏体验。虚拟现实游戏通常具有引人入胜的故事情节、精美的图形和逼真的声音效果，这些因素共同营造出引人入胜的虚拟世界。玩家可以亲自体验游戏中的冒险，感受到真实的存在感，这是传统游戏无法提供的体验。

元宇宙是一个虚拟的数字生态系统，它将虚拟现实、增强现实、游戏和社交互动融为一体，提供了一个无限广阔的数字化领域。在这个元宇宙中，人们将能够以前所未有的方式与数字环境互动，探索虚拟世界，建立虚拟社区，进行数字创作，融入虚拟经济，接触虚拟教育，以及体验娱乐和虚拟冒险。虚拟现实和游戏技术将成为元宇宙的基石，塑造其未来发展的愿景。

2. 无限创造与数字艺术

虚拟现实技术将在元宇宙中提供令人难以置信的创作和艺术机会。艺术家和创作者将能够在三维虚拟环境中发挥他们的创造力，创建想象力丰富的虚拟世界和作品。他们将能够雕刻数字雕塑、设计虚拟建筑、绘制沉浸式绘画，以及编写虚拟小说。这些数字艺术品将成为元宇宙中的文化遗产，能够永久保留和分享。通过虚拟现实技术，我们能够站在数字化的希腊神庙中，参观亚马逊雨林，或在迷人的虚拟音乐会上感受音乐的魔力。这种数字创作的发展也将激发新兴行业的需求。虚拟现实制作工具和平台的需求将不断增长，以支持创作者的创意。从虚拟雕塑和绘画工具到虚拟现实编辑软件，这些工具将继续演化，以更好地满足创作者的需求。此外，虚拟现实与游戏开发之间的界限将变得模糊，创造出更多深度的数字艺术体验。

3. 沉浸式虚拟社交互动

虚拟社交互动将是元宇宙的核心。虚拟现实技术将允许人们在数字世界中建立深刻的社交联系，无论他们身在何处。从虚拟家庭聚会到国际虚拟会议，虚拟现实将使人们能够以前所未有的方式互动。在元宇宙中，社交虚拟现实将成为一种日常生活方式。人们将能够创建自己的虚拟身份，与朋友和家人互动，共同参加虚拟活动。这不仅将改变社交互动的方式，还将开辟全新的商机。虚拟现实社交媒体平台、虚拟婚礼策划、虚拟旅行社、虚拟会议主持人和虚拟社交心理医生等服务将迅速崭露头角。虚拟现实也将为远程工作带来变革。人们可以在虚拟办公室中与同事协作，沉浸在与实际工作空间相似的虚拟环境中。这将提高工作效率、降低成本，同时减少对实际出行的依赖。

4. 数字化的虚拟经济

随着元宇宙的兴起，虚拟经济也将迅速扩展。虚拟货币、虚拟商品和虚拟房地产将成为经济的主要组成部分。虚拟世界中的数字资产和虚拟物品将具有真实价值，人们将能够在其中投资、交易和赚取收益。虚拟现实技术将创造出虚拟购物、虚拟投资和虚拟旅游等新兴市场。虚拟商店将为用户提供沉浸式的购物体验，让他们能够亲自试穿虚拟服装或查看虚拟家居。虚拟现实也将为虚拟投资者提供新的机会，他们可以在虚拟经济中购买虚拟房地产、数字艺术品和虚拟股票。虚拟旅游将使人们能够探索虚拟世界的不同地点，而无须亲临现场。这些经济机会将产生对虚拟货币、区块链技术和数字安全的更多需求。虚拟经济的繁荣将带动虚拟支付系统、虚拟银行和数字资产管理的发展。安全性和隐私保护也将成为至关重要的问题，因为人们将在虚拟世界中进行金融交易和分享个人信息。

5. 虚拟教育的变革

教育也将受到虚拟现实技术的深刻影响。虚拟教室将为学生提供沉浸式的学习体验，使他们能够亲身体验历史事件、探索科学现象和参与虚拟实验。教师将能够创造虚拟教育内容，将课堂带入虚拟世界，以激发学生的兴趣和好奇心。虚拟现实还将为远程教育提供更多机会。学生可以通过虚拟教室与来自世界各地的老师和同学互动，无论他们身在何处。这将有助于提供高质量的教育，同时减轻教育不平等问题。

6. 娱乐与虚拟冒险

元宇宙将提供丰富多彩的娱乐和虚拟冒险机会。虚拟现实游戏将成为元宇宙中的主要娱乐形式。人们将能够沉浸在架空的世界中，与其他玩家一起探索、战斗和合作。这将推动游戏技术的不断发展，创造出更逼真的虚拟环境。虚拟冒险也将成为元宇宙的一部分。人们将能够在虚拟现实中进行模拟探险，从探险寻宝到科幻空间旅行，无所不包。这将为冒险旅游、主题公园和虚拟游轮等领域带来新的商机。

虚拟现实和游戏技术正在为元宇宙的未来创造出激动人心的愿景。这个数字生态系统将重塑我们的社交、文化、经济和教育体验，创造出无限可能性。随着技术不断发展，虚拟现实和游戏技术将继续推动元宇宙产业的增长，将我们带入一个数字化的未来，充满创新和探索。我们迫不及待地期待看到这个元宇宙愿景的实现，以及它将如何改变我们的生活方式和未来。

（二）需求分析

1. 市场需求分析

随着科技的不断进步，虚拟现实和游戏技术已经成为中国市场中备受关注的领域之一。元宇宙，作为虚拟现实和游戏技术的进一步演进，正逐渐引领着未来的趋势。虚拟现实和增强现实技术已经在中国市场崭露头角。虚拟现实技术通过模拟虚拟环境，将用户带入一个全新的世界，让他们感受到身临其境的体验。在游戏行业中，VR 已经成为一种重要的游戏模式，吸引了大量的玩家。此外，虚拟现实也在培训、医疗和教育等领域得到广泛应用。与此同时，增强现实技术通过将数字信息叠加到现实世界中，提供了更多的交互和信息呈现方式。这两种技术的市场需求一直在增长，元宇宙的出现将进一步推动这一趋势。元宇宙是一个融合虚拟和现实世界的数字空间，它不仅扩展了虚拟现实和增强现实的应用领域，还将人们带入一个无限可能性的世界中。在元宇宙中，用户可以与其他用户互动，创造新的内容，进行商业交易，甚至是参与虚拟的社交活动。这一概念已经引发了广泛的兴趣，特别是在游戏行业和社交媒体领域。

（1）娱乐和虚拟旅游

虚拟现实技术在娱乐领域的需求正在迅速增加，尤其在中国。虚拟现实游戏、虚拟主题公园和虚拟旅游体验已经成为受欢迎的娱乐方式，而中国的游戏市场是全球最大之一，虚拟现实游戏市场也在快速增长。这一趋势的崛起反映出人们对于更加沉浸式和多样化娱乐体验的渴望，同时也突显了虚拟现实技术的潜力和吸引力。

  虚拟现实游戏的特点在于其沉浸性和互动性。玩家可以穿戴虚拟现实头盔和手柄，完全沉浸在游戏世界中。他们可以在虚拟环境中探索未知的世界，与虚拟角色互动，完成任务，解锁成就，或者与其他玩家进行多人游戏。虚拟主题公园结合了虚拟现实技术和实际场地，为游客提供了沉浸式的娱乐体验。此外，虚拟现实技术还为文化体验提供了新的机会。人们可以通过虚拟现实技术参与不同文化的传统庆典、仪式和活动，了解世界各地的文化多样性。这种体验有助于促进文化交流和相互理解，为建立更加和谐的国际社会提供了平台。

  （2）教育和培训

  虚拟现实在中国教育领域的应用多种多样，其中一个重要的应用领域是虚拟实验室。传统的实验室教学可能受到设备限制、安全风险等因素的制约，而虚拟实验室可以为学生提供更安全、便捷且互动性更强的实验体验。通过虚拟现实技术，学生可以进行各种实验，无须真正操作昂贵的设备或担心可能的危险。这种教育方式有助于学生更好地理解科学原理，并培养实验技能，为未来的科研和职业奠定坚实的基础。除了实验室教学，虚拟现实还为历史考察和文化体验提供了新的机会。学生可以通过虚拟现实技术穿越时空，参观古代文明的遗迹，了解历史事件的发生过程。这种沉浸式的历史教育能够激发学生的兴趣，使他们更深入地了解自己的文化和世界历史。

  在教育和培训领域，虚拟现实技术的另一个显著应用是提供更好的远程教育体验。远程教育已成为一种重要的教育方式。传统的远程教育可能存在互动性不足、学习效果难以保证的问题，但虚拟现实技术改变了这一局面。远程学生可以通过虚拟现实技术沉浸在虚拟教室中，与老师和同学实时互动。他们可以与老师进行实时讨论，提问问题，参与小组讨论，甚至一起完成虚拟实验。这种互动性的提高不仅提高了教育的质量，也有助于培养学生的合作和交流能力。此外，虚拟现实技术还可以弥补资源不足的问题。一些偏远地区的学校可能缺乏优质教育资源，但通过虚拟现实技术，学生可以访问来自全国各地的优秀老师和丰富的教育内容。

  （3）医疗保健

  虚拟手术模拟、康复治疗、心理治疗和疼痛管理等领域都可以受益于虚拟现实技术的应用，为医疗保健领域带来了革命性的改变。虚拟手术模拟是虚拟现实技术在医疗保健领域的一个重要应用领域。这一技术允许医生在虚拟环境中进行手术模拟和训练，以提高他们的手术技能。虚拟手术模拟能够减少患者手术风险，提高手术的成功率，同时也可以帮助医生熟悉不同的手术程序和设备操作。康复治疗通常用于康复中的患者，例如中风患者、运动损伤康复者或肢体残疾患者。虚拟现实技术为康复治疗提供了更有趣和有效的工具。患者可以通过虚拟现实头盔和手柄参与康复训练，进行各种活动，例如平衡训练、运动康复或肌肉协调练习。虚拟现实心理治疗可以用于治疗各种精神健康问题，如焦虑、抑郁、创伤后应激障碍等。患者可以在虚拟环境中与虚拟治疗师互动，进行治疗会话和练习。这种虚拟治疗提供了一个安全的环境，让患者能够面对他们的情感和恐惧，同时也帮助他们学会应对各种挑战。虚拟现实疼痛管理可以用于减轻慢性疼痛患者的疼痛，减少对药物的依赖。患者可以在虚拟现实世界中参与各种愉快的活动，分散他们的注意力，从而减轻疼痛感知。这种疼痛管理方法不仅有助于提高患者的生活质量，还可以减少药物滥用和药物相关问题。

　　虚拟现实技术也为老年人的认知康复和娱乐提供了新的机会。老年人通常面临认知功能下降的风险，虚拟现实认知康复可以通过各种认知锻炼和大脑训练游戏来帮助老年人维持大脑健康。这种虚拟现实康复方法可以在老年人中促进认知能力的保持和提高，改善他们的生活质量。

　　（4）虚拟社交互动

　　虚拟社交互动日益重要，尤其在当前的数字时代，随着数亿的互联网用户渴望通过虚拟现实技术与家人、朋友和同事建立更紧密的联系。这一趋势不仅是虚拟现实技术的兴起，还反映了社交互动的重要性，以及技术如何改变人们的社交习惯和方式。在这个信息互联网时代，虚拟现实技术成为连接人们的新媒介，提供了身临其境的社交体验，为人们创造了全新的社交机会。虚拟现实技术可以提供身临其境的社交体验，让人们仿佛置身于虚拟世界中，与远在千里之外的亲朋好友互动，就像面对面交流一样。这一全新的社交方式已经在中国市场崭露头角，成为人们生活的一部分。

　　虚拟社交互动的重要性不仅在于让人们更紧密地联系在一起，还在于它的多样性和灵活性。在虚拟现实社交中，人们可以进行各种不同类型的互动，包括虚拟聚会、虚拟婚礼、虚拟商务会议等。虚拟社交互动还在不同领域中发挥了积极的作用。在教育领域，虚拟现实技术为学生提供了新的社交机会，他们可以在虚拟教室中与老师和同学互动，讨论问题、合作完成项目，增强了教育的互动性和参与感。在健康领域，虚拟社交互动可以用于支持患者的康复，患者可以通过虚拟社交平台与康复伙伴一起进行锻炼和康复活动，互相鼓励和监督。虚拟社交互动还可以在娱乐领域发挥作用，让玩家在虚拟世界中与朋友共同探险、游戏，增强了娱乐的互动性和娱乐体验。虚拟社交互动可以促进跨地域和跨文化交流。虚拟社交互动技术弥补了地理距离的限制，使人们能够与不同地区、不同文化背景的人建立联系。这种互动不仅扩大了人们的社交圈子，还促进了跨文化的相互理解和交流，有助于构建更加开放和和谐的社会。

2. 国家需求分析

虚拟现实技术是一项充满潜力的领域，不仅在娱乐业中有广泛应用，还在教育、医疗、军事、工业以及其他领域具有巨大的潜力。中国政府一直强调技术创新和科技发展，因此，虚拟现实技术的需求和政策支持在国家层面上显得尤为重要。

在技术需求层面，传统行业借助虚拟现实技术可以实现高质量的发展。首先，虚拟现实技术在教育领域的需求不断增长。中国政府一直注重提高教育质量，通过创新技术来提升学生的学习体验已经成为一个重要目标。虚拟现实技术可以为学生提供更生动、互动的学习环境，促进知识的深入理解。因此，虚拟现实在教育领域的应用已经受到了政府的支持和鼓励。

另外，虚拟现实技术在医疗领域也有广泛的应用前景。老龄化社会提高医疗服务的效率和质量尤为重要。虚拟现实技术可以用于医学培训、手术模拟和康复治疗，有望提高医疗领域的技术水平。政府支持医疗行业采用虚拟现实技术，可以提高医疗服务的水平，减轻医疗资源的压力。

在工业领域，虚拟现实技术可以用于工程设计、模拟测试和维修培训。政府鼓励工业领域的现代化和自动化，虚拟现实技术可以帮助企业提高生产效率和降低成本。政府支持工业企业采用虚拟现实技术，可以提高国家的制造业竞争力。

此外，虚拟现实技术在娱乐和文化领域也有巨大的市场需求。消费者越来越追求高质量的娱乐体验，虚拟现实游戏和娱乐内容已经成为一个新的增长点。政府支持娱乐产业采用虚拟现实技术，可以促进文化创意产业的发展，提高文化软实力。

在政策层面，政府已经采取了一系列措施来支持虚拟现实技术的发展。首先，政府出台了相关法规和政策，鼓励企业和研究机构加大对虚拟现实技术的研发投入。此外，政府还提供了一定的财政支持，包括科研项目资助和税收优惠政策，以促进虚拟现实技术的创新和商业化。鼓励国际合作，与其他国家共同推动虚拟现实技术的发展。国际合作可以帮助虚拟现实企业拓展国际市场，同时也可以吸引国际顶尖科研人才从事虚拟现实技术研究和开发。

总之，虚拟现实技术具有广泛的市场需求和政策支持。政府的政策措施将促进虚拟现实技术的创新和应用，有望推动元宇宙产业的发展，提高国家的科技水平和国际竞争力。

3. 研发需求分析

研发需求是虚拟现实及游戏领域的关键要素，它直接影响技术创新和市场竞争力。以下是研发需求的一些关键方面：

（1）硬件技术

虚拟现实和游戏产业的基石在于硬件技术的不断突破和升级。头显设备、控制器、声音系统、计算机性能等硬件元素都需要持续改进，以提供更真实、沉浸式的体验。未来的发展方向包括更轻便、更高分辨率、更智能的硬件设备，以满足用户的需求。

（2）图形和渲染技术

虚拟现实和游戏的核心是图形和渲染技术。为了实现更真实的虚拟环境，需要不断提高图形处理和渲染的性能。光线追踪、实时阴影、物理渲染等技术是未来的发展趋势，它们将带来更逼真的视觉效果，提高用户的沉浸感。

（3）交互技术

用户与虚拟世界的互动至关重要。触觉反馈、手势识别、眼动追踪等技术是未来交互的关键。发展趋势包括更自然的手势控制、更精确的触觉反馈，以及更人性化的用户界面设计。

（4）人工智能和机器学习

虚拟现实和游戏产业将受益于人工智能和机器学习的发展。智能非玩家角色（NPC）、逼真的虚拟对手、智能场景生成等应用将提高游戏体验的深度和复杂性。同时，机器学习可以用于改进虚拟现实中的物理模拟、动画和声音合成等方面。

（5）云计算和分布式计算

云计算和分布式计算可以帮助解决虚拟现实和游戏中的计算和存储需求。将大规模计算任务和大规模内容传输移到云端可以降低设备的成本和提高性能。这对于实现高质量的虚拟世界和游戏是至关重要的。

（6）内容创作与创意

元宇宙的核心在于内容，内容的多样性和质量是其吸引力的关键。创作者需要不断创新，为虚拟世界和游戏开发新的故事情节、角色和场景。与此同时，开发工具和平台需要不断改进，以降低创作者的门槛，鼓励更多人参与创作。

（7）数据安全与隐私

虚拟现实和游戏产业涉及大量用户数据，数据安全和隐私保护是不可忽视的问题。制定严格的数据安全法规、加强用户隐私保护措施是必要的，以建立用户信任和保护个人信息。

（三）技术群分析

在当今数字时代，虚拟现实与游戏技术正日益成为数字娱乐、教育和商业领域的重要驱动力。这一现象不仅改变了我们的娱乐方式，还为教育和商业带来了全新的可能性。该部分主要从硬件层、软件层和用户体验层对这些技术群进行分析，具体的技术群路线图如图3-5所示。

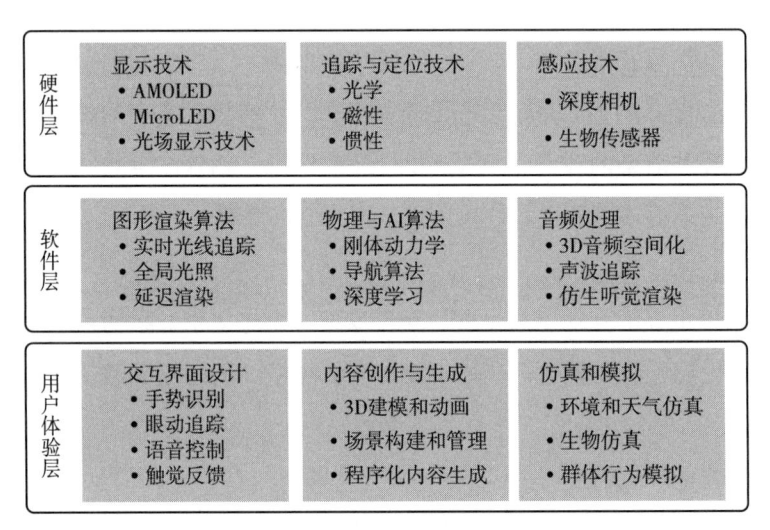

硬件层	显示技术 • AMOLED • MicroLED • 光场显示技术	追踪与定位技术 • 光学 • 磁性 • 惯性	感应技术 • 深度相机 • 生物传感器
软件层	图形渲染算法 • 实时光线追踪 • 全局光照 • 延迟渲染	物理与AI算法 • 刚体动力学 • 导航算法 • 深度学习	音频处理 • 3D音频空间化 • 声波追踪 • 仿生听觉渲染
用户体验层	交互界面设计 • 手势识别 • 眼动追踪 • 语音控制 • 触觉反馈	内容创作与生成 • 3D建模和动画 • 场景构建和管理 • 程序化内容生成	仿真和模拟 • 环境和天气仿真 • 生物仿真 • 群体行为模拟

图3-5 虚拟现实与游戏技术群路线图

1. 硬件层

硬件层是虚拟现实与游戏技术中至关重要的组成部分，它包括显示技术、追踪与定位技术以及感应技术。这些技术共同作用，旨在为用户提供最逼真、沉浸式的虚拟体验。

（1）显示技术方面：AMOLED显示技术基于有机物发光原理，每个像素点都包含一个独立的有机发光二极管。电流通过这些二极管时，有机物发光产生不同颜色的光，形成图像。AMOLED技术的关键在于精确控制每个像素的电流，实现高对比度和高刷新率，为虚拟现实设备呈现更深沉、更鲜艳的颜色，使虚拟环境更为真实。

MicroLED 技术使用微小 LED 作为发光元素，每个 LED 充当一个像素点。控制每个 LED 的亮度和颜色是关键算法之一，通常采用动态电流控制和色彩映射算法。这确保了高亮度、高分辨率的显示效果。光场显示技术模拟了光线在现实世界中的传播方式，使用复杂的算法模型，如光线追踪算法，以计算每个像素点上的光线方向、颜色和强度。这使得虚拟世界中的光照、阴影等效果更加真实，提高用户的沉浸感。

（2）追踪与定位技术方面：光学、磁性和惯性技术的综合应用使得虚拟现实设备能够准确追踪用户头部、手部和身体的运动，使用户在虚拟环境中能够自由移动，并与虚拟对象互动。光学追踪技术使用摄像头捕捉用户头部、手部等在空间中的运动。关键算法包括计算机视觉中的特征点追踪算法，如 KLT 算法，用于检测和跟踪运动中的特征点。磁性追踪技术通过监测磁场变化实现定位和追踪。其中的算法包括磁场传感器数据的实时处理，使用磁力计和磁强计来计算设备的方向和位置。惯性追踪技术使用陀螺仪和加速度计等传感器监测设备的加速度和角速度。关键算法包括传感器融合算法，如卡尔曼滤波器，用于整合不同传感器的数据，提高运动追踪的精度。这些技术的融合为用户提供了真实感十足的交互体验。

（3）感应技术方面：深度相机和生物传感器的应用使虚拟现实设备能够更灵敏地感知用户的动作和生理状态。深度相机利用红外光或结构光等技术获取场景中物体的深度信息。常用的算法包括基于时间飞行原理的深度计算算法，以及基于双目视觉的立体匹配算法，用于准确计算物体与相机之间的距离。生物传感器能够监测用户的生理信号，如心率、皮肤电阻等。相关算法包括生物信号处理算法，用于提取和分析生理信号的特征，以及机器学习算法，用于建立生理信号与用户状态之间的关联模型。

硬件层的这些关键技术共同推动了虚拟现实与游戏技术的发展。通过不断创新和整合，硬件层不仅提供了更先进、更真实的显示效果，还使得用户能够在虚拟环境中获得更为沉浸式、全面的体验。未来，随着技术的不断演进，硬件层将继续发挥关键作用，为虚拟现实与游戏技术的进一步创新奠定坚实基础。

2. 软件层

软件层的关键技术群涵盖图形渲染算法、场景物理仿真以及三维空间声处理。这三个技术群在虚拟现实与游戏的开发中扮演着重要的角色，共同构建了引人入胜、真实感强烈的数字体验。

（1）图形渲染算法：实时光线追踪是一种通过模拟光线在场景中传播的方式来生成图像的渲染算法。相比传统的光栅化渲染，实时光线追踪更真实地模拟了光的物理行为，包括反射、折射、阴影等。这种算法通常涉及复杂的数学模型和迭代计算，因此对图形处理单元（GPU）性能要求较高。近年来，实时光线追踪在游戏行业中取得了显著的进展，通过硬件加速和优化算法，实现更逼真的视觉效果。全局光照算法旨在模拟光在整个场景中的传播，以更准确地捕捉光照效果。其中较为常见的算法包括光子映射（photon mapping）、辐射度（radiosity）等。光子映射通过跟踪光子的传播路径来估计场景中的光照，适用于高度真实感的渲染。辐射度算法则通过考虑表面之间的光照传递，实现对场景光照的全局模拟。这两种算法都强调在虚拟环境中达到更真实的光影效果。延迟渲染是一种优化渲染管线的算法，其核心思想是将光照等复杂计算推迟到渲染管线的后期阶段。首先，将场景的几何信息渲染到几何缓冲区，然后在后期阶段对光照进行计算。这有助于提高渲染效率，特别是在处理大规模场景和复杂光照效果时。延迟渲染常与屏幕空间反射（screen space reflection）等技术结合使用，以进一步提升渲染质量。

（2）场景物理仿真：刚体动力学是一种模拟刚体运动的物理引擎技术。它基于牛顿力学定律，通过考虑力的作用和刚体的质量分布，计算物体在场景中的运动轨迹。在虚拟现实与游戏中，刚体动力学用于模拟物体的碰撞、滑动、转动等真实世界的物理行为，使得用户能够更自然地与虚拟环境交互。常用的刚体动力学引擎包括 NVIDIA PhysX 和 Havok。导航算法用于模拟虚拟角色在场景中的移动行为。其中 A* 算法是一种经典的路径规划算法，通过图的搜索来找到最优路径。在虚拟现实与游戏中，A* 算法通常与避障算法结合使用，使得虚拟角色能够智能地穿越场景，避开障碍物。近年来，基于机器学习的导航算法也逐渐得到应用，使得虚拟角色能够学习并适应复杂环境。深度学习在虚拟现实与游戏中的应用日益广泛。其中深度强化学习用于实现虚拟角色的智能行为，使其能够通过学习来做出适应性的决策。例如，使用深度强化学习的智能敌人在游戏中能够根据玩家的行为调整策略，增加游戏的难度和趣味性。此外，深度学习还可用于人工智能 NPC 的生成、语音识别等方面，为虚拟现实与游戏提供更智能化的体验。

（3）三维空间声处理：3D 音频空间化通过模拟声音在三维空间中的传播，使用户能够感知声音的方向和距离。该技术利用定位音源、调整音频频谱等手段，创造出在虚拟环境中具有深度和方向感的音频体验。常见的实现方式包括 HRTF（head-related transfer function）和定位音响系统。这种技术使得虚拟现实与游戏中的声音更加真实、沉浸，提高用户的听觉感知。声波追踪是一种模拟声音传播的高级音频处理技术。该算法考虑了环境的材质、几何形状以及声源的特性，通过数学模型模拟声波在空间中的传播、反射和吸收。这使得虚拟场景中的声音表现更为真实，用户能够感知到声音的来源和环境影响。声波追踪为虚拟现实与游戏提供了更为逼真的听觉体验。

3. 用户体验层

用户体验层的关键技术群涵盖交互界面设计、内容创作与生成，以及仿真和模拟等多个技术群体。这些技术的综合运用旨在为用户提供更加沉浸式、真实感和丰富的虚拟体验。

（1）交互界面设计：手势识别技术在虚拟现实与游戏中具有重要意义，它允许用户通过自然的手势进行交互，提高了用户体验的自然性和便捷性。Leap Motion 是一种基于红外线传感器的手势识别技术。它通过追踪用户手部的运动，实时捕捉手指和手掌的位置、方向和手势，从而使用户能够在虚拟环境中进行直观的手势交互。Leap Motion 的算法能够实现对细微手势的敏感识别，为用户提供高精度的操作体验。Microsoft Kinect 利用深度摄像头和红外线技术，实现了对整个身体的三维感知。这使得不仅仅手部，头部、身体的各个关节都能够被追踪。其算法能够分析深度图像，识别用户的骨骼结构，并将其映射到虚拟环境中。这使得用户能够以更加身临其境的方式与虚拟内容进行互动。Intel RealSense 是一组基于深度摄像头的手势识别技术。它支持对手部的实时追踪，同时通过深度信息可以获取更多的空间维度。该技术不仅可以识别手的位置和手势，还能够实现对手指的细致识别，从而提供更加复杂和丰富的手势控制。

眼动追踪技术使系统能够追踪用户的视线，从而更好地理解用户的关注点，为用户提供更加个性化和精准的交互体验。Pupil Labs 提供了一种高质量的眼动追踪解决方案，通常以眼动追踪眼镜的形式呈现。这些眼镜内置高帧率摄像头，能够实时记录瞳孔的位置和运动。其算法能够对眼动数据进行实时分析，为虚拟环境中的眼动交互提供准确而可靠的输入。Tobii 是眼动追踪领域的领先提供商，其眼动仪产品应用广泛。这些眼动仪通过高精度传感器实时记录用户的注视点，使得虚拟环境能够根据用户的视线变化进行实时调整。Tobii 的算法对用户的视线数据进行分析，提供了丰富的眼动互动可能性。EyeSight 提供基于软件的眼动追踪解决方案，可以在普通摄像头的基础上实现眼球运动的追踪。这种技术通过分析眼球的运动轨迹，实现对用户注视点的追踪，从而实现基于眼动的交互。

语音控制技术通过将用户的语音指令转化为计算机能够理解的指令，实现了更为直观和便捷的交互方式。Google Speech-to-Text 是一种基于深度学习的语音识别技术。该算法能够将用户说出的语音内容准确地转换为文本，并能够适应不同语言和口音的输入。Microsoft Azure Speech 提供了先进的语音识别服务，支持实时语音转文本。除了基本的语音识别功能外，它还集成了自然语言处理功能，使得系统能够更好地理解用户的语义意图。Nuance Communications 提供了广泛应用于语音控制和语音助手应用的语音识别技术。其算法通过分析语音的音频特征，将语音指令转换为可执行的命令。

触觉反馈技术通过模拟触感感觉，使用户能够感知虚拟环境中物体的质地、形状和互动反馈。触觉反馈算法涵盖了多种技术，包括线性震动、触觉纹理生成等。这些算法通过控制触觉传感器和执行器，模拟用户与虚拟物体的互动，提供更加真实的触感体验。Ultrahaptics 使用超声波技术，在空中生成触觉感觉。它通过控制超声波波形，使用户感觉到在手中触摸到了虚拟物体。这种技术可以提供更加直观和自然的触觉反馈。Tanvas 触觉面板技术能够模拟不同表面的触感，使用户能够感受到纹理和物体的触感差异。通过调整电场，Tanvas 能够模拟出不同的触觉感觉。

（2）内容创作与生成：3D 建模和动画技术对于创造虚拟现实与游戏中的逼真世界至关重要。Blender 是一款免费、开源的 3D 建模和动画软件，其建模功能支持多种技术，包括多边形建模、雕刻模式等。它还集成了强大的动画编辑工具，能够实现骨骼动画、形状关键帧动画等。Autodesk Maya 是业内标准之一的三维建模和动画软件。它提供了强大的建模工具，支持多种建模技术，同时具备高级的动画编辑功能，可实现复杂的角色动画和特效制作。ZBrush 主要用于数字雕刻和绘画。其独特的高分辨率模型处理能力使其成为影视和游戏行业中常用的工具。ZBrush 通过像绘画一样对模型进行雕刻，使得模型具有更高的细节和真实感。

场景构建和管理技术涉及创建虚拟空间的布局、元素的放置以及场景的设计。程序化生成算法包括了多种方法，如 Perlin 噪声、Diamond-Square 算法等，用于生成自然、逼真的地形和场景。这些算法通过规则和随机性的结合，能够生成多样化的虚拟环境。World Machine 是一款专注于地形生成的软件。它支持高度地形图的创建和编辑，可以通过图形界面调整参数，生成各种地形形态，使得场景更加丰富和真实。Houdini 是一款节点式的 3D 动画和特效软件，其强大的程序化生成工具使得场景的构建和管理更加灵活。通过节点的连接和参数调整，用户能够生成复杂的虚拟环境。

程序化内容生成技术通过算法和规则生成虚拟环境中的内容，增加了虚拟世界的多样性和可持续性。PCG（procedural content generation）算法包括了多种方法，如随机生成算法、L-系统、Cellular Automata 等。这些算法通过运用数学模型和规则，实现对虚拟环境中的内容进行快速生成。Wave Function Collapse 是一种基于约束的生成算法，广泛应用于生成地图、纹理等具有复杂结构的内容。通过局部约束和全局约束的定义，算法能够生成具有一定规律性和多样性的内容。GANs（generative adversarial networks）利用深度学习技术，通过生成器和判别器的对抗训练，能够生成逼真的虚拟图像和视频。在游戏和虚拟现实中，GANs 被广泛应用于创建逼真的虚拟人物、道具等内容。

元宇宙环境中一个重要组成部分是虚拟人，又称虚拟数字人。虚拟数字人分为交互型虚拟数字人和非交互型虚拟数字人。再根据驱动方式不同，交互型数字虚拟人可分为真人驱动型虚拟数字人和智能驱动型虚拟数字人。非交互型虚拟数字人：3D建模/CG技术驱动的虚拟数字人，多为高保真像在电影中的CG人物；真人驱动型虚拟数字人：有真人在背后用动作捕捉驱动的虚拟数字人，一个典型的例子就是虚拟偶像；智能驱动型虚拟数字人：以人工智能技术去生成虚拟数字人，并赋予其一定程度的自主感知能力、逻辑推理甚至情感表达能力。类似美剧中的虚拟男友。

（3）仿真和模拟：环境和天气仿真技术通过模拟各种气候条件和自然环境，增加了虚拟环境的真实感。实时全局光照算法通过模拟光照在虚拟环境中的传播，提高了虚拟场景的真实感。其中的 Radiosity 算法和 Photon Mapping 等技术能够实时计算光照的传播和反射，从而使场景中的物体更加逼真。大气散射算法用于模拟大气中光线的传播和散射，影响了天空的颜色、远处物体的可见性等。这些算法通过计算光线在大气中的传播，实现了更加逼真的天空效果。天气仿真技术通过模拟不同的天气条件，如雨、雪、风等，使虚拟环境更加多样化和具有变化性。这些技术影响了用户在虚拟环境中的感知和体验。

生物仿真通常包括对植物和动物的模拟。对于植物，L-system 是一种常用的算法，通过迭代生成植物的分支结构，可以根据生长规律生成各种形态的植物。动物仿真涉及对动物的运动、行为和外貌的模拟。在这方面，行为树（behavior tree）是一种常用的算法。它通过树状结构表示动物的决策过程，从而模拟出复杂的行为。此外，群体行为算法如 Reynolds 的 Boids 算法用于模拟群体中个体的集体行为，例如鸟群的飞行。

群体行为模拟用于模拟群体中个体的集体行为。Boids 算法是其中的代表之一，它模拟了鸟群中个体之间的互动，包括对距离、速度和方向的调整，以达到一致的集体运动。在群体行为中，路径规划也是一个关键的算法。A* 算法是一种常用的路径规划算法，通过启发式搜索找到最短路径。对于群体中的个体，可以使用分布式路径规划算法，确保它们避免碰撞并在复杂环境中协调移动。此外，对于群体中个体的感知模型也是重要的。基于感知的模型可以包括视觉、听觉等方面的感知，从而使个体能够对周围环境做出适当的反应。

（四）技术群实现可能性和制约因素

在探讨元宇宙产业技术路线图时，不可避免地需要深入分析虚拟现实和游戏产业的技术实现可能性和制约因素。虚拟现实技术作为元宇宙的基石，为用户提供了一种沉浸式的体验，将现实世界与数字世界融合在一起。然而，要实现这一愿景，我们必须正视现实中的技术挑战和制约因素。

第一，虚拟现实技术的发展受到硬件和软件的制约。在硬件方面，虚拟现实设备需要更高的分辨率、更快的刷新率和更低的延迟，以提供更真实的体验。此外，虚拟现实头戴式设备的舒适度和便携性也是需要解决的问题。软件方面，虚拟现实应用需要更加智能和复杂的算法，以模拟真实世界的物理和行为。这就要求在计算机图形学、人机交互、人工智能等多个领域进行深入研究和创新。

第二，虚拟现实技术的推广和普及也面临用户接受度的挑战。虚拟现实技术需要用户购买昂贵的设备，并且在使用过程中可能会引发眩晕、恶心等不适感，这些问题都影响了用户的体验和使用意愿。此外，虚拟现实内容的开发也需要大量的投入，包括人力、时间和金钱。如果没有足够的高质量内容吸引用户，虚拟现实技术就很难实现规模化应用。

第三，游戏产业作为虚拟现实技术的一个重要应用领域，也面临着技术实现可能性和制约因素。游戏的开发需要庞大的团队，包括程序员、美术师、音效师等多个岗位。这就需要建立高效的团队协作机制，以确保游戏的质量和上线时间。此外，游戏的创意和创新也是制约因素。市场上已经存在大量的游戏作品，如果新游戏缺乏创新和独特性，很难吸引玩家的注意力。因此，游戏开发者需要在玩法、故事情节、游戏机制等方面进行创新，以提供独特的游戏体验。

第四，虚拟现实和游戏产业的技术实现还受到市场需求和商业模式的影响。随着社会的发展，人们对娱乐和休闲的需求不断增加，虚拟现实和游戏产业有着巨大的市场潜力。但是，如何满足不同用户群体的需求，提供个性化和定制化的体验，是一个需要认真思考的问题。此外，商业模式的选择也至关重要。虚拟现实和游戏产业可以通过销售硬件设备、出售游戏内容、提供在线服务等多种方式盈利。不同的商业模式会影响到产业链条的构建和运作方式，需要根据市场需求和竞争状况进行合理选择。

综上所述，虚拟现实和游戏产业的技术实现可能性和制约因素是多方面的，涉及技术研发、用户需求、商业模式等多个方面。只有在不断创新和突破的基础上，克服这些制约因素，虚拟现实和游戏产业才能实现可持续发展，为元宇宙的建设提供坚实支持。

（五）虚拟现实和游戏技术的发展与展望

在元宇宙的构建中，虚拟现实技术被普遍认为是关键的推动力量。在当今快速发展的科技环境中，虚拟现实技术在不断演进，为构建更为复杂、丰富的元宇宙世界提供了可能性。展望未来，我们可以看到几个重要的发展方向，这些方向将引领虚拟现实技术朝着更高的水平迈进。

第一，虚拟现实技术将更加注重感知和交互体验。未来的虚拟现实将不仅仅停留在视觉和听觉上，还将涉及触觉、嗅觉等更多的感官。通过进一步发展触觉反馈技术，用户可以更真实地感受到虚拟世界中的触感，这将大幅提升沉浸感。同时，虚拟现实技术将更加关注用户的身体动作和手势，实现更自然、直观的交互方式，使用户能够更自如地操控虚拟环境。

第二，虚拟现实技术将在社交领域发挥更大作用。未来的虚拟现实社交平台将不再局限于简单的文字、图像和声音交流，而是能够提供更为真实、丰富的社交体验。人们可以在虚拟空间中创建个性化的化身，与朋友、家人共享虚拟体验，甚至参与虚拟现实世界中的集体活动。这种社交方式将突破地域和空间的限制，为人们带来更加多样化、丰富化的社交体验。

第三，虚拟现实技术将深度融合其他前沿技术。随着人工智能、区块链等技术的不断发展，虚拟现实技术将与这些技术相互融合，创造出更为复杂、智能化的虚拟世界。例如，利用人工智能技术，虚拟现实环境可以根据用户的兴趣和需求进行个性化定制，为用户呈现更符合其期望的虚拟体验。而区块链技术的应用则可以确保虚拟世界中的交易和信息传递的安全性和可信度，为虚拟现实应用的发展提供了可靠的基础。

在面对这些发展方向时，我们需要采取一系列具体的发展任务。首先，加大对虚拟现实技术研发的投入，鼓励企业、研究机构加强合作，推动虚拟现实硬件和软件的创新。其次，加强人才培养，建立多层次、多领域的人才队伍，培养掌握虚拟现实核心技术的人才，为产业的长期发展提供坚实支撑。同时，建立健全的标准体系，推动虚拟现实产业的规范化和标准化发展，提高产业整体水平。

此外，政府在制定相关政策时，需要积极支持虚拟现实技术的研发和产业化。可以通过税收优惠、科研资金支持、人才引进等方式，鼓励企业加大虚拟现实技术的研发投入。同时，建立知识产权保护体系，加强对虚拟现实技术创新成果的保护，鼓励企业进行技术创新，提高产业竞争力。

综上所述，虚拟现实技术的发展前景广阔，但也面临着多重挑战。只有在加大研发投入、推动创新、培养人才的基础上，结合相关政策的支持，虚拟现实技术才能迎来更加美好的未来。我们期待，在不远的将来，虚拟现实技术将成为元宇宙建设的核心引擎，为人类带来更为丰富、多样化的数字化体验。

（六）虚拟现实及游戏技术在元宇宙产业中的应用和发展

虚拟现实和游戏技术在元宇宙产业中的应用和发展正迅速变革着这一领域，推动着虚拟世界的界限不断扩展和深化 VR 技术在元宇宙中的应用已经超越了传统的游戏和娱乐领域，它为用户提供了一个高度沉浸和互动的虚拟环境。例如，Oculus Rift 和 HTC Vive 等头戴设备使用户能够进入一个全方位的三维空间，进行各种活动，从游戏和社交到学习和创作。在这些虚拟空间中，用户可以与其他用户互动，体验不同的虚拟环境和活动，如元的 Horizon Workrooms 就是一个将 VR 技术用于虚拟会议和协作的例子。游戏技术在元宇宙的应用也同样重要。它不仅提供了复杂的交互机制和引人入胜的故事情节，还创造了一个多用户参与的虚拟经济系统。以百度"希壤"为例，这个平台允许用户创造和分享自己的游戏和体验，形成了一个庞大的用户生成内容生态系统。在"希壤"中，用户不仅可以游玩和交互，还能通过虚拟货币进行交易，这些交易反映了元宇宙中虚拟经济的潜力。AI 驱动的游戏技术正在改变元宇宙中的体验方式。通过利用先进的 AI 算法，元宇宙平台可以创建更加智能和反应灵敏的虚拟环境和角色。例如，Epic Games 的 Unreal Engine 提供了高级的图形和 AI 功能，使开发者能够在元宇宙中创造逼真的环境和角色，这些技术已被广泛应用于从游戏到电影制作的多个领域。

展望未来，VR 和游戏技术在元宇宙中的应用预计将更加深入和广泛。随着技术的进步，我们可以预期出现更高质量的图像、更低延迟的交互和更智能化的虚拟助手。此外，随着 5G 和云计算技术的发展，VR 和游戏技术将能够提供更加无缝和高效的体验，使更多用户能够访问和享受元宇宙中的活动和服务。VR 和游戏技术在元宇宙产业中的应用和发展正在不断推动这一领域的创新和成长。从提供沉浸式体验到创造互动的虚拟社区，从促进用户生成内容的生产到拓展教育和培训的边界，这些技术正在塑造一个更加丰富、动态和互联的虚拟世界。随着技术的不断进步，VR 和游戏技术在元宇宙中的角色将变得更加重要，为用户带来前所未有的虚拟体验和更多的可能性。

四、区块链技术路线图分析

（一）发展现状及愿景

元宇宙是一个虚拟的数字世界，它超越了我们目前所了解的虚拟现实和虚拟世界。它是一个巨大的数字生态系统，将现实世界和虚拟世界融合在一起，允许人们在其中创造、交互和分享信息。元宇宙通常以三维虚拟环境为基础，包括虚拟现实和增强现实元素，以模拟现实世界的各种场景和体验。

区块链技术，作为一种去中心化的分布式账本技术，为元宇宙提供了许多有益的特性。首先，区块链可以提供安全性和可信度，使元宇宙中的数字资产和虚拟物品能够得到可靠的管理和保护。其次，区块链技术可以实现去中心化的控制，消除了中央媒介的需求，从而实现更加开放和自由的互联。最重要的是，区块链技术还可以实现智能合同，使元宇宙中的交易和互动更加自动化和高效。

在这个愿景中，元宇宙将不再是一个封闭的虚拟世界，而是一个与现实世界更加紧密相连的数字生态系统。区块链技术将成为元宇宙的基础架构，为人们提供更多的自主权和控制权，从而创造出一个更加开放、互联、安全和可持续的数字生态系统。

在元宇宙中，区块链技术将为人们提供更多的自主权和控制权，实现更加开放和互联的数字世界。通过使用区块链，每个参与者都可以拥有自己的数字身份，并能够在元宇宙中自由地创建、交互和分享内容。这将消除中央媒介的需求，使人们不再受制于互联网巨头和平台，从而创造出更加民主和多样化的数字生态系统。

此外，区块链技术还将实现元宇宙中的数字资产和虚拟物品的互操作性。这意味着用户可以在不同的元宇宙中跨越界限地使用和交换虚拟物品。例如，一个用户可以在一个虚拟现实游戏中赚取虚拟货币，然后将它们用于购买在另一个元宇宙中的数字艺术品。这种互操作性将促进元宇宙的生态系统更加繁荣和有趣。

另一个关键的互联特性是数字身份的可移植性。使用区块链，用户可以在不同的元宇宙中使用相同的数字身份，而无需不断地创建新的身份。这将大大简化用户的管理和提高数字身份的安全性，同时降低了身份盗窃的风险。

在元宇宙中，安全和可信度是至关重要的。区块链技术可以提供这两个关键特性，以保护数字资产和虚拟物品的安全性。每笔交易和数字资产的所有权都会被记录在区块链上，从而防止欺诈和篡改。此外，智能合同可以自动执行交易，减少人为错误的风险。

区块链还可以实现去中心化的身份验证，从而提高数字身份的安全性。用户可以完全控制自己的身份信息，而无须将其存储在集中式数据库中，减少了个人信息泄露的风险。这将有助于解决目前数字身份管理领域面临的安全和隐私问题。

此外，区块链技术还可以增强虚拟物品的稀缺性和所有权证明。例如，一幅数字艺术品可以使用非替代令牌来证明其真实性和独一无二性。这将有助于解决虚拟物品的盗版和伪造问题，从而提高了虚拟物品的价值。

元宇宙的可持续性是一个复杂的问题，包括能源消耗、环境影响和社会责任。区块链技术也可以为解决这些问题提供有益的手段。

首先，区块链技术可以提高能源效率。传统的中心化数据中心和服务器通常消耗大量能源，而区块链网络通常采用分布式节点的方式来维护账本，从而降低了能源消耗。此外，一些区块链项目已经在寻求使用可再生能源来驱动网络，以进一步降低对环境的影响。

其次，区块链技术可以促进社会责任。通过智能合同，可以建立自动化的慈善捐赠系统，确保捐款到达需要的地方，同时降低了中间环节的费用。此外，区块链还可以用于跟踪供应链，确保产品的可持续性和环保性。

最重要的是，区块链技术可以增强数字生态系统的透明度和合规性。由于所有的交易和信息都被记录在不可篡改的区块链上，监管机构可以更容易地审计和监督元宇宙中的活动。这将有助于防止不法行为和欺诈，同时提高了数字生态系统的合规性。

（二）需求分析

随着信息技术的不断发展，区块链技术作为一种分布式数据库技术，逐渐引起了全球范围内的广泛关注。区块链技术以其去中心化、不可篡改、安全可靠等特点，被认为是推动数字经济发展的重要驱动力之一。在当前全球数字化转型的大背景下，各国政府、企事业单位及个人用户对区块链技术的需求日益增长，呈现出多层次、多领域的需求特征。

1. 市场需求分析

在金融领域，区块链技术被广泛应用于数字货币、智能合约、支付结算等场景。随着加密货币的兴起，越来越多的投资者开始关注区块链技术，希望通过区块链技术实现金融交易的安全和透明。此外，智能合约的出现也为金融机构提供了便捷的交易方式，提高了金融服务的效率。因此，金融领域对区块链技术的需求持续增长。

区块链技术在物流与供应链管理中的应用，能够实现货物追溯、信息透明等功能。通过区块链技术，可以确保物流过程中信息的准确传递，提高了供应链的可追溯性和安全性。这对于保障商品质量、降低物流成本具有重要意义，因此，物流与供应链管理领域对区块链技术的需求不断增加。

在医疗健康领域，区块链技术被应用于患者信息管理、医疗数据安全等方面。通过区块链技术，可以建立起安全、可信的医疗信息数据库，确保患者隐私信息的安全。同时，区块链技术还可以实现医疗数据的共享与交换，提高了医疗信息的利用效率，为医疗健康产业的发展提供了新的可能性。

随着全球贸易的不断发展，跨境支付与清算的需求日益增长。区块链技术的去中心化特点，使得跨境支付可以更加快捷、安全。通过区块链技术，可以实现不同国家、不同金融机构之间的直接支付与清算，降低了交易成本，提高了资金流动效率。因此，在跨境支付与清算领域，区块链技术的需求持续增加。

除了以上几个主要领域，区块链技术还在知识产权保护、政务管理、能源交易等多个领域得到应用。在知识产权保护方面，区块链技术可以确保知识产权的真实性，避免盗版和侵权行为。在政务管理方面，区块链技术可以提高政府数据的安全性和透明度，减少腐败现象。在能源交易方面，区块链技术可以实现能源的精细化管理，提高能源利用效率。因此，区块链技术在各个领域的应用需求不断涌现。

2. 国家需求分析

各国政府希望通过推动区块链技术的发展，促进本国经济的创新与发展。区块链技术作为新兴产业，能够带动相关产业链的发展，创造就业机会，推动经济增长。因此，各国政府在政策和资源上积极支持区块链技术的研发和应用。

区块链技术的去中心化和透明性特点，使其在政务管理领域具有广泛的应用前景。政府机构拥有大量的敏感数据，包括居民的身份信息、税务数据、公共财政等，因此对数据的安全性和透明度有着极高的要求。通过区块链技术，政府可以实现更高水平的数据安全和透明度，提高政府服务的效率和质量，进而增强政府的公信力和可信度。

区块链技术的去中心化特点可以加强政府数据的安全性。传统的中心化数据库容易受到攻击和数据篡改的威胁,而区块链技术将数据分布在多个节点上,使得数据更难以被篡改或损坏。每个数据块都包含前一个数据块的信息和时间戳,确保了数据的完整性和不可篡改性。这意味着政府数据一旦被存储在区块链上,就几乎不可能被擅自修改或删除,从而保护了公民的隐私和权益。

区块链技术可以提高政府服务的效率和质量。政府机构通常需要处理大量的文件和数据,包括公共记录、政府合同、执法数据等。传统的数据管理和流程可能会导致冗余、错误和滞后。区块链技术可以通过智能合约自动化和简化政府流程,提高了效率。例如,政府可以使用智能合约来管理土地登记,自动执行土地交易并减少不动产欺诈。此外,智能合约还可以用于自动化政府福利和补贴的发放,减少了纠纷。

区块链技术还可以改善政府与市民之间的互动。政府服务通常需要市民提供大量的个人信息和文件,这会增加复杂性和不便。区块链可以为市民提供数字身份,允许他们在需要时轻松共享所需的信息,同时保护他们的隐私。这种数字身份可以用于各种政府服务,如选举投票、医疗记录访问和社会福利申请。这种数字身份的管理可以极大地提高政府与市民之间的互动效率,同时也保护了市民的隐私。

另一个潜在的应用是政府财政管理。政府的财政数据需要高度的安全性和透明度,以确保资金的正确使用和防止财务不正当行为。区块链技术可以用于建立一个安全的、可追溯的财政管理系统,使政府的财政活动更加透明,降低了腐败的风险。政府可以使用智能合约来自动化预算分配和支出,确保资金被正确分配和使用。

另外,政府机构还可以利用区块链技术来改善公共卫生和食品安全。在疫情暴发时,政府可以使用区块链来追踪病例和疫苗分发,从而更好地管理公共卫生危机。在食品供应链方面,政府可以使用区块链来追踪食品的来源和运输,以确保食品的安全和质量。

3. 研发需求分析

区块链技术的发展离不开核心技术的不断创新。各国研究机构和企业需要加大对区块链底层技术的研发投入,包括共识算法、加密技术、智能合约等方面的研究。只有不断提升核心技术水平,才能保持区块链技术的竞争优势。

区块链技术的安全性一直备受关注。各国研究机构需要加强对区块链安全性的研究,包括智能合约的漏洞修复、网络攻击的防范等方面。只有确保区块链系统的安全性,才能赢得用户和政府的信任。

除了底层技术研发，区块链应用的研发也是至关重要的。各国研究机构和企业需要加大对区块链在不同领域的应用研发，包括金融、供应链、医疗等方面的研究。只有不断推动区块链应用的创新，才能满足市场和国家的需求。

区块链技术的发展涉及法律法规的制定和完善。各国需要加强对区块链法律法规的研究，包括数字货币的合法性、智能合约的法律约束等方面。只有建立健全的法律法规体系，才能保障区块链技术的合法发展。

区块链技术的需求分析涵盖了市场需求、国家需求以及研发需求。随着区块链技术的不断发展，各方需求将不断增加，同时也需要不断加大研发投入，以满足各方需求，推动区块链技术的健康发展。

（三）技术群分析

区块链技术已经逐渐发展成为一个庞大的生态系统，包括各种不同的技术和应用领域。在这个生态系统中，可以将区块链技术群分为若干个不同的类别，每个类别都有其独特的特点和应用（见图3-6）。

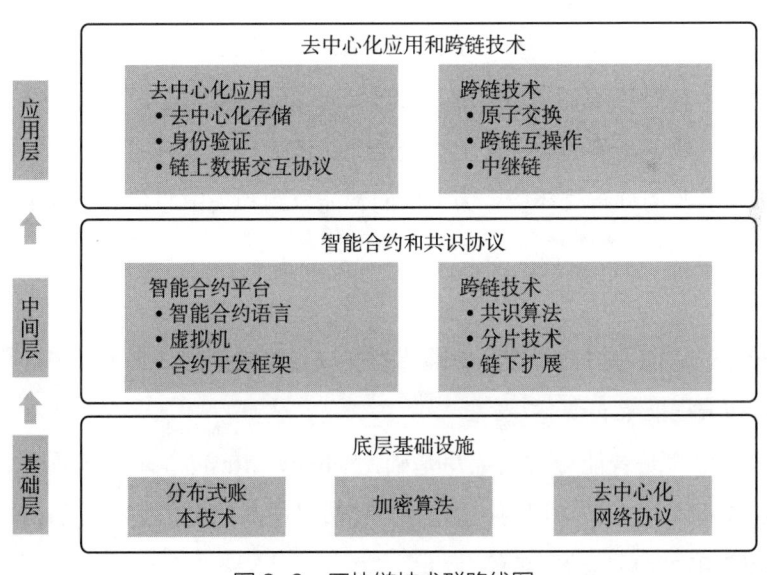

图3-6 区块链技术群路线图

1. 基础层

基础层是区块链技术的支柱，构建了去中心化的基础设施，确保了区块链系统的可靠性和安全性。在这一层中，分布式账本技术、加密算法和去中心化网络协议是关键的组成部分，各自发挥着重要的角色。

分布式账本技术是区块链的核心。区块链通过分布式账本实现了去中心化的数据存储和管理。不同的共识算法，如工作量证明（PoW）、权益证明（PoS）和拜占庭容错（PBFT），确保了网络的一致性和可靠性。工作量证明通过计算能力竞争确保了去中心化的创建新区块，而权益证明通过参与者持有的数字资产数量进行节点选择。拜占庭容错则在分布式系统中解决了共识问题，确保在存在恶意节点的情况下系统仍能达成共识。这一层的技术保证了区块链的去中心化特性，为用户提供了可信赖的交易和数据存储环境。

加密算法在基础层发挥了关键的作用。哈希函数（如 SHA-256）确保了区块链中数据的不可逆性和完整性验证，为区块的链接提供了坚实的基础。椭圆曲线数字签名算法（ECDSA）则用于验证交易的真实性，防止伪造和欺骗。这些加密算法为区块链的安全性奠定了基础，使得用户能够信任其交易和数据的完整性。

去中心化网络协议（P2P）在基础层起到了关键的连接作用。P2P 协议构建了一个分布式网络，使得节点能够直接通信，无须通过中心化的服务器。这种网络结构提高了系统的鲁棒性，减少了对单点故障的依赖。P2P 协议的设计考虑了节点的发现、数据传输和安全性等方面，为区块链系统提供了稳固的通信基础。

基础层是区块链体系结构的根基，通过分布式账本技术、加密算法和去中心化网络协议确保了区块链系统的去中心化、安全和稳健运行。这一层的技术共同构筑了一个可信、不可篡改的分布式环境，为上层的智能合约和去中心化应用提供了可靠的基础设施。

2. 中间层

在中间层，智能合约平台是区块链技术的核心组成部分，它为去中心化应用提供了执行环境和编程框架。

智能合约语言是智能合约的编写基础，Solidity、Rust、Vyper 等是广泛使用的语言。Solidity 是以太坊上最常用的智能合约语言，具有 C 和 JavaScript 的语法结构，使得开发者能够相对容易地编写智能合约。

虚拟机是执行智能合约的运行环境。以太坊虚拟机（ethereum virtual machine，EVM）是一种基于堆栈的虚拟机，负责解释和执行以太坊上的智能合约。EVM 执行智能合约的字节码，确保合约在所有节点上具有相同的执行结果。

合约开发框架如 Truffle、Embark 等，提供了工具和环境，简化了智能合约的开发、测试和部署。Truffle 是一个流行的开发框架，它集成了测试、构建和部署，为开发者提供了全面的支持。

共识协议和性能优化是中间层关注的重要方面，直接影响到区块链的可扩展性和性能。

共识算法优化是为了提高性能和可扩展性。随着区块链的发展，Proof of Stake（PoS）等共识算法逐渐受到关注。PoS 通过根据持有的数字资产数量来选择区块生成者，减少了能耗，并解决了 PoW 中可能存在的中心化问题。

分片技术是为了提高网络吞吐量而引入的一项关键技术。它将区块链网络分成小片段，每个片段称为一个分片，使得网络能够同时处理多个交易，从而提高整体的处理能力。

链下扩展是通过在链下执行交易来减轻链上压力。闪电网络和 Plasma 是代表性的链下扩展技术，它们允许在链下进行快速和成本效益的交易，同时保持与主链的安全连接。

这两方面的技术共同致力于解决区块链面临的性能瓶颈问题，提高系统的吞吐量和交易速度，使区块链更具实用性和可扩展性。这些创新推动了区块链技术的发展，为未来的去中心化应用提供了更强大的基础。

3. 应用层

去中心化应用（decentralized application，DApps）构成了区块链技术的应用层，通过利用底层基础设施的特性为用户提供去中心化、安全、透明的应用体验。

去中心化存储是 DApps 中的一个关键组成部分，通过采用去中心化存储技术，如星际文件系统（interplanetary file system，IPFS）和 Filecoin，实现了在分布式网络中存储数据的目标。IPFS 使用内容寻址来检索和存储数据，而 Filecoin 通过激励机制鼓励网络参与者共享存储空间，进一步提高了数据的可靠性和可用性。

身份验证是确保 DApps 用户身份安全性的重要环节。基于区块链的身份验证解决方案采用密码学技术，如公私钥对和数字签名，确保用户能够安全、匿名地访问和参与 DApps。这些解决方案减少了对中心化身份验证机构的依赖，提高了用户隐私和安全性。

链上数据交互协议是保证不同 DApps 之间有效交互的关键。这些协议通过确保数据的标准化和安全传输，促进了区块链生态系统的发展。具体协议的选择往往取决于 DApp 的需求和特点，例如 Simple Token（OST）协议用于创建自己的代币，以太坊的 ERC-20 标准定义了代币的交互协议等。

跨链技术致力于解决不同区块链网络之间的互操作性问题，使得它们能够协同工作，实现资产和信息的流动。

原子交换是一项核心技术，旨在在不同链上实现资产的原子交换，即一方资产的转移只有在另一方确认的情况下才会发生。这种机制确保了交易的安全性和可靠性，防止恶意行为。

侧链和主链关系是通过引入侧链来扩展主链功能并提高整个网络的性能。侧链是连接到主链的并行链，允许用户在主链上发起跨链资产转移，从而实现更高的吞吐量和灵活性。

中继链是一种用于不同区块链之间通信的技术。它充当桥梁，通过中继链可以在不同区块链上传递消息和价值。这有助于建立更加连接和协同的区块链网络。

这两方面的技术共同推动了去中心化应用的发展，使得用户能够在不同链上自由交互和使用资产，为区块链技术在全球范围内的广泛应用打开了新的可能性。跨链技术的进步有望构建更为强大、灵活和全球化的区块链生态系统。

（四）技术群实现可能性和制约因素

区块链技术群的多样性和复杂性为我们提供了广阔的创新机会和潜在挑战。本节将围绕公有链、联盟链、私有链、智能合约、去中心化应用程序、数字身份、隐私保护技术、区块链互操作性和区块链标准化这些技术，分析它们的实现可能性以及制约因素。

1. 基础层

基础层是区块链技术的基石，由分布式账本技术、加密算法和去中心化网络协议组成。这一层的技术群在实现可能性和面临制约因素方面都具有关键意义。

分布式账本技术作为区块链的核心，致力于确保去中心化的可靠性。其可能性在于提供了多样的共识算法，如工作量证明（PoW）、权益证明（PoS）、拜占庭容错（PBFT）等，以满足不同应用场景对于去中心化可靠性的需求。这种灵活性使得区块链系统能够根据特定的业务需求选择最适合的共识算法，从而实现了更广泛的应用。

加密算法在基础层发挥着保障数据安全性的重要作用。哈希函数（如SHA-256）和椭圆曲线数字签名算法（ECDSA）等加密算法的可能性在于为区块链提供了强大的数据保护手段，确保了信息的机密性和完整性。这些加密算法的广泛应用使得区块链技术能够在保证隐私和安全性的同时，实现开放的信息共享和传递。

去中心化网络协议，主要以Peer-to-Peer（P2P）协议为代表，确保节点之间直接通信，从而构建了分布式网络。这为区块链系统提供了高度的韧性和抗攻击性，同时降低了单点故障的风险。去中心化网络协议的可能性在于为区块链系统创造了高度的去中心化和抗攻击的环境，从而促进了系统的可靠性和稳定性。

然而，这些技术群也面临一系列制约因素。分布式账本技术在实际应用中可能受到性能和可扩展性的挑战，不同共识算法的选择需要平衡性能和去中心化的需求。加密算法的强大性也带来了计算复杂性和能耗等问题，尤其是在大规模网络中。去中心化网络协议的可能性在于提供了强大的防御机制，但其也可能导致网络拓扑结构的不稳定性和传输效率的问题。在实际应用中，需要不断地探索和创新，以克服这些制约因素，推动基础层技术群的不断发展和完善。

2. 中心层

应用层的关键技术群包括去中心化应用（DApps）和跨链技术，它们在推动区块链技术的应用和发展方面发挥着重要作用。我们将分析这两个技术群的实现可能性和制约因素。

去中心化应用（DApps）是区块链技术的前沿，旨在通过构建分布式网络来实现更安全、透明和可靠的应用。在去中心化存储方面，采用诸如 IPFS 和 Filecoin 的技术，提供了分布式网络中安全存储数据的解决方案。这为用户和开发者提供了高度可靠的数据存储方式，通过去中心化的架构，防范了单点故障和数据篡改的风险。然而，存储成本、数据隐私和可用性仍然是需要解决的问题。高昂的存储成本可能限制了广泛采用，而对于敏感数据的隐私和合规性要求，需要更加完善的解决方案。同时，确保去中心化存储系统的高可用性也是一个挑战，特别是在大规模网络中。

身份验证是去中心化应用层面的另一个关键技术，基于区块链的身份验证解决方案通过利用密码学技术，如公私钥对和数字签名，确保用户能够安全、匿名地访问和参与 DApps。这为用户提供了更高水平的安全性，减少了对中心化身份验证机构的依赖。然而，随之而来的问题是如何平衡匿名性和用户隐私保护之间的关系，以及如何应对可能的身份盗窃和滥用的风险。

链上数据交互协议是确保不同 DApps 之间有效交互的关键。通过标准化和安全传输数据，这些协议促进了区块链生态系统的发展。在这方面的可能性在于建立了一个更加互通的生态系统，有助于推动不同 DApps 之间的协同工作。然而，实现这一目标需要面对标准化的挑战，确保各种协议之间的兼容性，以及解决数据标准化和格式的问题。

在跨链技术方面，原子交换、侧链和主链关系以及中继链等技术手段有望解决不同区块链网络之间的互操作性问题。原子交换通过智能合约实现了资产的原子交换，确保了交易的安全性和可靠性。侧链和主链关系通过引入侧链来扩展主链功能，提高了整个网络的性能。中继链作为不同区块链之间通信的桥梁，有助于确保数据的安全和有效传输。然而，这些技术在实现可能性的同时也面临着一些挑战。安全性始终是跨链技术的首要考虑因素，确保在不同链之间的交互是安全可靠的。此外，缺乏跨链标准可能导致不同技术方案之间的不兼容性，限制了跨链技术的广泛应用。

去中心化应用和跨链技术在区块链应用层展现了广泛的发展前景。然而，为了充分实现这些可能性，必须克服技术和实际应用中的各种制约因素。安全性、标准化、隐私保护等方面的挑战需要不断的技术创新和综合解决方案，以推动应用层技术群的健康发展。

3. 应用层

在区块链技术的应用层，去中心化应用（DApps）和跨链技术是两个至关重要的技术群，它们塑造并推动着区块链生态系统的演进。对于去中心化应用，其可能性在于其创新潜力和生态系统的可持续发展。去中心化存储技术，如 IPFS 和 Filecoin，为 DApps 提供了更加安全、可靠的数据存储解决方案，为未来的应用场景和商业模式创新提供了广阔的空间。同时，DApps 的生态系统有望在技术发展和多样化应用的推动下迎来更多的开发者和用户，形成一个更加庞大且富有活力的生态系统。

去中心化应用也面临一系列制约因素。用户体验的改进仍然是一个亟待解决的问题，DApps 需要更加友好、高效的用户界面以及更流畅的性能，以便吸引更广泛的用户参与。此外，数据隐私问题也需要得到更好的解决，特别是在涉及用户个人数据的场景下，如何在去中心化环境中确保数据的隐私和安全性成为一个关键挑战。

在跨链技术方面，其可能性主要体现在实现多链协同和资产互通方面。通过原子交换、侧链和主链关系、中继链等技术手段，不同区块链可以实现协同工作，提高整体网络的效率和功能。资产的无缝互通使得用户能够更加便捷地进行跨链资产管理，促进了区块链生态系统的更紧密的互联互通。

跨链技术也面临一系列挑战。安全性是实现跨链交互时必须优先考虑的问题，涉及网络攻击、智能合约漏洞等方面。标准化的缺失可能导致不同技术方案之间的不兼容性，限制了跨链技术的广泛应用。因此，确保跨链技术的安全性和标准化是推动其可行性和实际应用的关键要素。

去中心化应用和跨链技术在技术创新和生态系统建设上有着广阔的前景。然而，要实现这些可能性，必须克服技术和实际应用中的各种挑战。去中心化应用需要关注用户体验、数据隐私等问题，而跨链技术需要确保安全性、推动标准化，以实现更加健壮和可持续的发展。这两个技术群的成功发展将为区块链技术的未来奠定坚实的基础。

（五）区块链技术展望

未来区块链技术的发展将是多方面的，涉及到基础技术的不断演进、中间层技术的日益成熟以及应用层的创新。区块链将逐渐成为全球数字化经济和社会治理的基石，但与此同时，仍然需要解决技术、法规和社会接受度等方面的挑战。

1. 基础层

未来的分布式账本技术可能会在多个方向上发展。为提高性能，研究者可能会进一步改进共识算法，探索新的共识机制，如权益证明（proof of stake）的不同变体。另外，侧链和状态通道等技术可能会进一步发展，以提高整个网络的吞吐量和扩展性。随着环保问题日益受到关注，基于能源效率和环境友好的共识机制可能会崭露头角，例如基于权益证明的能源有效性算法。这有助于降低整个网络的碳足迹，使得区块链技术更加可持续。

未来的加密算法发展可能涉及对抗量子计算的算法，以确保区块链系统的安全性。零知识证明和同态加密等技术可能会进一步融入区块链生态系统，以保护用户隐私。此外，随着隐私和安全性的日益重要，混淆交易和提高交易匿名性的新型加密技术可能会得到更广泛的采用。

未来的去中心化网络协议可能会更加灵活，以适应不同行业的需求。协议的标准化和互操作性将成为重要的发展方向，以促进不同网络之间的交互和通信。

2. 中心层

未来的智能合约平台可能会迎来更强大的功能和更友好的开发体验。更高级别的编程语言和智能合约模板将减少开发者的学习曲线，从而推动更多的开发者参与到区块链应用的开发中。智能合约的安全性问题可能会引起更多关注，未来可能会出现更先进的静态分析工具和智能合约审计服务，以确保合约的安全性和可靠性。

跨链技术的发展将进一步促进不同区块链之间的资产和信息流通。标准化的跨链协议可能会加速这一进程，使得用户能够更轻松地在不同区块链上操作和交互。未来的跨链技术可能还会包括更复杂的多链交互模型，以满足更多样化的业务需求。这将使得企业和用户能够更自由地选择适合其需求的区块链网络。

3. 应用层

未来的 DApps 可能会更多地融入实际业务场景。去中心化身份管理系统可能会解决用户隐私和数据安全的问题，数字资产管理 DApps 可能会涵盖更广泛的资产类型，而供应链管理 DApps 可能会更加智能和高效。用户体验的改善将继续是 DApps 推广的关键。更友好的界面、更快的响应速度以及更低的交易成本将吸引更多用户参与去中心化应用的使用。

跨链技术在应用层的应用将使得用户可以更方便地在不同区块链之间转移资产。这将促使更多的企业采用混合区块链解决方案，充分利用不同区块链网络的优势。未来的跨链应用可能会包括更复杂的金融产品、供应链解决方案以及全球性的数字身份管理系统，为用户提供更全面的服务。

（六）区块链技术在元宇宙产业中的应用和发展

区块链技术在元宇宙产业的应用和发展是一个不断进化的领域，它为元宇宙带来了数据透明性、安全性和去中心化的新维度。区块链技术在元宇宙中最显著的应用之一是创造和管理数字资产。这些资产包括虚拟土地、服饰、艺术品等，都可以通过区块链进行创建、买卖和所有权验证。例如，Decentraland 是一个基于以太坊的虚拟现实平台，用户可以购买、销售或开发其虚拟土地。这些交易都是通过区块链记录和验证的，确保了交易的透明性和安全性。另一个重要的应用是利用区块链来构建去中心化的身份验证和数据管理系统。在元宇宙中，用户身份和个人数据的安全至关重要。区块链提供了一种方式来安全地存储和管理这些信息，同时保护用户隐私。例如，微软与 ConsenSys 合作开发的 Decentralized Identity（去中心化身份）项目，就是使用区块链技术来创建和管理数字身份的一个例子。此外，区块链技术还在元宇宙的经济系统中扮演着重要角色。通过创建和使用加密货币，用户可以在元宇宙中进行交易和金融活动。这些活动不仅限于购买虚拟物品，还包括投资、众筹和其他更复杂的经济行为。例如，Axie Infinity 是一个基于以太坊的区块链游戏，玩家可以收集、培养和交易虚拟宠物，这些活动都是通过加密货币完成的。区块链技术在元宇宙中的另一个关键应用是智能合约。智能合约是自动执行、控制和文档化合同条款的计算机程序。在元宇宙中，智能合约可以用于自动化交易和合作，减少欺诈行为和提高效率。例如，在虚拟现实平台 Sandbox 中，用户可以使用智能合约来买卖虚拟物品，这些合约确保了交易的自动执行和合规性。展望未来，区块链技术在元宇宙中的应用预计将变得更加深入和广泛。

随着技术的进步，未来的元宇宙可能会包含更加复杂和高效的区块链系统，用于管理更广泛的经济活动、提供更安全的数据管理和支持更复杂的社交互动。例如，随着去中心化金融（DeFi）和非同质化代币（NFT）等概念的发展，区块链技术可能会在元宇宙中创造全新的经济和社交模式。总之，区块链技术在元宇宙产业中的应用和发展正在不断开拓新的可能性。从数字资产的创造和管理到用户身份的安全认证，从去中心化的经济系统到智能合约的应用，区块链技术正在为元宇宙带来更高的透明性、安全性和去中心化。随着技术的不断进步，区块链在元宇宙中的角色将变得更加重要，为用户提供更加安全、高效和创新的虚拟体验。

参考文献

［1］Yu B, Tian C, Lu X, et al. A distributed network-based runtime verification of full regular temporal properties［J］. IEEE Transactions on Parallel and Distributed Systems, 2022, 34（1）: 76-91.

［2］Wang M, Miao Y, Guo Y, et al. AESM 2 Attribute-Based Encrypted Search for Multi-Owner and Multi-User Distributed Systems［J］. IEEE Transactions on Parallel and Distributed Systems, 2022, 34（1）: 92-107.

［3］Deb P K, Mukherjee A, Singh D, et al. Loop-the-Loops: Fragmented Learning Over Networks for Constrained IoT Devices［J］. IEEE Transactions on Parallel and Distributed Systems, 2022, 34（1）: 316-327.

［4］Ma Y, Liang W, Wu J, et al. Throughput maximization of NFV-enabled multicasting in mobile edge cloud networks［J］. IEEE Transactions on Parallel and Distributed Systems, 2019, 31（2）: 393-407.

［5］Yue S, Ren J, Qiao N, et al. TODG: Distributed task offloading with delay guarantees for edge computing［J］. IEEE Transactions on Parallel and Distributed Systems, 2021, 33（7）: 1650-1665.

［6］Zhou H, Li M, Wang N, et al. Accelerating deep learning inference via model parallelism and partial computation offloading［J］. IEEE Transactions on Parallel and Distributed Systems, 2022, 34（2）: 475-488.

［7］Islam M T, Karunasekera S, Buyya R. Performance and cost-efficient spark job scheduling based on deep reinforcement learning in cloud computing environments［J］. IEEE Transactions on Parallel and Distributed Systems, 2021, 33（7）: 1695-1710.

［8］Saha R, Misra S, Chakraborty A, et al. Data-centric client selection for federated learning over distributed edge networks［J］. IEEE Transactions on Parallel and Distributed Systems, 2022,

34（2）：675-686.

［9］Yang S，Liu J，Arpaci-Dusseau A，et al. Principled schedulability analysis for distributed storage systems using thread architecture models［J］. ACM Transactions on Storage，2023，19（2）：1-47.

［10］Chaudhuri J，Chakrabarty K. Diagnosis of Malicious Bitstreams in Cloud Computing FPGAs［J］. IEEE Transactions on Computer-Aided Design of Integrated Circuits and Systems，2023.

［11］Kumar R，Kumar P，Tripathi R，et al. A distributed intrusion detection system to detect DDoS attacks in blockchain-enabled IoT network［J］. Journal of Parallel and Distributed Computing，2022，164：55-68.

［12］Rosendo D，Costan A，Valduriez P，et al. Distributed intelligence on the Edge-to-Cloud Continuum：A systematic literature review［J］. Journal of Parallel and Distributed Computing，2022，166：71-94.

［13］Hou H，Jawaddi S N A，Ismail A. Energy efficient task scheduling based on deep reinforcement learning in cloud environment：A specialized review［J］. Future Generation Computer Systems，2023.

［14］Zhao Z，Shi X，Shang M. Performance and cost-aware task scheduling via deep reinforcement learning in cloud environment［C］//International Conference on Service-Oriented Computing. Cham：Springer Nature Switzerland，2022：600-615.

［15］Wei W，Gu H，Wang K，et al. Multi-dimensional resource allocation in distributed data centers using deep reinforcement learning［J］. IEEE Transactions on Network and Service Management，2022.

［16］Li H，Xia J，Luo W，et al. Cost-efficient Scheduling of Streaming Applications in Apache Flink on Cloud［J］. IEEE Transactions on Big Data，2022.

［17］Chan K Y，Abu-Salih B，Qaddoura R，et al. Deep Neural Networks in the Cloud：Review，Applications，Challenges and Research Directions［J］. Neurocomputing，2023：126327.

［18］Tong Z，Chen H，Deng X，et al. A scheduling scheme in the cloud computing environment using deep Q-learning［J］. Information Sciences，2020，512：1170-1191.

［19］Lv Z，Xiu W. Interaction of edge-cloud computing based on SDN and NFV for next generation IoT［J］. IEEE Internet of Things Journal，2019，7（7）：5706-5712.

［20］Hossain M S，Muhammad G. Emotion recognition using secure edge and cloud computing［J］. Information Sciences，2019，504：589-601.

［21］Tuli S，Ilager S，Ramamohanarao K，et al. Dynamic scheduling for stochastic edge-cloud computing environments using a3c learning and residual recurrent neural networks［J］. IEEE transactions on mobile computing，2020，21（3）：940-954.

［22］Peng G，Wu H，Wu H，et al. Constrained multiobjective optimization for IoT-enabled computation offloading in collaborative edge and cloud computing［J］. IEEE Internet of Things

Journal, 2021, 8 (17): 13723-13736.

[23] Ghosh A M, Grolinger K. Edge-cloud computing for Internet of Things data analytics: Embedding intelligence in the edge with deep learning [J]. IEEE Transactions on Industrial Informatics, 2020, 17 (3): 2191-2200.

[24] Bi S, Huang L, Zhang Y J A. Joint optimization of service caching placement and computation offloading in mobile edge computing systems [J]. IEEE Transactions on Wireless Communications, 2020, 19 (7): 4947-4963.

[25] Eshratifar A E, Abrishami M S, Pedram M. JointDNN: An efficient training and inference engine for intelligent mobile cloud computing services [J]. IEEE Transactions on Mobile Computing, 2019, 20 (2): 565-576.

[26] 邱锡鹏. 神经网络与深度学习 [M]. 北京: 机械工业出版社, 2020.

[27] 周志华机器学习 [M]. 北京: 清华大学出版社, 2016.

[28] 李航. 统计学习方法 [M]. 2版. 北京: 清华大学出版社, 2019.

[29] Bishop C M. Pattern recognition and machine learning [M]. 5th ed. Springer, 2007.

[30] Hastie T, Tibshirani R, Friedman J H. The elements of statistical learning: Data mining, inference, and prediction [M]. 2nd ed. Springer, 2009.

[31] Murphy K P. Machine learning-a probabilistic perspective [M]. MIT Press, 2012.

[32] Vapnik V. Statistical learning theory [M]. New York: Wiley, 1998.

[33] Scholkopf B, Smola A J. Learning with kernels: support vector machines, regularization, optimization, and beyond [M]. MIT press, 2001.

[34] Goodfellow I J, Bengio Y, Courville A C. Deep learning [M/OL]. MIT Press, 2016. http://www.deeplearningbook.org/.

[35] Freund Y, Schapire R E. Large margin classification using the perceptron algorithm [J]. Machine learning, 1999, 37 (3): 277-296.

[36] Duda R O, Hart P E, Stork D G. Pattern classification [M]. 2nd ed. Wiley, 2001.

[37] He K, Zhang X, Ren S, et al. Deep residual learning for image recognition [C]//Proceedings of the IEEE conference on computer vision and pattern recognition, 2016: 770-778.

[38] Krizhevsky A, Sutskever I, Hinton G E. ImageNet classification with deep convolutional neural networks [C]//Advances in Neural Information Processing Systems, 2012, 25: 1106-1114.

[39] LeCun Y, Boser B, Denker J S, et al. Backpropagation applied to handwritten zip code recognition [J]. Neural computation, 1989, 1 (4): 541-551.

[40] Long J, Shelhamer E, Darrell T. Fully convolutional networks for semantic segmentation [C]//Proceedings of the IEEE conference on computer vision and pattern recognition, 2015: 3431-3440.

[41] Simonyan K, Zisserman A. Very deep convolutional networks for large-scale image recognition [J]. arXiv preprint arXiv, 2014: 1409.1556.

[42] Bengio Y, Simard P, Frasconi P. Learning long-term dependencies with gradient descent is difficult [J]. Neural Networks, IEEE Transactions on, 1994, 5 (2): 157–166.

[43] Berger A L, Pietra V J D, Pietra S A D. A maximum entropy approach to natural language processing [J]. Computational linguistics, 1996, 22 (1): 39–71.

[44] Hinton G E, Salakhutdinov R R. Reducing the dimensionality of data with neural networks [J]. Science, 2006, 313 (5786): 504–507.

[45] Hinton G, Deng L, Yu D, et al. Deep neural networks for acoustic modeling in speech recognition [J]. IEEE Signal Processing Magazine, 2012, 29 (6), 82–97.

[46] Goodfellow I, Pouget-Abadie J, Mirza M, et al. Generative adversarial nets [C]//Advances in Neural Information Processing Systems, 2014: 2672–2680.

[47] Rombach, Robin, et al. High-resolution image synthesis with latent diffusion models [C]//Proceedings of the IEEE/CVF conference on computer vision and pattern recognition, 2022.

[48] Minguk K, Shin J, Park J. StudioGAN: A taxonomy and benchmark of GANs for image synthesis [J]. IEEE Transactions on Pattern Analysis and Machine Intelligence, 2023, 45 (12): 15725–15742.

[49] Minguk K, Zhu J, Zhang R, et al. Scaling up GANs for text-to-image synthesis [C]//Proceedings of the IEEE/CVF Conference on Computer Vision and Pattern Recognition, 2023.

[50] Huda N U, Ahmed I, Adnan M, et al. Experts and intelligent systems for smart homes' Transformation to Sustainable Smart Cities: A comprehensive review [J]. Expert Systems with Applications, 2024, 238: 122380.

[51] Wang H, Ning H, Lin Y, et al. A Survey on the Metaverse: The State-of-the-Art, Technologies, Applications, and Challenges [J]. IEEE Internet of Things Journal, 2023, 10 (16): 14671–14688.

[52] Bogdan W, Petr F. A hybrid recommender system for an online store using a fuzzy expert system [J]. Expert Systems with Applications, 2023, 212: 118565.

[53] Laura G, Chloe R, Nikhila R, et al. FACET: Fairness in Computer Vision Evaluation Benchmark [C]//Proceedings of the IEEE/CVF International Conference on Computer Vision, 2023.

[54] Saharia C, Chan W, Saxena S, et al. Photorealistic text-to-image diffusion models with deep language understanding [J]. Advances in Neural Information Processing Systems, 2022, 35: 36479–36494.

[55] Radford A, Kim J W, Hallacy C, et al. Learning transferable visual models from natural language supervision [C]//International conference on machine learning. PMLR, 2021: 8748–8763.

[56] 范晶. VR虚拟现实技术在三维游戏设计中的开发策略 [J]. 电子技术与软件工程, 2023 (6).

[57] 周玉莹，马苗，申琪琪，等. 一种安全高效的去中心化移动群智感知激励模型［J］. 计算机科学，2023，50（S2）.

[58] 张展鹏，李可欣，阚海斌. 基于去中心化身份的开放区块链预言机方案［J］. 计算机研究与发展，2023，60（11）.

[59] Nasir M H, Arshad J, Khan M M, et al. Scalable blockchains—A systematic review［J］. Future generation computer systems，2022，126：136–162.

[60] Qasse I A, Abu Talib M, Nasir Q. Inter blockchain communication: A survey［C］//Proceedings of the ArabWIC 6th Annual International Conference Research Track，2019：1–6.

[61] Jiang S, Guo L, Zhang X, et al. Lightflood: Minimizing redundant messages and maximizing scope of peer-to-peer search［J］. IEEE Transactions on Parallel and Distributed Systems，2008，19（5）：601–614.

[62] Tang W, Kiffer L, Fanti G, et al. Strategic Latency Reduction in Blockchain Peer-to-Peer Networks［J］. Proceedings of the ACM on Measurement and Analysis of Computing Systems，2023，7（2）：1–33.

[63] Ren Y, Zeng Z, Wang T, et al. A trust-based minimum cost and quality aware data collection scheme in P2P network［J］. Peer-to-Peer Networking and Applications，2020，13：2300–2323.

[64] Frahat R T, Monowar M M, Buhari S M. Secure and scalable trust management model for IoT P2P network［C］//2019 2nd International Conference on Computer Applications&Information Security（ICCAIS）. IEEE，2019：1–6.

[65] Gao Y, Shi J, Wang X, et al. Topology measurement and analysis on ethereum p2p network［C］//2019 IEEE Symposium on Computers and Communications（ISCC）. IEEE，2019：1–7.

[66] Androulaki E, Barger A, Bortnikov V, et al. Hyperledger fabric: a distributed operating system for permissioned blockchains［C］//Proceedings of the thirteenth EuroSys conference，2018：1–15.

[67] Minsky N H. Discriminating Defense Against DDoS Attacks: a Novel Approach［J］. arXiv preprint arXiv：2201.12439，2022.

[68] Yang, J, Jin, H, Tang, R, et al.，2023. Harnessing the power of llms in practice: A survey on chatgpt and beyond［J］. arXiv preprint arXiv：2304.13712.

[69] 奥拓玛科技. 新工业，物联网，未来的网络!［EB/OL］.（2018）. https://www.sohu.com/a/271794338_809329.

[70] 千寻生活，魏强. 物联网的概念、基本架构及关键技术［EB/OL］.（2018）. https://www.infoobs.com/article/20180823/24474.html.

[71] 工程师 Waiting. 漫谈云计算 IT 基础设施［EB/OL］.（2020）. https://blog.csdn.net/kdashvan/article/details/104880300.

第四章

元宇宙相关产业技术路线图

元宇宙被视为一个虚拟的数字世界，与现实世界相互交融，为人们带来了前所未有的体验和机遇。教育元宇宙、医疗元宇宙、文旅元宇宙和工业元宇宙是元宇宙技术发挥作用的四个典型应用领域。在智慧教育领域，元宇宙技术为学生提供了更加丰富、个性化的学习体验。在智慧医疗领域，元宇宙技术为医疗行业带来了巨大的变革，提升了医疗服务的质量和效率。在智慧文旅领域，元宇宙技术推动了旅游和文化的融合与创新，为旅游业和文化产业带来了新的发展动力。在工业领域，元宇宙技术为制造业带来了数字化转型的机遇，推动了工业生产的智能化和可持续发展，为制造业注入了新的活力。因此，基于元宇宙相关技术衍生的智慧教育元宇宙、智慧医疗元宇宙、智慧文旅元宇宙和工业元宇宙正为人类生活和社会经济发展带来了巨大的变革和创新，为人们的学习、医疗、旅游和工业生产带来了全新的体验和机遇，推动了社会的进步和繁荣。

第一节　发展目标与总体路线图

元宇宙是数字与物理世界融通作用的沉浸式互联空间，是新一代信息技术集成创新和应用的未来产业，是数字经济与实体经济融合的高级形态，有望通过虚实互促引领下一代互联网发展，加速制造业高端化、智能化、绿色化升级，支撑建设现代化产业体系。当前，全球元宇宙产业加速演进，为抢抓机遇引导元宇宙产业健康安全高质量发展，有力支撑制造强国、网络强国和文化强国建设，制订本行动计划。就元宇宙产业发展目标而言，分为长期目标和短期目标。短期目标要求：①元宇宙技术、产业、应用、治理等取得突破，成为数字经济重要增长极；②培育三至五家有全球影响力的生态企业和一批专精特新中小企业，打造三至五个产业发展集聚区；③基于元宇宙技术建立新型公共服务体系和全球影响力的产业生态区。在长期目标方面，要求：①元宇宙核心技术实现重大突破；②建立成熟的工业元宇宙体系和开拓虚实互促的制造业增长新模式；③建成通用无感的元宇宙空间，以推动人类增长新模式；④建造健康可持续的产业发展环境。

智慧教育方面，元宇宙技术可以为教育行业提供更加高效、便捷、智能的服务。元宇宙技术可以为教育机构提供虚拟实验室和课堂环境，使学生在虚拟环境中进行实验、讨论和学习。这有助于提高学生的实践能力和自主学习能力，同时降低实验和教学成本。元宇宙技术通过虚拟现实、增强现实等手段，为学生提供身临其境的学习体验。通过元宇宙技术，可以实现全球范围内教育资源的共享，如在线课程、虚拟图书馆等。这有助于解决教育资源分布不均的问题，提高教育公平性。元宇宙技术在智慧教育方面具有广泛的应用前景，可以从多个方面提高教育质量和效率。

智慧医疗方面，元宇宙技术可以为医疗行业提供更加合理、科学的服务。元宇宙技术可以为医学教育提供虚拟实验室和临床环境，使医学生能够在虚拟环境中进行手术模拟、病例分析和临床技能培训。这有助于提高医学生的实践能力，减少实际操作中的风险，同时降低培训成本。通过元宇宙技术，可以构建基于人工智能的医疗诊断系统，实现对病患的快速、准确诊断。例如，利用深度学习技术分析医学影像数据，协助医生识别疾病征象，从而提高诊断的准确性和效率。元宇宙技术可以为康复治疗提供更加生动、有趣的治疗环境，例如虚拟现实康复训练系统。患者可以在虚拟环境中进行康复训练，提高康复效果和患者满意度。元宇宙技术可以帮助医疗机构更好地对患者进行健康教育和疾病管理。例如，通过虚拟现实技术向患者展示疾病的发展过程和治疗方法，提高患者对疾病的认识，或者利用元宇宙技术建立患者健康管理系统，实现对患者的长期跟踪和健康管理。元宇宙技术在智慧医疗方面具有广泛的应用前景，可以从多个方面提高医疗服务的质量和效率。

智能工业方面，元宇宙技术可以为工业生产、供应链管理、产品设计等领域提供更加高效、便捷、智能的服务。元宇宙技术可以为工业制造企业提供虚拟工厂和生产过程模拟，使工程师和生产管理人员能够在虚拟环境中进行生产规划、设备调试和生产过程优化。这有助于提高生产效率，降低实际生产中的风险。通过元宇宙技术，企业可以实现供应链的数字化和可视化，从而更好地管理和优化供应链流程。例如，企业可以通过虚拟现实技术对物流过程进行模拟，找到运输、仓储等环节的瓶颈，从而降低物流成本，提高物流效率。元宇宙技术可以与工业机器人技术相结合，实现智能工厂的构建。例如，通过虚拟现实技术对工业机器人进行编程和控制，提高生产过程中机器人与设备的协同作业能力，从而提高生产效率和质量。总之，元宇宙技术在工业方面具有广泛的应用前景，可以从多个方面提高工业生产的质量和效率。

智慧文旅方面，元宇宙技术可以为文旅行业提供更加经济、高效和人性化服务。元宇宙技术可以为旅游行业提供虚拟旅游服务，让游客在虚拟环境中体验各种旅游场景，如名山胜水、历史遗迹、文化景观等。这有助于吸引更多游客，提高游客的体验质量，同时降低旅游成本。通过元宇宙技术，可以创建虚拟的文化旅游体验场景，使游客能够深入了解和体验目的地的历史文化、民俗风情等。这有助于传播和弘扬地方文化，提高旅游的文化内涵。总之，元宇宙技术在智慧文旅方面具有广泛的应用前景，可以从多个方面提高文旅行业的服务质量和效率。

如图 4-1 所示，由国家制定的新一代元宇宙信息产业高质量发展的需求确立了元宇宙产业短期和长期发展目标。而沉浸式体验技术、高速传输网络技术、云计算技术、人工智能技术、区块链技术和物联网等领域取得的技术突破为促进工业元宇宙、

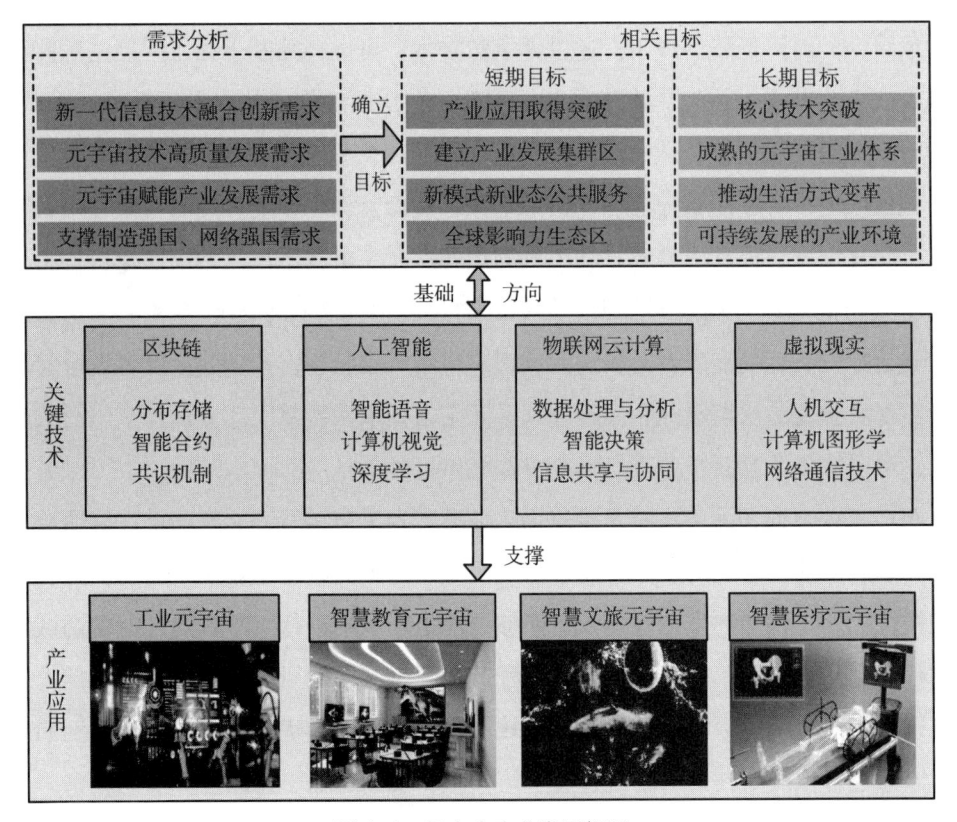

图 4-1 元宇宙产业发展概况

智慧教育元宇宙、智慧医疗元宇宙和智慧文旅元宇宙等产业健康可持续发展提供了坚实的保障。

一、元宇宙产业发展需求分析

加快构建新发展格局，把实施扩大内需战略与供给侧结构性改革有机结合，以构建工业元宇宙、赋能制造业为主要目标，以新一代信息技术融合创新为驱动，以虚实相生的应用需求为牵引，以培育元宇宙新技术、新产品、新模式为抓手，发挥有为政府和有效市场合力，统筹发展和安全，系统性谋划、工程化推进、产业化落地，推动元宇宙产业高质量发展。

创新驱动需求。释放元宇宙集成创新动能，带动相关技术跨界融合发展。坚持补短板和锻长板并重，加速元宇宙关键核心技术突破，推动产业加速向高端化迈进。

场景需求牵引。开拓元宇宙应用场景，以场景建设带动元宇宙技术与产品落地应用，形成需求牵引供给、供给创造需求的高水平发展局面。

融合互促需求。把握元宇宙虚实融合的特征，构建物理世界的虚拟映射，激发数字技术赋能、叠加、倍增作用，提升数字空间和物理世界生产力。

安全可靠需求。统筹发展与安全，加强政策引导和标准引领，推动元宇宙治理体系建设。筑牢产业基础，增强产业链供应链韧性，提升安全保障能力。

开放协作需求。深化国际交流合作，主动参与国际治理，实现互利共赢。加强产学研用协作，有效配置资源，推动创新链产业链资金链人才链深度融合。

二、元宇宙产业发展基本目标

根据五部门联合印发《元宇宙产业创新发展三年行动计划（2023—2025年）》，到2025年，元宇宙技术、产业、应用、治理等取得突破，成为数字经济重要增长极，产业规模壮大、布局合理、技术体系完善，产业技术基础支撑能力进一步夯实，综合实力达到世界先进水平。培育三至五家有全球影响力的生态型企业和一批专精特新中小企业，打造三至五个产业发展集聚区。工业元宇宙发展初见成效，打造一批典型应用，形成一批标杆产线、工厂、园区。元宇宙典型软硬件产品实现规模应用，在生活消费和公共服务等领域形成一批新业务、新模式、新业态。

如图4-2所示，长期看，元宇宙关键核心技术将实现重大突破，形成全球领先的元宇宙产业生态体系；打造成熟的工业元宇宙，开拓虚实互促的制造业增长新模式；

建成泛在、通用、无感的元宇宙空间，推动实现人类生产生活方式的整体跃升；形成安全高效的元宇宙治理体系，营造健康可持续的产业发展环境。

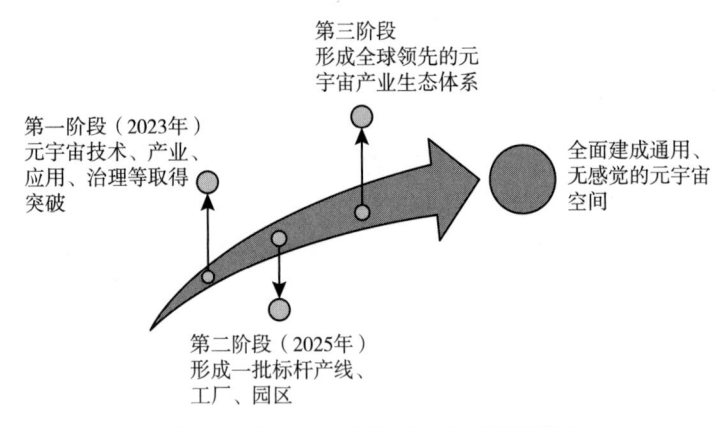

图 4-2　元宇宙产业发展基本目标路线图

三、构建系统完备的元宇宙产业基础

（一）完善的产业基础

开展元宇宙标准化路线图研究，建设元宇宙产业标准规范体系，全面梳理元宇宙产业链标准化需求，分级分类推动标准规范制定。围绕基础共性、互联互通、安全可信、隐私保护和行业应用等，组织开展国家标准、行业标准和团体标准制定和预研。鼓励各应用行业推进细分领域标准制定工作。深入开展标准宣传推广，促进标准落地实施。推动元宇宙标准化组织建设，鼓励业界积极参与国际标准化工作。

（二）创新能力支撑基础

支持建设元宇宙重点实验室、制造业创新中心、内容制作基地等载体，加强基础技术研究，加快共性技术突破。打造元宇宙测试平台，强化新技术产品测试验证能力，加速优秀成果产业化落地。构建元宇宙产品评估评测体系，提升元宇宙产品和服务质量。健全元宇宙知识产权保护体系，提供高质量、专业化知识产权服务。引导金融资本支持元宇宙发展，推动减税降费政策向元宇宙相关产业倾斜，营造健康可持续的产融合作环境。

（三）一流设施基础

建设 5G、6G 的千兆/万兆光网、卫星互联网等新型网络，满足元宇宙高速率、低时延、全域立体覆盖的应用需求。建设云边一体、算网一体、智能调度、绿色低碳的新型算力，为元宇宙超高内容拟真度、实时交互自由度提供算力保障。发展元宇宙信任基础设施，试点去中心化场景应用，支撑元宇宙可信存储需求。打造元宇宙基础设施综合管理平台，实现计算、存储和通信能力的分布式协同，提升运营效率与可靠性。

（四）安全可信元宇宙产业治理体系基础

完善元宇宙协同治理机制。持续完善元宇宙政策法规，加强元宇宙风险跟踪研判，打造部门协同、社会参与的治理体系。明晰元宇宙监管主体职能，完善内容审查、风险处置、违规处理等规则流程。开展元宇宙伦理研究，将主流价值和伦理要求贯穿技术研发应用全过程。加强元宇宙行业自律，提升企业合规能力和社会责任意识，压实主体责任。加强社会监督，防范概念过度炒作，保障产业公平健康发展。

强化安全保障能力建设。加强元宇宙安全技术研究，常态化开展安全风险评估，建立安全风险事件处置机制。指导元宇宙企业加强信息安全管理，建立健全违法信息监测、识别和处置机制，遏制虚假有害信息传播，切实防范网络诈骗等违法活动。建立元宇宙数据治理框架，加强数据安全和出境管理，规范对用户信息的收集、存储、使用等行为，提升数据安全治理能力和个人信息的保护水平。

（五）保障措施基础

强化统筹协调。统筹协调各部门，加强产业、创新、财政、金融、区域等政策协同，协同推进元宇宙技术攻关、标准制定、治理体系建设等工作。深化央地协作，鼓励地方结合实际制定针对性强、可操作的政策措施，优化产业布局，因地制宜推动元宇宙技术创新和产业发展。

优化人才培养。支持高等院校加强元宇宙相关学科专业人才培养，深入推进产学研合作，鼓励企业与高校、科研机构联合培养人才，支持建设元宇宙技术技能人才实训基地，增强高水平人才供给。加强人工智能、区块链、虚拟现实等新一代信息技术融合创新海外高层次人才引进力度。选拔和支持一批元宇宙相关领域高水平管理、技术、技能人才，提高企业人才集聚能力。

深化国际合作。深度参与元宇宙国际治理规则和标准制定，结合我国治网主张，推动建立多边、民主、透明的国际元宇宙治理体系。做好国际元宇宙治理规则与国内的衔接，提升国内元宇宙企业的国际化水平。加强元宇宙国际交流合作，集聚全球创新资源，拓展国际市场应用，推动国内国际双循环相互促进。

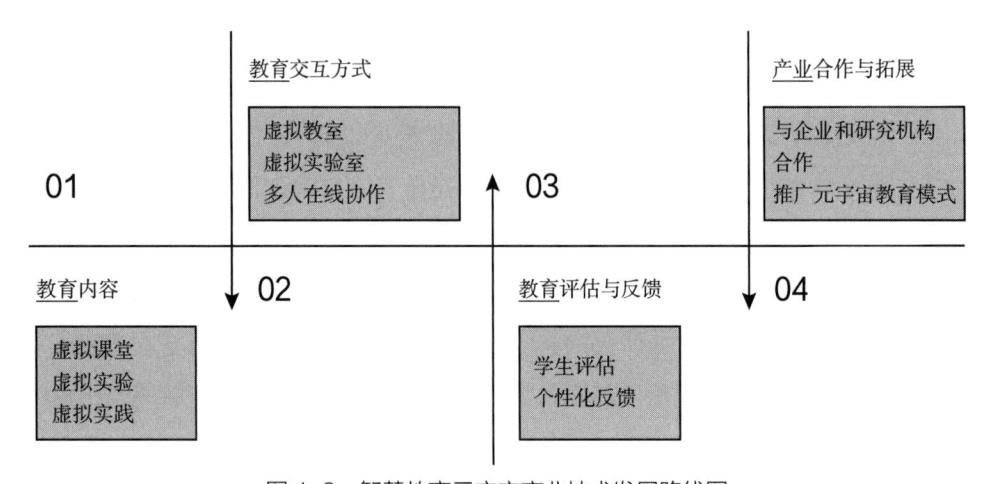

第二节　智慧教育元宇宙产业技术发展

智慧教育元宇宙产业技术将教育和科技融合在一起，通过虚拟现实、增强现实、人工智能等技术手段，创造出一个虚拟的学习环境，使学生能够在虚拟世界中进行学习和实践。智慧教育元宇宙产业技术提供了更加丰富和多样化的互动方式，学生可以通过虚拟现实设备进行身临其境的学习体验，与虚拟角色进行互动交流，实现更加生动和有效的学习过程。智慧教育元宇宙产业技术可以打破传统教育的时空限制，学生可以随时随地进行学习，不再受制于时间和地点的限制。同时，学生可以与全球范围内的教育资源和师资进行互动和合作，实现跨地域的学习和交流。智慧教育元宇宙产业技术为教育带来了全新的教学模式和教学工具，通过创新的技术手段和方法，可以激发学生的创造力和创新思维，培养学生的综合素质和创新能力。

一、智慧教育元宇宙产业技术发展路线图

图 4-3 为智慧教育元宇宙产业技术发展路线图，智慧教育元宇宙产业包括教育内容、教育交互方式、教育评估与反馈和产业合作与拓展。

图 4-3　智慧教育元宇宙产业技术发展路线图

（一）教育内容

教育内容数字化是对传统方式的升级，也是未来的趋势。在元宇宙的教学环境下，教育者有多种教学手段，如虚拟课堂、虚拟实验或虚拟实践等，让教育更加生动、丰富、创新，从而使学生获得更加丰富和实际的学习体验。

1. 虚拟课堂

目标 1：创建更多与现实世界相结合的虚拟课堂场景。

目标 2：开发多种教学模式，如讲座、小组讨论、实验等。

目标 3：引入更多的互动元素，如问答、投票、模拟实践等。

2. 虚拟实验

目标 1：为各个学科提供丰富的虚拟实验内容。

目标 2：为虚拟实验提供丰富的辅助工具，如数据记录和分析工具、实验视频等。

3. 虚拟实践

目标 1：开发虚拟实践平台，如虚拟公司、虚拟医院等。

目标 2：与真实世界的企业和机构合作，为学生提供虚拟实习机会。

（二）教育交互方式

通过元宇宙技术可以模拟出各种真实的学习场景，如实验室、博物馆、历史遗迹、名山大川等，学生可以在虚拟环境中自由地探索、互动、体验，使学习更加有趣、生动、直观。这种学习方式不仅可以激发学生的兴趣，还可以帮助他们更深入地理解和掌握知识，从而提高学习效果。同时，由于校园教学元宇宙是基于虚拟现实技术构建的，学生可以在其中进行虚拟实验、模拟操作等，这可以加大学生实验和操作的参与度，提高实验和操作的安全性和可控性。校园教学元宇宙还能提供多人协作学习的环境，让学生可以通过协作完成学习任务，这种教学方式能够培养学生的团队协作和沟通能力。

1. 虚拟教室

目标 1：提供多种虚拟学习环境选择，如山地、海洋、宇宙等，便于身临其境地开展教学与学习工作。

目标 2：开发更多 3D 模型和动画，在增强学习的趣味性的同时，使得知识更容易被学生理解和掌握。

2. 虚拟实验室

目的：通过虚拟引擎逼真地模拟物理和化学反应，为学生提供高度互动性和自主性的虚拟实验平台。

3. 多人在线协作

目标 1：提供实时的语音和视频通信功能。

目标 2：开发多人协作的教育游戏和任务。

目的 3：优化多人在线协作的体验，如语音、手势交互等。

（三）教育评估与反馈

教育评估与反馈在教育过程中起到了至关重要的作用。它们不仅对学生的学习进度和成果进行了量化和定性的描述，还为教育者提供了改进教学方法和内容的重要参考信息。通过 AI 和大数据技术，我们可以从多个维度和层面对学生的学习数据进行深入分析，从而得到全方位的学习评估，确保评价更加科学和公正。利用区块链分布式记账确保学习过程的每个阶段都有可靠和不可更改的记录，从而避免了传统评价中的"成绩篡改"和"冒名顶替"等问题。此外，过去难以量化或主观评估的能力，如问题解决和创新，现在可以通过持续观察得到更客观的评价，为建立更科学的评估报告提供基础。

1. 学生评估

目标 1：利用 AI 技术对学生的知识和技能进行测评。

目标 2：利用区块链技术记录学生评估报告，有效避免教育公平漏洞。

目标 3：为教育者提供学生评估报告和建议。

目标 4：开发学生自我评估和反思的工具。

2. 个性化反馈

目标 1：根据学生的学习风格和能力提供个性化的学习建议。

目标 2：为学生提供 AI 助手，实时回答学习中的疑问。

目标 3：创建学生、教育者和家长的沟通平台。

（四）产业合作与拓展

建立一个数字供给平台，汇集政府、企业、高等教育研究机构和社会组织的力量。集中于数字技术、教学工具和用户体验，共同推动平台的发展。鼓励政府制定与虚拟世界相关的法律、信息安全和用户行为标准，并通过各种方式如行业标准和规范来指导数字行为和资源的使用。

1. 与企业和研究机构合作

目标 1：与顶级企业和研究机构建立长期合作关系。

目标 2：为学生提供真实世界的问题和挑战。

目标 3：共同研发新的教育技术和内容。

2. 推广智慧教育元宇宙模式

目标 1：与各级教育机构合作，推广智慧教育元宇宙模式。

目标 2：为教育者提供智慧教育元宇宙的培训和支持。

目标 3：创建智慧教育元宇宙的社区和论坛，分享经验和资源。

二、智慧教育元宇宙产业国内外发展水平分析

智慧教育元宇宙产业是一种新型的教育模式，它是结合了人工智能、区块链、虚拟现实、增强现实、混合现实、数字孪生、5G 等新兴信息技术塑造的虚实融合教育环境，是虚拟与现实全面交织、人类与机器全面联结、学校与社会全面互动的智慧教育环境高阶形态。它可以为学生提供更加真实、生动的学习体验，提高学习效率，促进教育公平。目前，智慧教育元宇宙产业已经得到了全球范围内的关注和重视，越来越多的国家开始投入巨资发展这一产业。

（一）智慧教育元宇宙产业国内外发展现状介绍

智慧教育元宇宙产业源于对虚拟现实、增强现实和人工智能等技术的不断发展和整合，它从最初的教育虚拟现实实验到如今基于元宇宙概念的全新教育体验，其发展经历了技术创新和应用探索的阶段。全球范围内，智慧教育元宇宙产业正呈现出快速增长的趋势。其应用场景涵盖了从基础教育到职业培训的多个领域，包括但不限于虚拟实验室、在线沉浸式学习环境和远程协作学习平台，其中虚拟实验室、个性化教学、全球协作学习等已经成为关键的发展方向。这些场景不仅丰富了教学手段，还提供了更为身临其境的学习体验，有助于激发学生的学习兴趣和创造力。同时，通过数据分析和个性化学习，智慧教育元宇宙也为教师提供了更多的教学支持和个性化指导。根据市场研究，全球智慧教育元宇宙产业的市场规模预计在未来几年内将保持快速增长，其在高等教育领域应用逐渐扩大，推动了市场的不断扩张。

智慧教育元宇宙产业正在迅速发展。党的二十大报告明确提出：教育、科技、人才是全面建设社会主义现代化国家的基础性、战略性的支撑，科技是第一生产力，人才是第一资源，创新是第一动力，要坚持以人民为中心发展教育，加快建设高质量教育体系，发展素质教育，促进教育公平。同时，党的二十大首次将"教育数字化"写进报告，明确要求要坚持教育优先发展、科技自立自强、人才引领驱动，深入实施科教兴国战略、人才强国战略、创新驱动发展战略。在当前时代背景下，将教育和科技相结合已经成为不可阻挡的趋势，推动智慧教育元宇宙产业的发展也成为教育发展和创新的重点。

目前，中国某些城市已经开始规划智慧教育元宇宙产业。最近在 2023 数智教育

应用峰会暨元宇宙中国行（成都站）城市论坛上，电子科技大学成都学院副校长杜辉透露，学校已经开设十七个本科专业和十二个专科专业与元宇宙六大核心技术相关。同时，学校建立了二十间元宇宙直接相关的实验室，包括虚拟现实实验室、人工智能实验室、边缘计算实验室等。下一步，学校将充分利用国腾集团的科研技术资源、区域场地资源以及丰富的场景资源，计划通过建设 AIGC 实训中心，力争将学校打造成为元宇宙人才培养标杆院校，实现高等教育与产业集群联动的新发展格局。

放眼全球，美国作为全球科技创新的重要中心，也是智慧教育元宇宙产业的领先者之一，其在虚拟现实、人工智能等领域拥有着很强的技术和实力。美国政府也非常重视智慧教育元宇宙产业的发展，将其纳入国家战略，推动各个州开展智慧教育元宇宙。此外，美国的一些知名企业也在积极布局智慧教育元宇宙产业，他们推出了一系列的虚拟教育产品和服务，提供了丰富的教育资源和体验，如谷歌早在 2017 年就推出了 Google Expeditions，这是一个基于虚拟现实技术的学习平台，为学生提供了身临其境的学习体验，使得学生能够通过虚拟现实技术参观世界各地的地标和历史遗迹。同时，欧洲的智慧教育元宇宙产业发展也十分迅速，欧洲各国也在智慧教育元宇宙产业的发展上积极探索，不断投入资源用于技术研发和教育应用。一些欧洲国家在虚拟现实、人工智能等方面同样有着很强的技术和实力，他们也在积极推动智慧教育元宇宙产业的发展。专注虚拟现实教育的 Immersive VR Education 公司在欧洲推出了基于虚拟现实技术的教育平台，旨在为学生提供沉浸式学习体验。他们开发了诸如 Titanic VR 和 Raid on the Ruhr 等虚拟现实教育产品，让学生可以在虚拟环境中亲身体验历史事件和科学现象。

（二）智慧教育元宇宙产业国内外发展的对比

虽然各个国家都在积极推动智慧教育元宇宙产业的发展，但是在发展水平上还是存在一定的差距。美国作为科技创新的领先者，在虚拟现实、人工智能等领域的技术实力和经验积累较为丰富，其智慧教育元宇宙产业具有较早的起步优势。美国的著名公司如谷歌、脸书和微软等一直在积极推动虚拟现实和增强现实技术在教育领域的应用，其产品和服务在教育内容丰富度、技术成熟度和用户体验方面具有显著优势。同时美国的智慧教育元宇宙产业在技术创新方面具有较强的能力，不断推出具有颠覆性和创新性的教育产品和服务。其注重结合虚拟现实技术和个性化教育，为学生提供更为丰富、个性化的学习体验。美国政府也对于教育科技产业给予了相当的政策支持和鼓励。投资方面，一些科技巨头和教育机构投入了大量资源用于技术研发和教育产品的推广,推动了智慧教育元宇宙产业的快速发展。

我国在技术方面虽然也有很强的实力,但是在一些核心技术的研发和应用方面还有一定的欠缺。我国作为全球最大的互联网市场,在智慧教育元宇宙产业方面也显示出了迅速崛起的势头。腾讯、阿里巴巴等科技公司纷纷推出了基于虚拟现实和增强现实技术的教育产品,致力于提供更具沉浸感的学习体验。国内智慧教育元宇宙产业的发展需要更加符合国情,让我国的智慧教育元宇宙产业发展走一条具有我国特色的道路,而不是照搬国外现成的产品和模式。虽然我国的智慧教育元宇宙产业起步较晚,但是政府对于科技创新和教育产业的支持力度在不断加大,这些都对当前国内智慧教育元宇宙产业的发展起到了很大的推动作用。

(三)智慧教育元宇宙产业技术发展的制约因素分析

在智慧教育元宇宙产业不断发展的同时,一些问题也随之暴露出来。在国外,由于不同国家和地区的技术标准和互操作性存在差异,在一定程度上影响了智慧教育元宇宙产业技术的交流和合作,增加了行业发展的复杂性。国外市场对于智慧教育元宇宙产品和服务的需求存在差异,文化差异也影响到产品的定制和推广。同时隐私和安全问题也一直备受关注,特别是涉及个人数据和隐私保护方面的问题,很大程度上会限制智慧教育元宇宙产业技术的发展和应用。再看国内,由于存在技术基础和研发能力不足的问题,限制了创新能力和技术应用的深入发展,且目前国内仍缺乏标准规范与信息追踪机制来保障教育元宇宙的发展秩序。尽管国内政府加大了对教育产业的支持力度,但是在智慧教育元宇宙产业方面,相关的政策支持和监管仍有待完善。同时学生长时间沉浸于教育元宇宙中的虚拟环境,可能会产生逃避现实、过度依赖虚拟环境的不良行为。最重要的一点是国内的教育体制改革面临着诸多挑战,包括教学模式的创新、教师培训、教育资源的配置等方面,这些挑战也影响了智慧教育元宇宙产业的推广和应用。

三、智慧教育元宇宙产业关键技术

如图4-4教育元宇宙产业关键技术示意图所示,智慧教育元宇宙产业的关键技术不仅继承了元宇宙的所有技术,而且也需要提供促进情景化教学、个性化教学、游戏化教学和教师修研的关键技术。虚拟现实技术与增强现实技术、人工智能技术、区块链技术、5G与物联网技术、云计算与大数据技术等,这些关键技术的发展与成熟将推动教育行业的创新和变革,从而让智慧教育元宇宙产业得到进一步的推广。

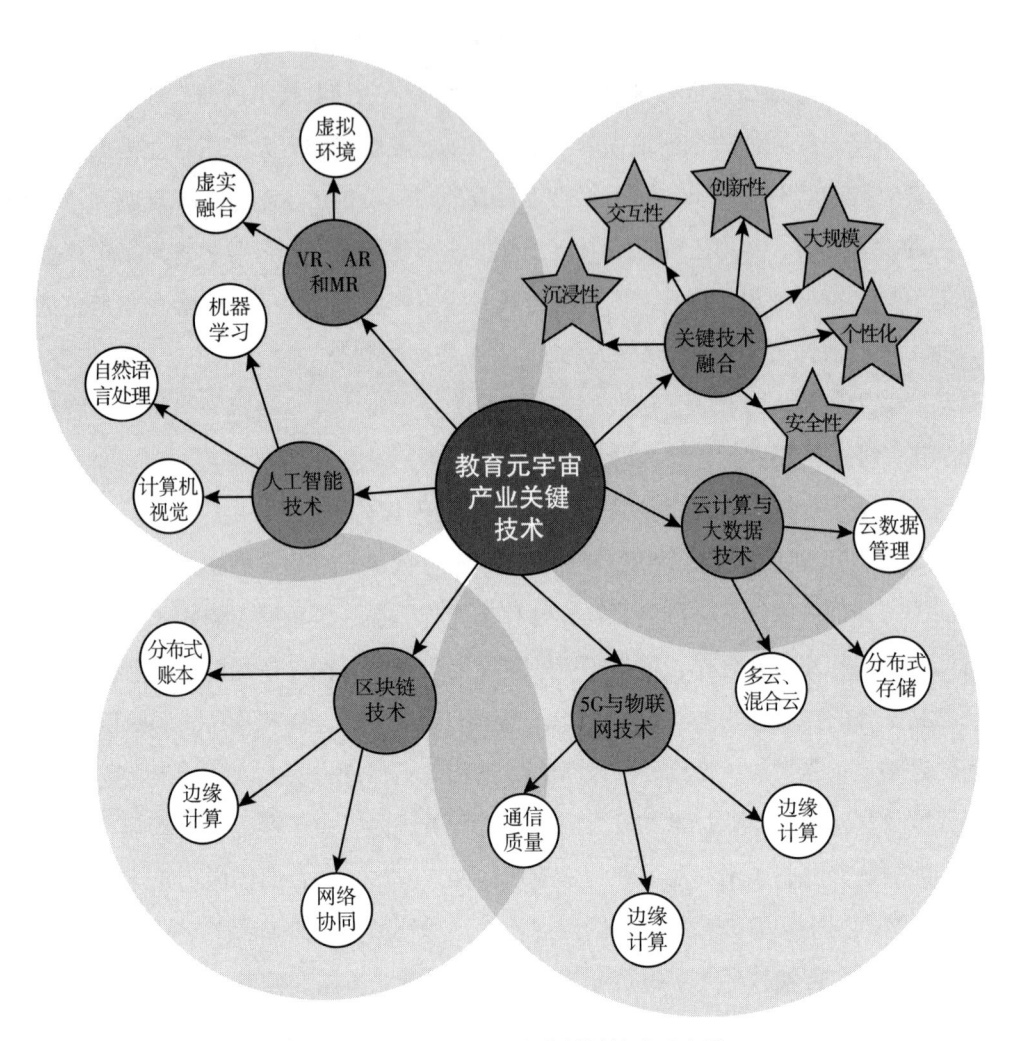

图 4-4　教育元宇宙产业关键技术示意图

虚拟现实与增强现实技术能够创造出沉浸式的体验，使学生能够身临其境地学习知识。通过这两项技术，学生可以在一个仿真的、沉浸式环境中学习，这可以大大提高他们的学习兴趣和参与度，同时能够为智慧教育元宇宙中的师生提供深度沉浸体验与身临其境的交互体验。AR 技术还可以将虚拟元素融入现实环境中，如通过 AR 技术在物理课堂上标注和解释实体对象的工作原理，一定程度上便利了教师的讲解，也让学生能够更清晰地理解教师所述内容。目前 VR 与 AR 技术已经相对比较完善，在生活中处处也都可见其应用，比如一些虚拟现实或增强现实眼镜、VR 或 AR 视频直播等。预计在未来的两到三年期间，VR 与 AR 技术将在教育领域得到广泛应用。届时，我们将看到一系列基于这些技术的教育产品，如虚拟实验室、虚拟课堂、增强现实教科书等。

人工智能技术可以用于学生的个性化学习，通过分析学生的学习习惯和需求，AI可以提供定制化的学习资源和路径。此外，AI还可以用于评估学生的学习效果，提供及时的反馈和指导。通过AI的个性化学习服务，学生可以获得更符合自己需求的学习资源和路径，大大提高学习效率。人工智能技术可以说是目前非常火热的一门技术，它正在如火如荼的发展当中，当前我们所熟知的大文本生成模型如ChatGPT都属于AI技术不断发展和创新的产物。其在教育领域的应用预计将在2024年至2026年期间实现重大突破。AI将会成为教育领域的重要助手，为学生提供个性化的学习路径和资源，同时为教师提供实时的教学反馈和评估。此外，AI还将推动自适应学习的普及，使教育更加高效和公平。

区块链技术有着防篡改性、公布式记账和可编程性等特征，可以用于保障学生的学习记录和认证，实现数据信息的全程留痕、可追溯、公开透明、不可伪造以及集体维护等功能，这些特征使学习过程、学习评价、学习行为、社会交易以及生态系统等能够在高度的信任制度体系中得到良好发展。每个学生的学习记录都可以被存储在区块链上，保证其真实性和不可篡改性。这不仅可以防止学历造假，还可以为学习者提供全球认可的学历证明。区块链技术预计将在2025年至2027年期间在教育领域得到广泛应用，我们将会看到基于区块链技术的学历认证和记录系统，为学生提供安全、可靠的学历管理和认证服务。

5G和物联网技术可以用于实现实时的、大规模的、沉浸式的教学体验。通过5G网络，教师可以实时传递高质量的教学内容给学生，而学生则可以在家中通过IoT设备进行互动式的学习，从而可以提高老师的教学效果。通过5G网络和智能终端，偏远地区的学生也可以接受到高质量的教育，从而突破地域限制，让更多人享受到优质的教育资源。5G技术的发展也是目前人们关注的重点，全球各地都在积极推动5G技术的发展和部署，以支持日益增长的数据需求和新兴技术的应用。一些专家预测，在未来五到十年内，5G技术将得到更大的突破，包括更高的传输速度、更低的延迟和更稳定的网络连接，它将成为连接人类社会和数字世界的重要桥梁。届时，我们将看到大规模的、实时的、沉浸式的教学体验成为可能，无论学生身处何地，都可以享受到高质量的教学服务。同时，IoT设备的广泛应用也将大大提高教育管理的效率和准确性。

云计算可以用于存储和处理大量的教育数据，而大数据技术则可以用于分析这些数据，提供深入的洞察和理解。这可以帮助教育者更好地理解学生的学习需求和行为，以便提供更有效的教学服务。通过云计算和大数据技术，教育机构也可以更有效地管理教学资源和流程，提高教学管理的效率和准确性。云计算和大数据技术是当今数字化时代的关键驱动力，它们在不断演进与创新中为各行业带来了巨大的变革和提升。多云融合发展预计在未来一到两年内将会有较大突破，随着云服务商之间的合作不断加深，多云环境将更加普及和成熟。智能化大数据分析预计在未来三到五年内将会有显著突破，随着人工智能技术的不断发展和应用，大数据分析将更加智能化和高效化。

随着技术的发展和应用，智慧教育元宇宙产业也将迎来升级和发展。新的教育模式、新的教学方法、新的教育产品等都将不断涌现，推动整个产业的升级和发展。同时，技术的发展也将带动教育相关行业的创新和发展，如在线教育、远程医疗等。

四、智慧教育元宇宙产业案例分析

（一）多模态自然交互的虚实融合开放式实验教学环境

我国中小学实验条件发展不平衡，尤其是中西部学校存在优质实验教学资源严重不足的问题，即使在发达地区，实验教学手段、实验方法、教学理念等依然远远无法满足创新人才培养的需要。虚拟实验教学具有无地点约束、低成本和安全的三大优势，可有效解决我国中学面临的优质实验教学资源短缺等问题。

在上述背景下，由杭州师范大学牵头的国家重点研发计划"多模态自然交互的虚实融合开放式实验教学环境"以构建未来课堂和共享优质教育资源为目标，以交互技术为主线，开展探究式实验教学的交互模型、交互实验内容的呈现、实验交互行为的识别和评价、实验内容交互创作平台的研究，搭建中学主要课程的云端融合教学环境，形成智慧教育课堂的行业规范，并开展示范推广。

该项目主要研究内容包括探究式实验教学的交互模型、交互实验内容的呈现、实验交互行为的识别和评价、中学主要课程的云端融合教学工具和开放式实验环境等。

面向数、理、化、生等课程，设计并实现了多种多模态交互模型，并实现了一系列虚实交互实验。部分成果如下。

（1）DNA 分子的剪切实验：由于 DNA 分子重组实验在真实环境中无法操作，但在中学实验中又非常重要，国内外关于 DNA 分子实验研究又非常少，因此该系统依托 AR 技术，实验中 DNA 由虚拟场景显示，拼剪工具为实物交互套件，可以很好地让中学学生体验整个实验的操作过程（见图 4-5、4-6）。

图 4-5　基因实验效果图 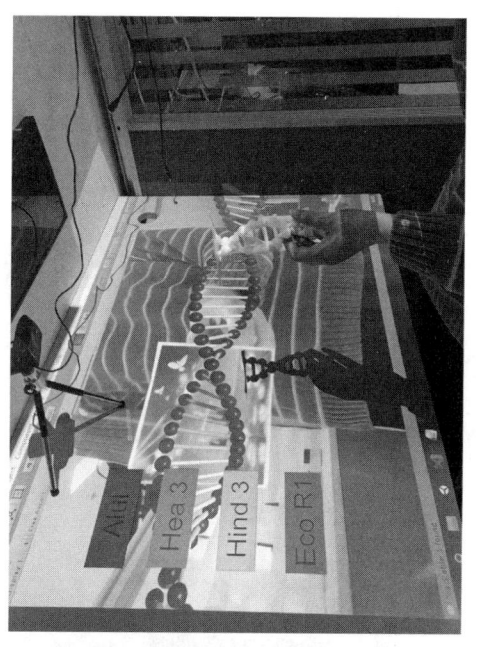　　　　图 4-6　基因实验投影效果图

（2）认识磁感线实验：通过融合交互输入设备（深度相机、RGB 相机、红外光源等）、交互输出设备（投影机），设计出典型的虚拟实验交互装置，可在其上进行认识磁感线实验（见图 4-7 至 4-9）。

（3）触觉手套：在所有交互模态中，触觉是少有的很有难度的交互模态之一，也是影响用户体验的关键因素之一，项目组建立了增温、减温、单点振动和多点振动等多模态触觉交互的模型，并应用于中学化学典型实验中设计并实现了具有温度和振动反馈的触觉手套，功能模块结构框图及实际佩戴效果（见图 4-10）。

（4）生物实验仿真：实现了感应器、效应器、神经中枢和神经元四种神经系统基

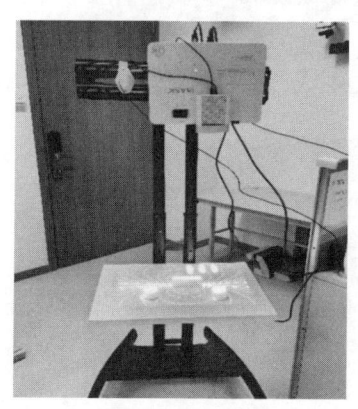

图 4-7　虚拟实验交互装置示意图 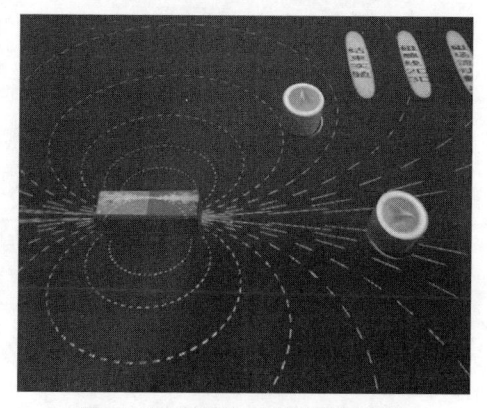　　　　图 4-8　磁感线虚拟投影示意图

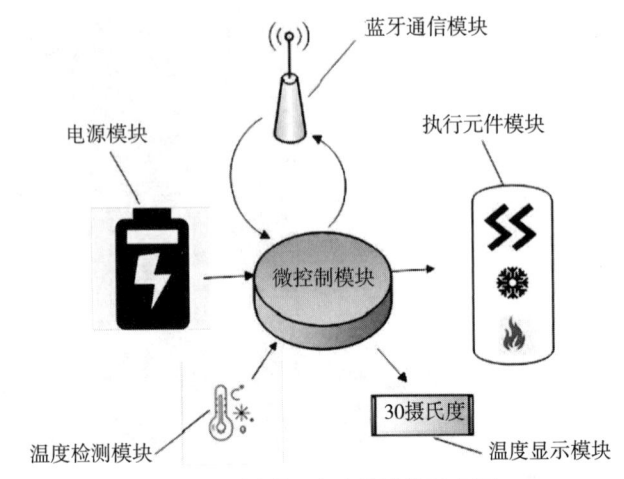

图 4-9　触觉手套功能模块示意图

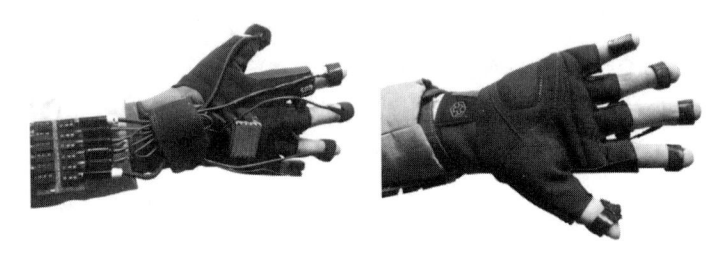

图 4-10　装置佩戴效果示意图

本结构（图 4-11），支持放置在场景中作为基础原件。用户可以用手柄抓取该标本获得小的模型进行神经网络的搭建。

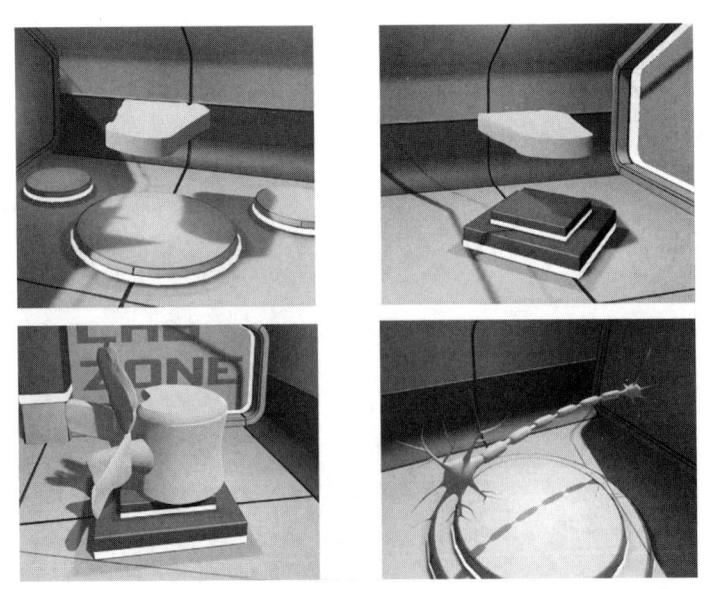

图 4-11　感应器、效应器、神经中枢和神经元四种神经系统基本结构示意图

（5）高锰酸钾制氧 VR 实验：在应用中，用户可以使用手柄轻松地与场景中的各个物体进行交互，实现添加药品、点燃酒精灯、连接仪器等操作。借助于虚拟现实技术带来的沉浸感和真实感，用户能够感受到和真实化学实验相差无几的体验（见图 4-12）。

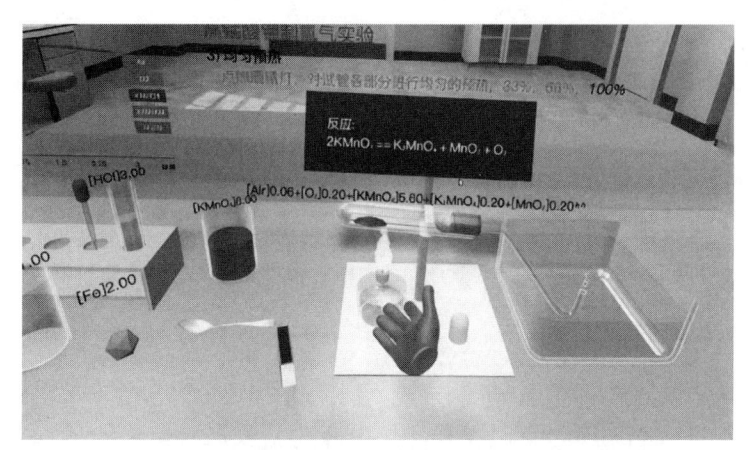

图 4-12　高锰酸钾加热制氧仿真 VR 实验效果图

（6）钠与水的反应科学探究实验：此实验的探索调查和实验操作过程主要在 AR 实验系统中完成，学习者在完成科学探究实验方案的设计后，点击进入 AR 实验操作系统。首先，实验台上摆放有多种类型的嵌入微型传感器的智能实验器材和药品，具有实时获取和传输学习者实验操作信息的功能。学习者可以通过语音交互控制实验的开始与结束，实验开始时屏幕上呈现学习者设计的实验方案以及计算机仿真的实验器材与药品。在学习者操作过程中，系统能够判断选择的实验器材和药品名称，如试管、烧杯、酚酞试剂等，并且通过烧杯的倾斜程度，胶头滴管与擦拭纸的压力大小判断实验操作行为是否发生以及加入药品的量。此阶段，系统根据学习者的行为操作调用数据库，为学习者提供多感官反馈信息，包括语音提示、实验现象和实验数据的实时显示等。整个操作过程中，学习者的实验操作行为都会被记录到数据库，一方面通过数据分析为学习者提供即时反馈，另一方面作为过程性评价证据对学习者的实验过程进行评价。具体实验操作与屏幕显示界面如图 4-13 所示。

此外，为了能够支撑和实现虚实融合的中学实验环境，项目组专门研发了一套开放式实验教学应用软件平台。该框架对内实现了基于微服务架构和流程引擎的软件体系结构，对外形成规范的接口定义，供多模态交互、多通道仿真程序、智能评价引导、云平台系统进行设计要求和功能对接。在此基础上，形成了一套基于云平台的虚

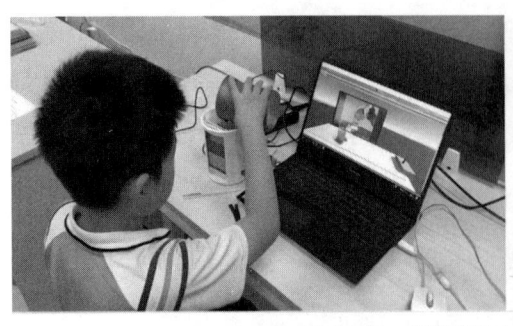

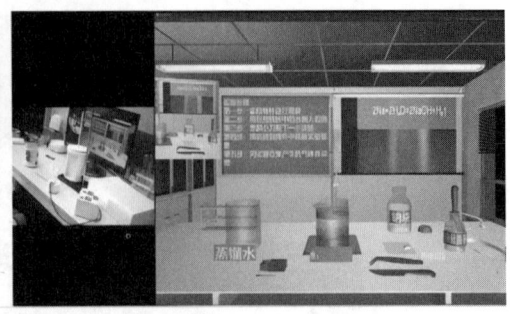

图 4-13 实验操作与屏幕显示界面效果图

实融合中学虚拟实验系统,包括云平台运行时环境、云平台共享架构、实验教学资源生成工具、实验过程生成工具、完成系统管理工具、课堂管理工具、实验管理工具、社区门户网站、实物交互套件等九大功能、几十个模块的完整软件系统。

该项目系统地为虚实融合教学环境提供了解决方案。例如:针对自然界无法用肉眼直接观察的电磁效应、显微现象或者难于亲手操作的高风险实验等,研究虚实融合的实时仿真技术,提供可灵活配置和可调控的实时虚实融合仿真套件库,实现多通道一致性呈现;面向虚实融合的探究式实验,建立中学生实验学习过程评价方法,耦合实验学习过程中的行为、心理和生理等多维度特征,利用模态迁移、协同学习、增强学习等手段,从数据、特征和决策三个层面搭建交互过程行为识别学习模型,挖掘有效历史行为信息进行个性化教学评价;在开放式实验教学条件下,提炼学生的认知特点和行为特征,建立多模态交互隐式共存的人机界面,适配各种实验教学场景;研究多模态交互信息的感知、融合模型及意图理解算法,开发面向实验教学的基础构件和实物套件;基于云端融合计算模式,开发智能化和规范化的互动实验教学资源制作工具,研制虚实融合实验教学平台;梳理中学教育课程知识体系,建立智慧教育课堂环境行业规范,提供数理化生等课程的虚拟实验教学内容资源库,进行应用推广。

该案例展示了元宇宙技术在智慧教育领域的创新应用和发展趋势,不仅在实验教学方面有着重要的应用价值,同时也具有广阔的市场前景。随着元宇宙技术的发展和普及,多模态自然交互的虚实融合开放式实验教学环境也将得到更广泛的应用和发展。未来,这种虚实融合的教学系统可以应用于更多的学科领域,提供更加丰富、生动、形象的实验教学内容和体验,同时也将带动相关产业的发展,如虚拟现实技术、智能交互设备等。

此外,该案例还具有社会效益。通过利用虚拟实验教学手段,可以有效地缩小教育资源的差距,提高教育公平性和普及率。同时,多模态自然交互的虚实融合开放式实验教学环境还可以培养学生的创新能力和实践能力，提高人才培养质量，有助于推动社会经济的发展和进步。

（二）北京锐扬科技有限责任公司 AR 互动台

除了上面提到的我们团队参与研发的项目和应用，我们还会与企业合作，采购其有关智慧教育元宇宙的产品，用于我们日常的科研和教学当中。北京锐扬科技有限责任公司是一家致力于以"文化创意加数字科技"为核心价值的数字科技企业，他们为新媒体互动创意、新零售线下互动体验及数字展馆，提供整体数字创意解决方案。该公司生产的 AR 互动台是一款基于虚拟现实引擎、感知识别模块以及交互体验系统构建的高科技沉浸式体验产品，该产品利用了多种先进技术手段，包括 VR 技术、人机交互技术以及三维数字技术，主要用于虚拟教学、仿真演练、方案设计以及展览展示等领域。如图 4-14 所示，产品含 4K 分辨率 40 点红外触摸屏，电脑配置根据内容适配，桌台造型可根据要求定制。AR 互动台通过自然交互语言将交互标签模型化，将各种功能信息图像化，使得用户能够直接在感知桌面上拖放交互标签控制三维数字场景的显示。用户可以自由摆放模型，并根据需求选择场景灯光、光照效果以及配色方案。此外，该产品还支持在虚拟场景中进行应急演练和实时教学，实现了人机之间的自然交互。与传统的三维软件操作不同，AR 互动台无须复杂的三维软件操作经验和学习过程，用户能够更加直观、便捷地进行操作。

图 4-14　AR 互动台效果图

AR 互动台的应用也非常广，它可以应用于城市规划展示馆、图书馆、博物馆、科技馆、档案馆、娱乐厅、展览会、博览会、主题公园等一系列触摸屏场景。同时，它也可以应用于智慧教育元宇宙产业，为当前日常教学教育提供更多新的方法和体验。AR 互动台可以为学生提供沉浸式的学习体验，通过虚拟场景和模型展示，使得学习内容更加直观和生动；学生也可以利用 AR 互动台进行虚拟实验和模拟训练，提前接触实际操作场景，培养实践能力和解决问题的能力；教师可以利用 AR 互动台进行实时教学和演示，展示各种知识点和实验过程，帮助学生更好地理解和掌握知识；AR 互动台还可以营造一个互动式的学习环境，鼓励学生之间的合作和交流，培养学生的团队合作精神和创新思维能力。以上的种种都可以为智慧教育元宇宙产业带来全新的教学模式和体验方式，促进学生全面发展，提高教育教学的质量和效率。

（三）科大讯飞星火认知大模型加教育融合应用

国内许多知名企业在智慧教育元宇宙领域取得了显著成就，科大讯飞股份有限公司是其中代表性的企业之一。该公司于2023年8月15日发布了科大讯飞星火认知大模型V2.0，本次升级带来了代码和多模态能力的提升。这两项能力为教育产业的数字化提供了核心支持，使得人工智能朝着"能说会道、能作会答、懂你所想、帮你所需"的方向发展。它不仅帮助孩子激发想象力、启迪智慧，还能帮助教师高效完成教学工作。讯飞星火大模型一经发布就与教育紧密结合，深度赋能因材施教和五育并举。在数字化转型背景下，科大讯飞以人工智能、云计算和大数据技术为基础，为区域、学校和机构提供了一套简便易用的新型教育数字化操作系统，有效管理多源异构数据，为数字化转型奠定了坚实基础。人工智能不仅有助于减轻负担、提高效率、因材施教，还能有效推动综合素质教育。

此外，基于星火认知大模型V2.0的技术，科大讯飞的产品如AI学习机和讯飞翻译笔都得到了功能上的提升。这些产品通过应用AI技术，为学生自主学习提供AI辅导，具有多种便利的功能。在星火认知大模型V2.0的帮助下，科大讯飞AI学习机推出了AI一对一中英作文批改、AI一对一数学互动辅导、AI一对一英语口语陪练、AI一对一智能编程助手、AI一对一百科自由问答和亲子教育助手等功能。这些功能给学生的学习、老师的教学和家长的家庭教育都带来了很大的便利。科大讯飞利用AI技术让高质量教育人人可享、人人可及，助力实现教育减负和教育公平，为教育数字化转型增添智慧，为智慧教育元宇宙产业的发展提供推动力。

第三节　智慧医疗元宇宙产业技术发展

一、智慧医疗元宇宙产业技术发展路线图

智慧医疗元宇宙产业的技术路线图可以分为几个关键阶段，涉及从基础设施建设到具体应用的开发和完善。

（一）初期阶段：基础设施和数据集成

建立高速、安全的网络基础设施：部署高效的数据传输网络（如5G），确保医疗

数据的快速、稳定和安全传输。在智慧医疗元宇宙产业发展中，建立高速且安全的网络基础设施是至关重要的一步。部署如 5G 这样的高效数据传输网络对于医疗数据的快速、稳定和安全传输至关重要。5G 网络以其高带宽、低延迟的特性，不仅可以支持海量医疗数据的实时传输，还能保证在元宇宙环境中的无缝体验，这对于要求实时互动和高度数据集成的医疗应用尤为关键。例如，在进行远程手术或实时医学图像分析时，5G 网络能确保数据快速且准确地传输，减少延迟和中断的风险。此外，网络的安全性也不容忽视，特别是考虑到医疗数据的敏感性。因此，采用先进的加密技术和安全协议，如端到端加密和安全身份认证机制，是确保医疗数据在传输和存储过程中的安全和隐私的关键。在建立元宇宙医疗平台时，这些网络基础设施将构成其核心组成部分，不仅支撑着数据流动和服务的连续性，也保障着整个系统的稳定性和可靠性。

医疗数据的数字化和标准化：转换医疗记录为数字格式，建立标准化的医疗数据模型，确保数据的互操作性。在构建医疗元宇宙的过程中，医疗数据的数字化和标准化是一个关键步骤，它对于确保数据的互操作性和有效利用至关重要。这一过程涉及将传统的纸质医疗记录转换成数字格式，包括病历信息、检查结果、影像资料等，使这些数据可以在元宇宙平台上被轻松访问和分析。更进一步，为了实现不同系统和设备之间的无缝数据交换，建立标准化的医疗数据模型变得尤为重要。这涉及制定统一的数据格式、术语和编码标准，如 HL7 或 FHIR 协议，这样无论数据来自哪个医疗机构或系统，都能在元宇宙环境中保持一致性和兼容性。此外，考虑到医疗数据的敏感性，确保数据转换过程中的隐私保护和安全性也非常重要。这包括应用数据脱敏技术和遵守相关的隐私保护法规。通过这些步骤，医疗元宇宙可以有效地利用庞大的医疗数据资源，提供更精准的诊断支持、个性化的治疗方案和改善的医疗服务体验。

云计算和大数据平台：建立云计算平台，用于存储、处理和分析庞大的医疗数据。在医疗元宇宙的构建中，云计算和大数据平台的建立是实现高效数据管理和深度分析的关键环节。云计算平台提供了必要的基础架构，以支持海量医疗数据的存储、处理和访问，使得这些数据能够在元宇宙中被广泛共享和利用。例如，通过云平台，医疗机构可以无缝存储和访问患者记录、影像数据和研究资料，而不受地理位置的限制。同时，大数据技术使得可以从这些庞大的数据集中提取有价值的洞见，如通过模式识别和预测分析来辅助诊断和治疗决策。此外，云平台的弹性和可扩展性对于处理医疗元宇宙中的动态数据流和复杂的分析任务至关重要。它还为实现高级功能，如基于 AI 的个性化医疗推荐和自动化的健康监控提供了计算资源。在确保数据安全和遵守隐私保护法规的前提下，云计算和大数据平台将成为医疗元宇宙中数据驱动决策和创新医疗服务的核心。

（二）发展阶段：技术集成与创新

人工智能和机器学习：开发用于诊断、治疗计划制定和患者监护的AI算法。在医疗元宇宙的构建和发展中，人工智能（AI）和机器学习的应用是一个技术转折点，它们在提高诊断准确性、优化治疗计划和增强患者监护方面发挥着关键作用。通过训练AI算法来分析大量的医疗数据，如影像、生理参数和病历记录，可以在早期准确地诊断疾病，甚至预测疾病风险。在元宇宙环境中，这种能力尤其重要，因为它允许远程和即时的医疗分析，突破了传统医疗服务的空间限制。此外，AI在制定个性化治疗计划方面同样显著，它可以根据患者的特定健康状况和历史信息来推荐最适合的治疗方案。在患者监护方面，机器学习算法能够持续分析患者的健康数据，及时发现潜在的健康问题，从而提高治疗的及时性和有效性。在医疗元宇宙的背景下，结合虚拟现实和增强现实技术，AI和机器学习不仅提升了医疗服务的质量和可及性，还为医疗专业人员和患者提供了一个更加互动和沉浸式的医疗体验平台。

虚拟现实和增强现实技术：开发用于医学教育、手术模拟和患者康复的VR/AR应用。虚拟现实（VR）和增强现实（AR）技术在医学教育、手术模拟和患者康复领域内的应用，特别是在医疗元宇宙的背景下，呈现出巨大的潜力和创新机遇。在医学教育方面，VR/AR技术能够提供一个安全且控制的环境，让医学生和专业人员通过模拟实践来学习复杂的医疗程序和技术，例如进行虚拟的外科手术，这不仅增加了实践经验，也降低了实际训练的风险和成本。在手术模拟中，这些技术使得医生能够在进行真实手术前，对病例进行详细的三维可视化和演练，从而提高手术的准确性和成功率。对于患者康复而言，VR/AR提供了一种更加吸引人的治疗方法，如通过游戏化的康复训练来提高患者的参与度和康复效果。在医疗元宇宙中，这些技术不仅增强了医疗服务的质量和效率，还创造了一个更加互动和沉浸的医疗体验，使患者和医疗专业人员能够在一个无界限的虚拟空间中进行交流和协作。随着这些技术的进一步发展和集成，医疗元宇宙有望为医疗行业带来革命性的变化。

可穿戴技术与远程监控：开发可穿戴设备用于实时健康监控和远程医疗咨询，可穿戴技术与远程监控在医疗元宇宙的应用中扮演着至关重要的角色。通过开发高级的可穿戴设备，我们能够实现对个体健康状态的实时监控，这些设备能够持续追踪诸如心率、血压、血糖水平等关键生理指标。在医疗元宇宙环境中，这些数据可以即时上传到云平台,被医疗专业人员远程访问和分析,从而提供及时的医疗干预和咨询。此外,这些可穿戴设备也可以与元宇宙中的其他系统集成,例如,患者的健康数据可以在虚拟现实中用于创建个性化的康复计划或进行医疗咨询。随着人工智能和机器学习技术的融入,这些设备不仅能够提供实时数据,还能基于历史数据和趋势预测潜在的健康风险。这种技术集成不仅极大地提高了医疗服务的可及性和效率,也为患者提供了更加个性化和便捷的医疗体验,有望在医疗元宇宙中发挥越来越重要的作用。

(三)成熟阶段:元宇宙医疗生态系统

元宇宙平台的建设:创建一个综合性的医疗元宇宙平台,集成各种医疗服务和资源。构建一个综合性的医疗元宇宙平台是一个雄心勃勃的项目,它需要集成各种医疗服务和资源,以提供全面而高效的医疗体验。这一平台的建设首先依赖于强大的云计算基础设施,以支持大规模的数据存储和高速处理,同时确保数据的安全和隐私保护。接着,利用高级的人工智能和机器学习技术,平台可以实现智能化的医疗服务,如自动化的诊断支持、治疗建议和患者管理。在元宇宙中,通过虚拟现实和增强现实技术,医疗服务可以被视觉化和交互化,提供更直观的医疗信息展示和更沉浸的患者体验。此外,整合可穿戴设备和远程监控技术,平台可以实现实时的健康监测和远程医疗咨询。这个平台不仅作为医疗信息和资源的集散地,也是医生、患者和医疗研究者交流和协作的虚拟空间。在这个元宇宙医疗平台中,传统医疗服务的界限被打破,为创新的医疗解决方案和服务模式提供了基础。

交互式医疗体验:利用 VR/AR 和 AI,提供沉浸式的医疗咨询、治疗规划和教育体验。在医疗元宇宙领域,利用虚拟现实(VR)、增强现实(AR)以及人工智能(AI)技术来提供交互式医疗体验的巨大潜力。通过这些先进技术的结合,医疗元宇宙可以创造出沉浸式的环境,其中医疗咨询、治疗规划和医学教育活动都能以前所未有的方式进行。例如,使用 VR 技术,医生和患者可以在一个完全虚拟的三维环境中进行互动,使得咨询和诊疗规划更加直观和互动。AR 技术则能将重要的医疗信息和图像投射到现实世界中,为医生和患者提供实时的数据支持。同时,AI 的应用使得这些交互体验更加智能化,比如通过机器学习分析患者数据来辅助诊断或者个性化治疗计划。此外,在医学教育方面,这种沉浸式和交互式体验能够提供更加生动和实用的学习工具,如通过虚拟手术模拟训练医学生。总而言之,这些技术的融合不仅极大地增强了医疗体验的互动性和沉浸感,而且为医疗服务和教育带来了革命性的变革,使医疗元宇宙成为未来医疗领域的一个重要发展方向。

智能化医疗服务：利用 AI 和大数据分析，提供个性化的医疗建议和治疗方案。AI 和大数据分析的结合，不仅使得医疗服务更加高效和准确，还提供了个性化医疗建议和治疗方案的可能性。在这一框架下，AI 算法能够处理和分析来自患者的海量健康数据，包括病史、生理参数、基因信息等，从而识别疾病模式、预测健康风险并制订针对性的治疗计划。在元宇宙环境中，这些智能化的医疗服务不仅限于传统的诊所或医院，还可以通过虚拟平台提供，使患者即使在家中也能享受到定制化的医疗服务。此外，这种服务的个性化不仅体现在治疗方案上，还可以扩展到患者教育和健康管理，如提供定制的健康改善建议和生活方式调整指导。通过这种方式，医疗元宇宙有望成为一个综合性的健康管理平台，它不仅改善了传统医疗服务的质量和效率，还为每个个体带来了更加贴合其独特需求的医疗体验。

（四）未来展望：持续创新和整合

持续的技术创新：不断探索新的医疗技术，如生物识别、纳米技术等。医疗元宇宙的发展离不开持续的技术创新，特别是在生物识别、纳米技术等前沿领域。生物识别技术，如基于 DNA 分析和生物标志物检测的方法，正在变革个体化医疗和精准治疗的范畴。这些技术能够提供更深入的健康洞察，从而使医疗服务更加精准和高效。纳米技术在药物递送和疾病检测领域的应用，打开了新的治疗可能性，特别是在针对难以治疗的疾病方面。在医疗元宇宙的背景下，这些创新不仅能够通过虚拟化的方式更直观地呈现给医生和患者，还能与其他技术如 AI 和大数据分析相结合，进一步增强医疗服务的个性化和效果。持续的技术创新不仅推动了医疗服务质量的提升，也为医疗元宇宙提供了不断更新的工具和方法，使其成为一个不断进化和扩展的健康与医疗生态系统。

跨学科整合：将医疗元宇宙与其他领域（如生物医学、心理学）结合，提升医疗服务的全面性和深度。跨学科整合是医疗元宇宙发展的重要方向，它涉及将医疗服务与生物医学、心理学等其他学科领域相结合，以提升服务的全面性和深度。在这种整合中，医疗元宇宙成为一个多维度的交互平台，不仅涵盖了传统的医疗诊疗活动，还包括了基于生物医学研究的个性化治疗方案、心理健康支持和疾病预防策略。例如，结合生物医学研究，可以在元宇宙中创建精准的疾病模型和仿真环境，帮助医生更好地理解疾病机理和药物作用。同时，融合心理学知识，则可在元宇宙中为患者提供心理咨询和治疗，以支持其心理健康和整体福祉。这种跨学科的融合不仅扩展了医疗元宇宙的应用范围，还加深了医疗服务的维度，使得医疗元宇宙成为一个全面、多元和深入的医疗健康管理平台。随着技术的发展和跨学科合作的深入，医疗元宇宙有潜力成为医疗健康领域的革命性创新。

全球医疗网络：构建全球化的医疗元宇宙网络，实现资源共享和国际合作。构建一个全球化的医疗元宇宙网络是实现医疗资源共享和国际合作的关键步骤，这在未来的医疗发展中扮演着至关重要的角色。这样的网络将连接世界各地的医疗机构、研究中心和专业人员，通过高效的数据交换和通信平台，使医疗知识、技术和服务能够跨越地理界限。在这个网络中，先进的云计算和大数据技术将允许医疗信息和研究成果的即时共享，而 AI 和机器学习算法的应用则能在全球范围内优化诊断和治疗方案。此外，VR 和 AR 技术的集成将提供虚拟协作环境，使医生和研究人员可以在元宇宙中进行远程会诊、手术模拟和医学培训。这种全球医疗网络的建立不仅极大地增加了医疗服务的可及性和效率，还促进了跨国界的医学研究和创新，为解决全球性的医疗健康问题提供了新的视角和解决方案。随着技术的进一步发展和全球合作的加深，医疗元宇宙有望成为一个全球医疗健康的集成平台，为全人类的健康福祉作出重要贡献。

智慧医疗元宇宙产业的发展将是一个动态和持续创新的过程，这个路线图提供了一个基础框架，但具体实现将取决于多方面因素，包括技术进步、政策支持、行业合作以及用户接受度。

当前元宇宙技术在医学领域已经得到广泛的应用。如元宇宙催眠、元宇宙运动康复、基于人工智能的中医治未病筛查与预警、中医在线问诊、医学仿真实训、虚拟医生、虚拟心理康复、生活自理能力训练等。

二、智慧医疗元宇宙产业国内外发展水平分析

智慧医疗元宇宙产业是近年来国内外关注的热点领域，它将元宇宙技术与医疗领域相结合，为医疗服务提供数字化、智能化、个性化的解决方案。以下是对国内外智慧医疗元宇宙产业发展水平的分析。

（一）智慧医疗元宇宙产业国外发展水平

智慧医疗元宇宙领域在技术创新方面，国外企业在虚拟现实、人工智能、大数据等技术方面具有较强的研发实力，不断推动医疗领域的创新应用。例如，Oculus VR、HTC Vive 等企业在虚拟现实技术方面取得了重要突破，为智慧医疗元宇宙产业的发展

奠定了基础。从应用成熟角度来看，国外的智慧医疗元宇宙产业已经取得了较为成熟的应用成果，如虚拟现实手术模拟、远程医疗、智能诊断等，这些应用在提高医疗服务质量和效率方面发挥了重要作用。例如，美国约翰·霍普金斯大学应用虚拟现实技术进行手术模拟培训，有效提高了医生的手术技能；ZOOMCare等企业通过远程医疗技术，为患者提供便捷的在线医疗服务。从政策支持角度看，美国政府和企业对智慧医疗元宇宙产业给予高度重视，出台了一系列政策和规划，支持医疗领域的技术创新和产业发展。例如，美国政府通过国家人工智能计划、国家虚拟现实计划等项目，资助智慧医疗元宇宙领域的研究和应用。

在产业协同方面，国外的智慧医疗元宇宙产业形成了良好的产业链协同效应，企业、高校、研究机构等多方共同参与，推动技术研发和产业应用。例如，斯坦福大学、麻省理工学院等高校与谷歌、微软等企业展开合作，共同推动智慧医疗元宇宙技术的发展和创新。

（二）智慧医疗元宇宙产业国内发展水平

在技术创新方面，国内企业在智慧医疗元宇宙领域也取得了显著的技术创新成果，如虚拟现实、人工智能、大数据等技术在医疗领域的应用不断拓展。例如，华为、阿里巴巴等企业在5G通信、云计算等技术方面取得了重要突破，为智慧医疗元宇宙产业的发展提供了支持。

在应用探索方面，国内智慧医疗元宇宙产业的应用取得了积极的进展，虚拟现实手术模拟、远程医疗、智能诊断等应用逐渐成熟，为医疗服务提供了新的解决方案。例如，北京协和医院应用虚拟现实技术进行手术模拟培训，有效提高了医生的手术技能；丁香园等企业通过远程医疗技术，为患者提供在线医疗服务。

就政策扶持而言，中国政府对智慧医疗元宇宙产业给予高度关注，出台了一系列政策和规划，支持医疗领域的技术创新和产业发展。例如，《"十三五"国家战略性新兴产业发展规划》明确提出要加快发展虚拟现实、人工智能等产业，为智慧医疗元宇宙产业的发展提供了政策支持。

从产业协同角度分析，国内智慧医疗元宇宙产业也在不断推动产业链协同，企业、高校、研究机构等多方共同参与，推动技术研发和产业应用。例如，中国医科大学、上海交通大学等高校与企业展开合作，共同推动智慧医疗元宇宙技术的发展和创新。

总体而言，国内外智慧医疗元宇宙产业在技术创新、应用成熟、政策支持和产业协同等方面均取得了显著的成果。然而，在技术研发、应用推广、政策制定和产业协同等方面仍面临诸多挑战，需要政府、企业、高校和研究机构共同努力，推动智慧医疗元宇宙产业的健康、可持续发展。

三、智慧医疗元宇宙产业关键技术

智慧医疗元宇宙产业是在元宇宙技术的基础上，运用虚拟现实、大数据、人工智能等先进技术，为医疗领域提供数字化、智能化、个性化的解决方案。

（一）虚拟现实技术在智慧医疗元宇宙产业的应用分析

虚拟现实技术在智慧医疗元宇宙产业的应用具有重要意义，可以为医疗服务提供数字化、智能化、个性化的解决方案。

虚拟现实手术模拟是虚拟现实技术在医疗领域的重要应用之一。通过模拟真实的手术环境，医生可以在虚拟场景中进行手术操作，提高手术技能和熟练度。此外，虚拟现实手术模拟还可以降低手术风险，为患者提供更加安全、可靠的手术服务。

虚拟现实技术可以实现远程医疗，为患者提供更加便捷、高效的医疗服务。通过虚拟现实技术，医生可以远程诊断和治疗患者，节省了患者就诊的时间和成本。同时，虚拟现实技术还可以实现远程会诊，让不同地区的医生共同参与诊断和治疗，提高医疗服务的质量和效率。

虚拟现实技术可以结合人工智能技术，实现智能诊断。通过虚拟现实技术模拟患者的生理结构和病变情况，医生可以更加直观地了解患者的病情，并结合人工智能技术进行分析和诊断。智能诊断可以提高医疗服务的精准度和个性化程度，为患者提供更加个性化的治疗方案。

（二）大数据技术在智慧医疗元宇宙产业的应用分析

大数据技术在智慧医疗元宇宙产业的应用具有重要意义，可以为医疗服务提供数据支持、分析和决策依据。

大数据技术可以实现医疗数据的全面采集和整合，包括患者的病历信息、检查结果、治疗方案等。通过数据采集和整合，可以建立完整的患者健康档案，为医疗服务提供全面、准确的数据支持；大数据技术可以对大量医疗数据进行分析和挖掘，发现疾病的发生规律和风险因素。基于这些分析结果，医生可以提前预测患者可能患上的疾病，并制定预防措施。同时，医生还可以对患者的风险进行评估，为其制定更加个性化的治疗方案；大数据技术可以结合人工智能技术，实现智能诊断和辅助决策。通过对大量病例、检验结果和影像资料的分析，人工智能系统可以辅助医生进行诊断和治疗方案选择，提高医疗服务的质量和效率；大数据技术可以帮助医疗机构实现医疗资源的优化和调度。通过对医疗资源的实时监控和分析，可以合理分配医疗资源，提高医疗服务效率。同时，大数据技术还可以为医疗机构提供患者就诊需求的预测，帮助其提前做好资源准备；大数据技术在药物研发和临床试验领域也具有重要作用。通过对大量药物数据、临床试验数据和患者病历数据的分析，可以发现新的药物靶点和作用机制，为药物研发提供重要依据。同时，大数据技术还可以优化临床试验设计，提高临床试验的效率和质量；大数据技术可以帮助医疗机构实现医疗质量的全面管理和评价。通过对医疗数据的实时监控和分析，可以发现医疗质量问题，并采取针对性的改进措施。同时，大数据技术还可以用于评价医疗机构的医疗服务质量，为其提高服务质量提供参考。

（三）人工智能技术在智慧医疗元宇宙产业的应用分析

人工智能技术在智慧医疗元宇宙产业的应用具有重要意义，可以为医疗服务提供智能化的解决方案。

人工智能技术可以通过对大量的病例、检验结果和影像资料进行分析，辅助医生进行诊断和治疗方案选择。例如，人工智能可以通过图像识别技术辅助医生识别病灶，从而提高诊断的准确性和效率。人工智能技术可以实现手术过程中的智能导航和操作，提高手术的安全性和效率。例如，通过手术机器人技术，医生可以在远程操控手术机器人进行微创手术，降低手术风险和创伤。人工智能技术可以实现康复训练的个性化定制，根据患者的病情和需求，制订更加合适的康复计划。例如，通过虚拟现实技术，患者可以在沉浸式的环境中进行康复训练，提高康复效果和患者满意度。人工智能技术可以通过对大量药物数据、临床试验数据和患者病历数据的分析，发现新的药物靶点和作用机制，为药物研发提供重要依据。此外，人工智能技术还可以优化临床试验设计，提高临床试验的效率和质量。人工智能技术可以帮助医疗机构实现医疗资源的优化和调度。通过对医疗资源的实时监控和分析，可以合理分配医疗资源，提高医疗服务效率。人工智能技术还可以为医疗机构提供患者就诊需求的预测，帮助其提前做好资源准备。人工智能技术可以帮助医疗机构实现医疗质量的全面管理和评价。通过对医疗数据的实时监控和分析，可以发现医疗质量问题，并采取针对性的改进措施。同时，人工智能技术还可以用于评价医疗机构的医疗服务质量，为其提高服务质量提供参考。图 4-15 为智慧医疗元宇宙的应用领域示意图。

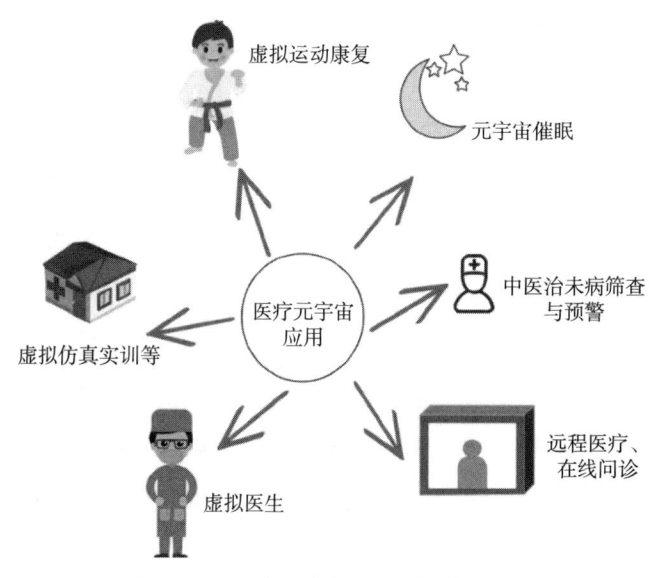

图 4-15 医疗元宇宙的应用领域示意图

四、智慧医疗元宇宙产业案例分析

当前元宇宙仍然处于初级阶段,要完全实现仍然需要较长的时间。但元宇宙的技术可以在某些领域率先得到应用,如教育、医疗、展览等行业。

当前元宇宙技术在智慧医疗领域已经得到广泛的应用。如元宇宙催眠、元宇宙运动康复、基于人工智能的中医治未病筛查与预警、中医在线问诊、医学仿真实训、虚拟医生、虚拟心理康复、生活自理能力训练等。

(一)元宇宙与催眠

随着社会的发展以及生活节奏的加快,各类人群都面临较大的压力,出现失眠症状的人群越来越多。虚拟现实技术在创造舒适的虚拟睡眠环境方面的巨大优势,使得虚拟现实技术可以用于失眠领域的治疗与康复。虚拟现实技术创造的睡眠环境具有可控性、可重复性、成本低等优势,易于进行推广应用。传统的催眠方法通过心理医生对患者进行心理诱导,促使患者想象出美好的睡眠环境与气氛。虚拟现实技术可以进行舒适睡眠环境场景的模拟制作,无须患者想象,可以根据患者的具体情况开发个性化的催眠环境,提高催眠效率。

多项研究证实,虚拟现实技术可以用于改善慢性病合并失眠及多种人群失眠症状的改善。通过虚拟现实技术联合生物反馈技术对老年高血压伴随睡眠症状的患者进行治疗,研究结果统计显示可以改善患者的睡眠、焦虑及抑郁状态,有一定的临床应用价值。虚拟现实治疗方面通过设定多种 VR 模式，如放松催眠训练、优美的户外场景、放松交互小游戏等，全程附带背景音乐及温柔女生语音引导。VR 治疗后，对照组与治疗组在匹兹堡睡眠质量指数、睡眠质量、睡眠时间、睡眠效率等方面有显著差异，各项睡眠指标均有好转。通过传统疗法认知行为疗法以及虚拟现实加认知行为疗法对青少年失眠治疗效果进行比较实验。研究发现，增加虚拟现实疗法后，实验组比对照组人群在睡眠质量得分、睡眠时间得分及匹兹堡睡眠质量指数得分方面均有显著改善，说明虚拟现实联合疗法有一定的临床价值。该实验中的虚拟现实疗法包括头戴式虚拟现实眼镜及多种虚拟现实训练内容库，包括松弛治疗、音乐治疗、催眠治疗等多个场景模块。其中催眠治疗模块包括多个有利于睡眠的环境，如舒心卧室、草原风光等。虚拟现实用于催眠的流程如图 4-16 所示。

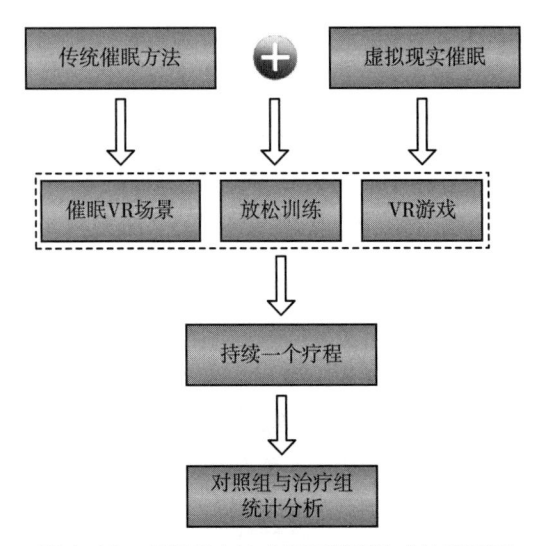

图 4-16　虚拟现实技术用于催眠治疗的流程图

（二）元宇宙与运动康复

元宇宙技术在疾病虚拟康复领域已经有了比较成熟的应用。基于中医治未病思想，将虚拟现实技术应用与老年人的预防跌倒领域，可以有效避免悲剧的发生。许多老年人由于跌倒带来一系列疾病甚至死亡，因此老年人的预防跌倒重要性远大于跌倒后的干预与治疗。通过虚拟现实技术进行游戏训练、肌力训练及平衡训练，可有效降低老年人跌倒的风险。图 4-17 为潘志庚教授团队开发的老年跌倒预防虚拟训练系统示意图。

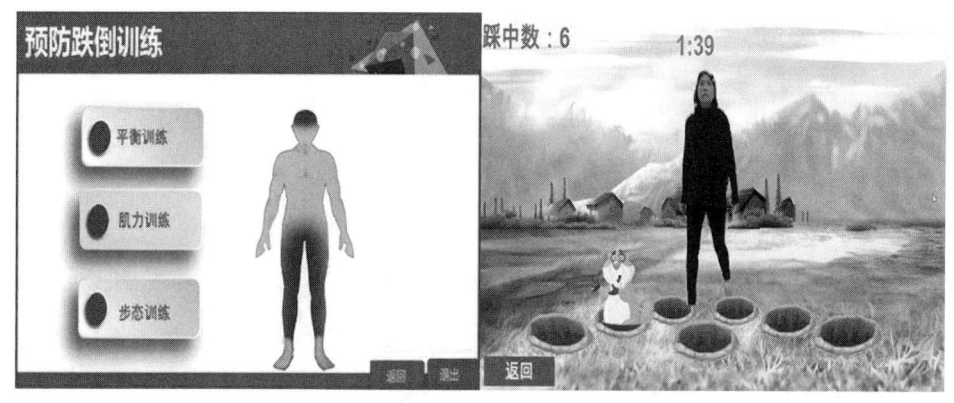

图 4-17　老年预防跌倒虚拟训练系统示意图

采用虚拟现实技术构建虚拟康复服务系统，包括多种模式的虚拟运动场景，然后通过虚拟环境中的交互数据，构建数据仓库，从而进行人体行为分析及训练数据分析，从而通过统计数据来评估康复效果。然后根据效果不断调整康复计划，从而促进患者的快速康复。张卓琳将虚拟现实技术用于体育健身领域，作为一种提高人们健康水平的手段。潘志庚教授团队开发的长白山虚拟漫游系统，可增加运动的趣味性，从而使运动变为一种享受。图 4-18 为漫游长白山系统示意图。

图 4-18　漫游长白山系统示意图

通过虚拟现实康复与传统康复训练相结合为患者提供个性化康复方案，并对相关应用进行了分析。一般来说，可以通过设计虚拟现实的移动游戏用于卒中病人的上肢康复治疗。基于游戏的虚拟康复治疗增加了趣味性，可以有效促进卒中病人的上肢康复。该方案通过智能手机和平板电脑即可部署应用，且患者使用后无任何不良反应。

并且，虚拟康复游戏的有效性可以代替传统康复治疗师的部分工作。

综上所述，运用虚拟现实技术的虚拟康复治疗具有有效性与可行性。虚拟现实技术的运动康复方案在多种慢性病领域，如老年人跌倒预防、中风后遗症、帕金森病等均有较好的效果。

（三）元宇宙与中医治未病筛查预警系统

元宇宙在医疗人工智能方面的应用包括疾病的筛查预警系统。疾病筛查预警健康管理系统也是中医治未病理念的应用，可以应用于各种慢性疾病如帕金森、抑郁症、糖尿病等。"治未病"一词来源于《素问·四气调神大论》："是故圣人不治已病治未病"。中医治未病思想是对未病先防、既病防变、瘥后防复的总称，治未病的关键在于如何对疾病的风险进行预警。

对于常见的心理健康疾病如抑郁症、焦虑症等，通过提取疾病相关的特征数据如量表、问卷、语音、视频、磁共振等数据，分析疾病相关的主要参数，通过机器学习的方法构建心理健康疾病高危人群的筛查模型并对高危人群进行预警，可有效避免疾病发展程度加深带来的重大危害。同时基于治未病思想对心理健康病进行筛查预警的健康管理方法也可推广应用到其他慢性病。

慢性病筛查预警健康管理系统有三个主要的功能模块，在此基础上可增加其他辅助模块满足特定功能，如图 4-19 所示。健康数据采集终端模块用于采集慢性病相关

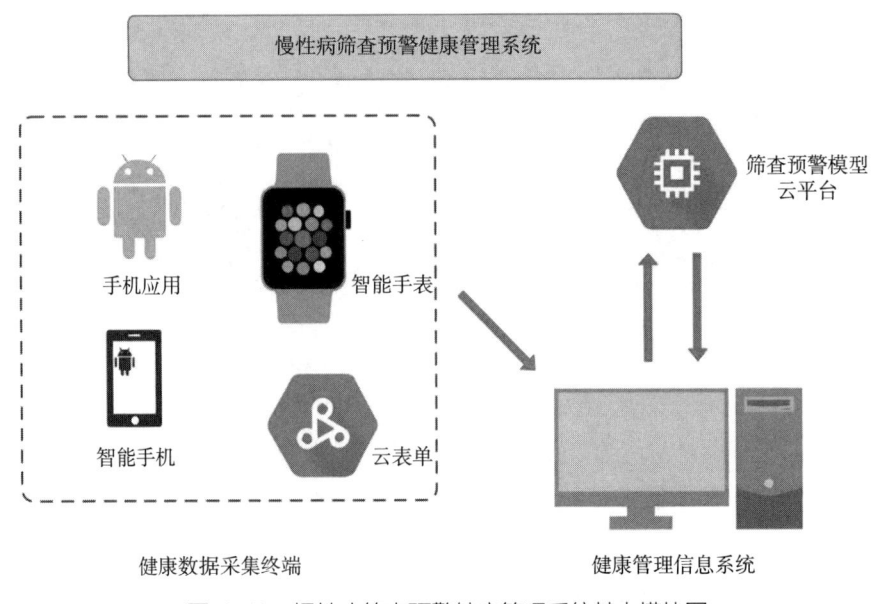

图 4-19 慢性病筛查预警健康管理系统基本模块图

的健康指标，作为人工智能诊断算法的输入数据，包括量表、问卷、声音、实验室生化数据、医学影像数据等。慢性病筛查预警模型存储在云端，由于慢性病数据不断更新及增加，模型可以不断用新数据进行训练优化，提高模型的健壮性。健康管理信息系统模块主要用于分析慢性病的数据以及病历档案的管理，并根据筛查结果对慢性病高危人群进行预警。

在个体心理危机特征研究方面，慢性病筛查预警健康管理系统可进行心理危机的检测与预警。采用监督式机器学习支持向量机方法，建立了多条目组合预警的方法。除此之外，设计的心理量表总分预警方案及单条目预警方案，可以根据心理危机严重程度，设置黄色预警及红色预警，以提高心理危机的预警效果。

中医治未病筛查预警系统的关键步骤就是采集慢性病的疾病特征，对多种医疗数据进行特征提取的处理，然后采用人工智能的方法判断是否属于该疾病的高危人群，最后进行疾病预警与干预的步骤，可以有效避免疾病严重程度的加深，减少疾病带来的悲剧的发生。

（四）医疗在线问诊

近年来，元宇宙各项关键技术如人工智能技术、大数据存储与计算技术、云计算技术、网络与物联网技术、区块链技术等数字技术发展迅速，渗透进了医疗健康的各个细分领域，中医领域也包括在内。元宇宙技术为中医以及西医发展提供了强大的技术驱动力。

元宇宙医生及互联网医院开展在线问诊服务方便人民群众就医。患者通过医疗在线问诊平台电脑端或者移动端应用进行预约挂号、问诊、买药全流程。医生可以在线与患者沟通、远程诊断、在线开方。整个过程全程在网络上完成，病人足不出户就可以方便的在线预约大医院的医疗专家进行就诊。相比传统的就医模式，这种模式节省了大量的人力物力财力。患者无须付出请假、交通以及大量就诊时间，即可方便地获取在大型医院中类似的服务，更容易获得就医满足感，节省了大量的就诊附加费用。

例如百度健康问医生在线就诊服务平台上有数十万全国各地的医生，全天提供在线服务。医生包括全国的各级医院如三甲医院、二甲医院、知名专科医院及基层医院的医生，几乎涵盖所有的科室如眼科、耳鼻喉科、中医科、神经内科、精神心理科等，患者足不出户即可享受全国各层次医生的专业服务，可以选择免费服务、低价位服务、中等价位服务、高价位服务等多种层次的服务，增强患者的消费体验。目前主要的服务板块及比较成熟的应用包括免费咨询、专家咨询、电话咨询及用药咨询板块。当前的应用主要是初级的真实医生远程服务的方式。随着元宇宙技术的发展，将来医生可以采用虚拟智能服务机器人，用海量诊断案例数据训练机器人，使其具备人的智能，尤其在中医药方领域，有望得到成功应用。医疗虚拟智能服务机器人在部分领域的应用可以进一步降低医疗成本，节省医院开支及国家医保费用的开支，具有较好的应用前景。

中医元宇宙可以实现远程中医诊疗服务与中医药的电子商务。中医元宇宙医院通过真实中医师或虚拟中医实现远程在线问诊，开具中医药药方方剂。中医药方剂分为汤剂、粉剂、片剂、组合药包等形式，通过统一的中药制作与配送云平台传输给中医药电子商务公司，实现全市中医药方剂的制作与配送，大大提高了中医药治疗的效率。同时对于慢性病，可以通过中医元宇宙实现对问诊者的治未病与健康管理，通过该模块进行健康管理的数据采集、数据评估、数据反馈，不断提高健康指标。上述技术均可实现，其中关键技术是提高虚拟智能中医机器人的智能性，增加案例库训练机器人。图 4-20 为中医元宇宙医院设计架构图。

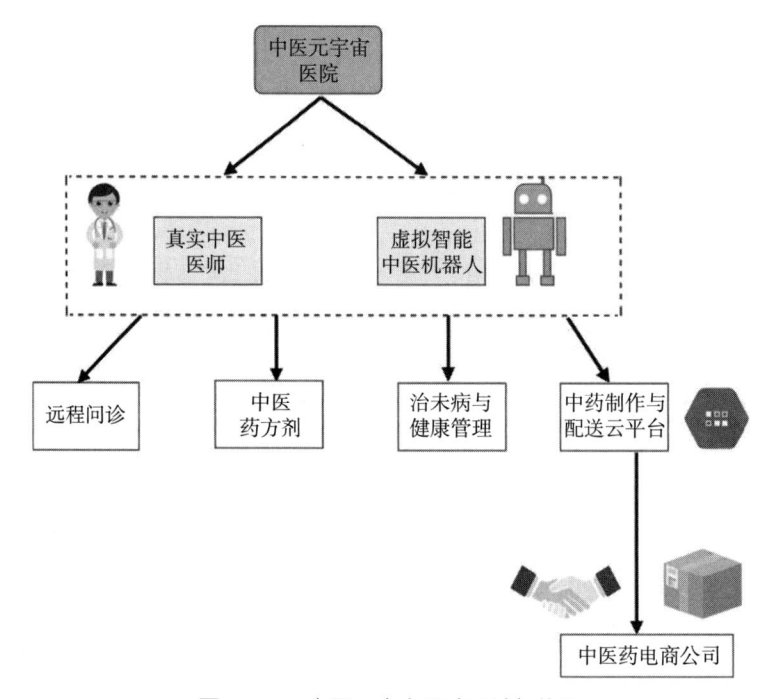

图 4-20 中医元宇宙医院设计架构图

在在线问诊平台精准医疗知识获取需求方面，可以通过人工智能技术中的自然语言处理技术构建医疗知识图谱，为问诊平台提供数据支持。通过医院真实的医疗数据构建知识图谱，可以实现问诊平台的智能化。在线问诊平台可基于线索理论分析互联网医疗平台中影响用户选择医生行为的影响因素。相关在线问诊方面的研究为医疗在线问诊平台的完善提供了技术支持，促进了在线问诊平台更大规模的应用。

（五）智慧医疗元宇宙的其他应用

医学元宇宙其他方面的应用包括：医学仿真实训、虚拟医生、虚拟心理康复、生活自理能力训练等应用领域。

运用虚拟仿真技术构建各种医疗实景场所如：虚拟护士站、虚拟治疗室、虚拟医院病房、虚拟解剖室等，对医学院校的师生进行交互式的虚拟培训。利用虚拟现实技术进行的虚拟仿真培训具有安全可靠、无医疗事故风险、可重复使用等优点，提高医学技能培训的效率、节省医学培训成本。同时可以完成很多课堂上很难实现的医学教学，如虚拟心脏解剖、虚拟冠心病手术等。由于医院环境存在的安全性差、存在传染源等潜在危险因素，如新冠疫情时期，急诊护理教学可用虚拟仿真技术实现医院急诊环境的模拟。

在元宇宙中，不仅可以搭建虚拟问诊室，还可以设计虚拟医生。虚拟医生通过人工智能技术，具有部分真实医生的智能，可以对疾病做出高准确率的诊断。真实医生通过搭建虚拟问诊室，远程连线患者进行诊断也属于虚拟医疗的一种模式。虚拟医生诊疗将会成为新的诊断模式。在美国由于虚拟诊疗的便捷性以及价格低廉的优势，已被保险公司列入保险范围。

医学元宇宙技术可用于医疗照护，应用于临床医疗护理领域。医护人员戴上 VR 眼镜就能实时观察到病房中的情景，实现远程查房与医患沟通，该应用对于传染病人的护理具有重要的应用价值，减少医护人员的风险，提高护理效率。技术上通过设置在病房内的 VR 全景摄像头及 VR 眼镜，护理人员在护士站或者远程场所，就可实现部分非接触式远程护理服务。医学元宇宙也可用于虚拟心理康复领域疾病的治疗与康复。心理健康疾病主要包括焦虑症、抑郁症、睡眠障碍、自闭症等。通过 VR 技术可以实现快乐环境的再现以及制作虚拟游戏带来心灵的陪伴与慰藉，有利于心理疾病的康复。

五、智慧医疗元宇宙潜在的风险与思考

2021 年兴起的元宇宙研究热潮，发展至今已经取得了很好的应用与实践。智慧医疗领域属于元宇宙的重要应用领域，元宇宙研究的狂热与质疑并存。首先元宇宙是

科学不是骗子，是多种计算机现有技术的集成。元宇宙处于投资的风口，各地纷纷推出元宇宙发展规划。当前，浙江省发改委已发布《浙江省元宇宙产业行动发展计划（2023—2025年）》，力争到2025年实现元宇宙相关产业规模达2000亿的目标。元宇宙的关键技术如虚拟现实、增强现实、混合现实、人工智能、区块链、云计算等已趋于成熟，为元宇宙产业的相关的应用奠定了技术基础。

智慧医疗元宇宙也具有一定的潜在风险，这些潜在风险会成为医学元宇宙发展的障碍。第一是国家政策方面的风险。国家政策方面是否支持医学元宇宙，如虚拟医生、远程医疗等等方面的相关政策与法律法规。第二是医疗数据与医疗隐私方面的风险。在虚拟的元宇宙世界里，如何保护患者的医疗数据与隐私，避免数据泄露。隐私数据的泄露会导致一系列的道德风险，因此虚拟世界医生与病人身份的认证及医疗数据的加密、传输与保存将成为医学元宇宙需要解决的关键问题之一。第三是法律、竞争及知识产权风险。元宇宙医疗纠纷方面的法律法规亟待出台。第四是医院之间的竞争风险问题。由于医学元宇宙突破了时空限制，又可以足不出户随时随地在线完成，会对中小医院及社区医院的生存空间造成挤压。另外虚拟空间的知识产权的界定与法律法规亟待出台。只有在发展中逐步解决上述一系列问题，医学元宇宙才能更好更快的发展。

第四节　工业元宇宙产业技术发展

工业元宇宙产业技术发展是指将虚拟现实、增强现实、物联网、人工智能等先进技术应用于工业领域，构建一个虚拟的工业世界，实现工业生产的数字化、智能化、协同化的技术体系。工业元宇宙产业技术的内容包括数字化工厂、虚拟仿真、智能制造、协同制造和工业安全保障等。工业元宇宙产业技术将工业生产过程和设备数字化，实现实时监控和数据分析，通过人工智能和物联网技术实现工业生产的智能化和协同化，提高生产灵活性和资源利用效率，通过虚拟现实和增强现实技术实现虚拟世界与实际生产的融合，提供更直观、高效的工业生产环境。工业元宇宙产业技术的目标是提高工业生产的效率和质量，降低生产成本，实现工业资源的合理配置和协同发展，促进工业制造业的转型升级和可持续发展。本部分，将围绕工业元宇宙产业技术发展路线图、国内外发展水平、关键技术和相关案例展开分析。

一、工业元宇宙产业技术发展路线图

工业元宇宙作为元宇宙的重要应用场景,主要目标是实现工业现实世界到虚拟世界的映射,并实现工业生产在虚拟世界中的新发展。工业元宇宙的概念框架如图4-21所示。

现实世界:工业元宇宙的现实世界是指实际存在的物理环境和社会系统,包括工厂、生产线、机器设备、原材料等工业元素。现实世界是工业元宇宙的基础,与虚

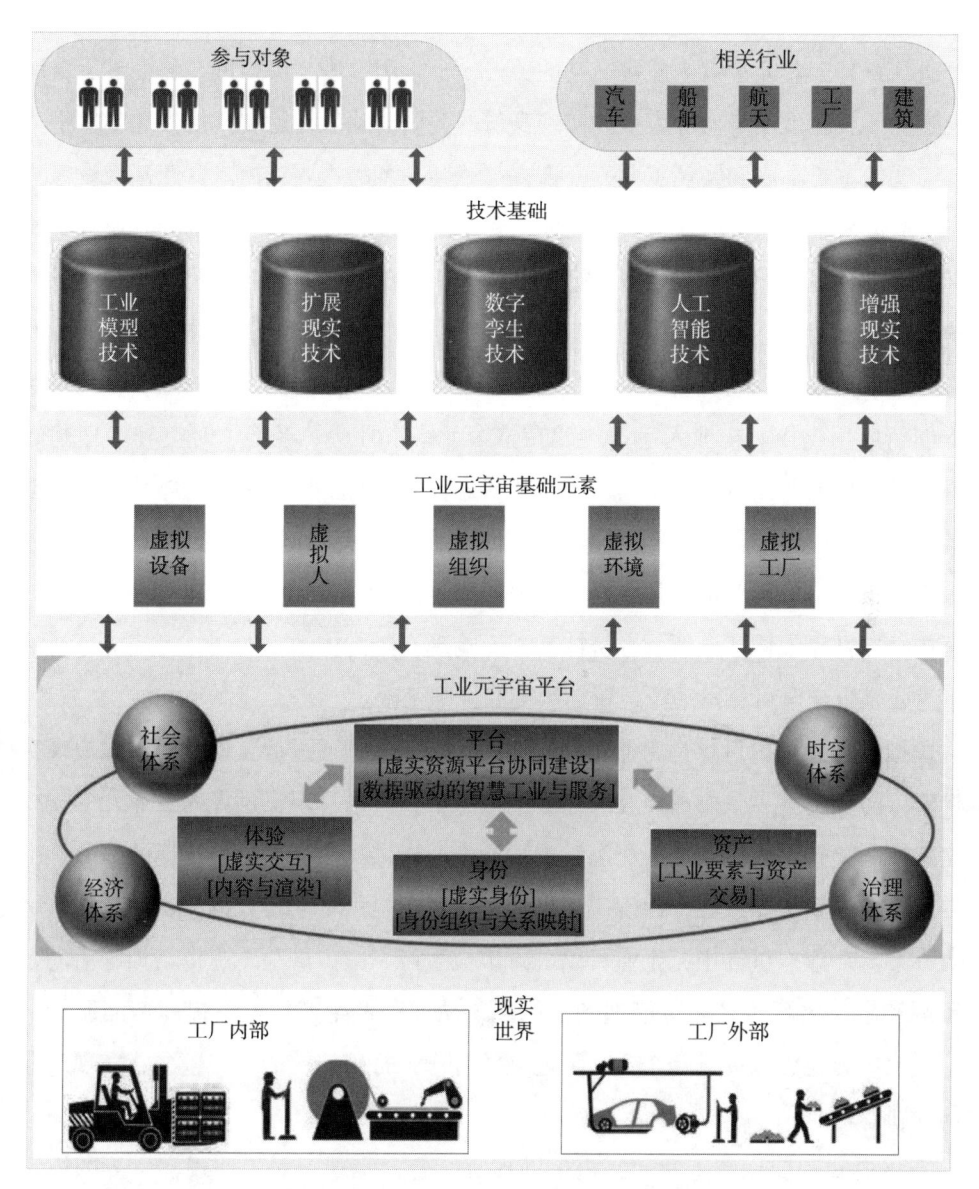

图4-21 工业元宇宙产业技术发展路线图

世界相互融合，为工业生产提供高效、智能的服务。在现实世界中，工业企业和制造商需要面对一系列挑战，如生产效率、资源分配、供应链管理等。通过工业元宇宙，企业可以更好地整合资源、优化生产流程、提高生产效率，从而降低成本、提升竞争力。

基础设施：工业元宇宙在网络、算力、存储等关键信息基础设施的支撑下，进一步打造体验、身份、资产和平台等具有工业元宇宙特色的基础设施，形成社会、时空、经济和治理四大体系。其中，体验基础设施主要聚焦虚实交互和内容与渲染引擎的打造，它是工业元宇宙中虚实交互的关口，也是用户进入虚拟世界的关键。身份基础设施主要实现虚实身份的表征并实现身份的关联与映射，是支撑工业元宇宙中"化身"实现的重要基础和实现工业元宇宙内部社会关系的重要支撑。资产基础设施主要是将工业全要素进行资产化，实现工业全要素的表征，并支撑表征下的工业数字资产的交易。平台基础设施支撑工业元宇宙中的虚实资源协同，面向整个体系提供数据驱动的工业智能与服务，支撑体验、身份、资产之间的关联交互，支撑面向工业生产经营管理的新型社会、经济、时空和治理体系的构建，支撑虚拟世界构建和各种工业元宇宙创新应用支撑。工业元宇宙构建在整个元宇宙社会、经济、时空和治理基础之上，适配新型工业化需求并持续进行迭代演进，其中时空体系和社会体系通过虚拟世界实现对现实世界的数字拓展，通过现实世界的数字孪生和虚拟原生构建更加丰富多彩的虚拟世界，并跨越时空限制；经济体系既涵盖又可以超越现实世界的经济体系，甚至在虚拟世界中构建全新的经济体系并影响现有经济体系，如创作者经济等；治理体系为元宇宙安全可靠及平稳运行的制度和规则基础。

虚拟世界：虚拟世界是工业元宇宙中的数字空间，通过计算机技术和虚拟现实技术构建，与现实世界映射和交互。在虚拟世界中，可以对现实世界的工业元素进行数字化建模、模拟仿真、数据分析等，为工业生产提供高效、便捷、智能的服务。虚拟世界是工业元宇宙的核心，为现实世界的工业生产提供了丰富、灵活、高效的数字化解决方案。在虚拟世界中，企业可以进行虚拟生产、虚拟试验、虚拟培训等活动，提前预测和解决实际生产中可能遇到的问题，从而降低生产风险、提高产品质量。此外，虚拟世界还可以促进跨企业、跨地域的合作，打破传统的组织壁垒，实现产业链协同创新。

新兴模式和应用：工业元宇宙借助虚实结合，实现了对工业现实世界的极大扩展，消除时空限制并实现物理资源、数字资源在更大范围内的整合调度，同时借助工业元宇宙带来的交互手段、展现方式、协作模式以及社会体系、经济体系、治理体系的变革，促进平台化设计、智能化制造、个性化定制、网络化协同、服务化延伸、数字化管理六大典型应用模式进一步创新发展，实现设计、生产、制造、服务、管理的全面提升。

在此基础上，用户、内容创作者、运营方、平台建设方、基础设施提供方和平台监管者等参与主体，围绕工业元宇宙基础共性以及制造、能源、医疗、交通等行业领域，开展创新探索，推进新型工业化体系建设与发展。

二、工业元宇宙产业国内外发展水平分析

（一）工业元宇宙产业发展阶段

工业元宇宙产业发展阶段可以分为三个阶段：初级阶段、中级阶段和高级阶段（图 4-22）。下面将详细描述这三个阶段的特点、技术应用和发展趋势。

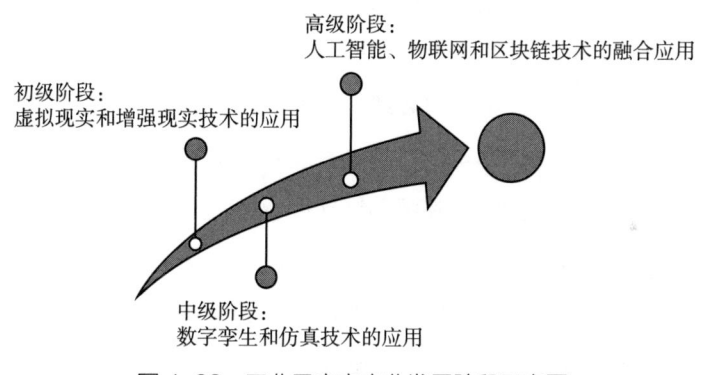

图 4-22 工业元宇宙产业发展阶段示意图

1. 初级阶段：虚拟现实和增强现实技术的应用

在初级阶段，工业元宇宙主要依赖于虚拟现实和增强现实技术。这些技术使得工业生产过程更加可视化和直观，为生产工人和管理者提供全新的交互体验。在初级阶段，依赖传统的 VR 和 AR 技术，如头戴式显示器、手持设备等。应用场景有限，主要集中在工厂布局规划、设备操作培训等方面。对生产过程的优化和预测能力较弱。工业元宇宙虚拟工厂利用 VR 技术模拟工厂布局，方便生产工人和管理者进行可视化操作。利用 AR 技术将操作指南叠加在实际设备上，增强培训效果。在初级阶段发展过程中，技术逐渐成熟，成本逐渐降低，使得 VR 和 AR 技术在工业领域的应用更加广泛。随着 5G 技术的普及，VR 和 AR 技术在工业元宇宙中的应用将更加流畅。

2. 中级阶段：数字孪生和仿真技术的应用

在中级阶段，工业元宇宙开始涉及数字孪生和仿真技术的应用。这些技术使得工业元宇宙能够对生产过程进行模拟、优化和预测，从而降低生产风险、提高生产效率。其特点是数字孪生技术成为核心，实现实际生产过程与虚拟环境的实时同步。应用场景扩大，涉及生产过程的模拟、优化、预测等方面。对生产过程的优化和预测能力有所提高，但仍然有限。在技术应用方面，通过传感器收集数据，构建实际生产过程的数字孪生模型，利用仿真技术对生产过程进行模拟，找出潜在问题和优化方案，利用历史数据和机器学习算法预测设备故障，制订预防性维护计划。从发展趋势而言，数字孪生技术不断成熟，对生产过程的建模和仿真能力增强。云计算和边缘计算技术的发展，使得数字孪生和仿真技术在工业元宇宙中的应用更加高效。

3. 高级阶段：人工智能、物联网和区块链技术的融合应用

在高级阶段，工业元宇宙进一步融合了人工智能、物联网和区块链等技术。这些技术使工业元宇宙具备了实时监控、智能优化和数据安全可信的特点，从而提高生产质量和效率。其特点是人工智能、物联网和区块链技术深度融合，形成统一的技术体系。应用场景全面覆盖，涉及生产、管理、服务等各个方面。对生产过程的优化和预测能力显著提高，具备智能决策支持功能。发展趋势上来说，人工智能、物联网和区块链技术在工业元宇宙中得到广泛应用，推动产业升级。工业元宇宙与智慧城市、智能交通等领域相结合，实现更高效的社会资源配置和产业协同发展。

总之，工业元宇宙产业发展阶段从初级阶段向超级阶段不断演进，每个阶段都依赖于不同技术的应用和发展。当前，工业元宇宙产业正处于初级阶段向中级阶段发展的过程中，企业需要关注技术发展趋势，积极布局和投入，以抢占市场先机。

（二）工业元宇宙国内外相关政策

1. 工业元宇宙国内相关政策

近年来，各级政府高度重视元宇宙产业的发展，并出台了一系列相关政策，以支持工业元宇宙领域的创新和应用。以下是一些与工业元宇宙相关的政策。在《工业和信息化部元宇宙标准化工作组筹建方案（征求意见稿）》中提出，优先开展工业元宇宙制造等行业应用标准研制，这意味着元宇宙技术将首先在工业制造领域得到应用和推广。

在国家政策的引导下，各地政府也开始出台一些与工业元宇宙相关的政策，以推动当地元宇宙产业的发展。截至 2022 年 8 月，我国已有二十四个省市将元宇宙写入

政府工作报告、产业规划及扶持政策中。截至 2023 年 1 月，全国范围内已有十八个省级（含直辖市）单位及二十二个市级单位发布了约九十项支持元宇宙产业的政策。其中，北京市提出《北京市促进数字经济创新发展行动纲要（2020—2025 年）》，要推动元宇宙、区块链等新兴技术的发展和应用，加快数字基础设施建设，加强数字经济核心技术攻关。上海市提出《上海市推进新型基础设施建设行动计划（2020—2022年）》，要加快虚拟现实、增强现实、元宇宙等新型基础设施建设，推动数字经济产业发展。广东省发布的《广东省数字经济高质量发展三年行动计划（2020—2022 年）》提出，要推动元宇宙、区块链等新兴技术的发展和应用，加快数字基础设施建设，加强数字经济核心技术攻关。为了推动元宇宙、区块链等新兴技术的发展和应用，加快数字基础设施建设，加强数字经济核心技术攻关，浙江省提出《浙江省数字经济五年倍增计划》。南京市政府高度重视元宇宙产业的发展，并为工业元宇宙发展提出了相关政策。南京市政府在《南京市加快培育新赛道发展未来产业行动计划》中明确提出，要加快布局和培育发展元宇宙产业，强化未来产业新赛道布局，壮大数字经济发展新动能，并提出了一系列具体措施，如推动元宇宙技术创新、建设元宇宙产业基地、加强元宇宙人才培养等，以支持元宇宙产业的发展。

2. 工业元宇宙国外相关政策

美国在元宇宙领域的发展和创新处于全球领先地位，这得益于其强大的技术创新能力、发达的风险投资体系以及鼓励创新的政策环境。虽然美国政府没有针对工业元宇宙的专门政策，但美国在工业互联网、智能制造、虚拟现实、增强现实等领域有很多政策和计划，这些政策在一定程度上促进了工业元宇宙的发展。例如，《美国创新战略》提出，要通过投资于创新和研究，加强美国在全球经济中的领导地位。这为元宇宙等相关领域的创新提供了支持。《美国制造业复兴法案》旨在通过提高美国制造业的竞争力，创造更多就业机会。《国家虚拟现实研究计划》旨在推动虚拟现实技术的研发和应用，包括在工业领域。这有助于为工业元宇宙的发展提供技术支持。

欧盟在工业元宇宙领域提出了一些相关政策。2020 年欧盟委员会发布了欧洲工业数字化战略，旨在推动欧洲工业领域的数字技术发展。该战略强调了元宇宙、虚拟现实、增强现实等新兴技术在工业领域的应用，以提高生产效率、降低成本并提高产品质量。2010 年欧盟委员会提出的欧洲数字议程，包括推动虚拟现实、增强现实等技术与工业领域的融合，促进工业元宇宙的发展，为欧洲数字领域的发展提供了方向。欧盟的地平线 2020 计划是欧洲最大的科研和创新计划，涵盖了多个领域，包括工业元宇宙。该计划支持了与工业元宇宙相关的研发项目,以推动技术创新和产业发展。欧盟委员会于2019年成立了欧洲工业创新平台,旨在加强欧洲工业领域的创新合作。该平台支持了工业元宇宙相关项目,以促进企业之间的合作和产业链的整合。欧盟委员会于2016年发布了欧洲虚拟现实与增强现实战略,旨在推动VR/AR技术与各领域的融合。其中,工业领域是重点应用场景,为工业元宇宙的发展奠定了基础。

韩国在工业元宇宙领域也提出了一些相关政策,以推动韩国工业元宇宙的发展。韩国政府成立了元宇宙基金,投资额为240亿韩元(约合1.26亿元人民币),用于支持元宇宙产业的发展。该基金将支持工业元宇宙相关项目,推动技术创新和产业链整合。韩国政府制定了《韩国元宇宙产业发展战略》,计划到2025年将投资22亿美元用于元宇宙技术研发和应用。该战略强调了工业元宇宙在韩国制造业发展中的重要性,并将推动工业元宇宙作为其核心目标之一。韩国政府积极参与了江苏省工业元宇宙公共服务平台的建设,该平台将为企业提供工业元宇宙相关技术支持和服务,帮助企业提高生产效率和产品质量。韩国政府还提出了一系列具体措施,如推动元宇宙技术创新、建设元宇宙产业基地、加强元宇宙人才培养等,以支持元宇宙产业的发展。韩国政府还与国内外元宇宙领域的企业和科研机构展开合作,共同推动元宇宙产业的发展,包括工业元宇宙领域。

日本在工业元宇宙领域也提出了一些相关政策,以推动日本工业元宇宙的发展。日本政府在《日本复兴战略》中计划到2025年将投资1.5万亿日元用于数字经济领域,包括元宇宙技术。该战略强调了工业元宇宙在日本制造业发展中的重要性,并将推动工业元宇宙作为其核心目标。日本政府积极参与了工业元宇宙相关技术的研发和应用,例如支持了智能工厂、工业物联网等项目的建设,为工业元宇宙的发展奠定了基础,提出了一系列具体措施,如推动元宇宙技术创新、建设元宇宙产业基地、加强元宇宙人才培养等,以支持元宇宙产业的发展。此外,日本政府还制定了"未来投资计划",旨在加强科技创新投资。这一计划涵盖了多个领域,包括元宇宙技术,这将有助于推动工业元宇宙的发展。

三、工业元宇宙产业关键技术

(一)工业元宇宙中的扩展现实技术

扩展现实技术是虚拟现实、增强现实和混合现实等技术的统称,这些技术可以将虚拟内容与现实世界相结合,为用户带来更加沉浸式的体验。工业元宇宙是元宇宙在工业领域的应用，旨在通过虚拟空间实现工业生产、产品设计、设备维护等环节的数字化转型。扩展现实技术可以为工业元宇宙提供沉浸式的体验，使用户能够在虚拟空间中更加真实地感受到工业生产过程，提高生产效率和产品质量。同时，工业元宇宙可以为扩展现实技术提供更广泛的应用场景，促进技术创新和产业发展。在工业元宇宙中，扩展现实技术可以应用于以下几个方面：

（1）虚拟生产：通过扩展现实技术实现生产过程的虚拟仿真，可以帮助企业提前发现生产过程中的问题，减少生产风险，提高生产效率。

（2）产品设计与测试：扩展现实技术可以将产品设计方案以虚拟形式呈现，帮助设计师更直观地观察产品细节，进行快速迭代和优化。

（3）设备维护与操作培训：利用扩展现实技术可以实现设备的虚拟操作和维护，降低操作风险，提高操作人员的安全意识和技能水平。

（4）虚拟展示与营销：通过扩展现实技术，企业可以为客户提供虚拟的产品展示和体验，提高客户满意度，促进产品销售。

（二）工业元宇宙中的工业模型技术

工业模型技术可以帮助工业元宇宙更真实、更高效地模拟和优化生产过程、产品设计以及设备维护等方面。工业模型技术主要包括数字孪生、三维建模、仿真技术等。在工业元宇宙中，数字孪生可以用于模拟和优化生产过程、预测设备故障、制订维护计划等。三维建模技术可以用于创建工业设备、产品等实体在虚拟空间中的数字化表示。这有助于在工业元宇宙中更直观地展示和分析产品设计、生产过程等方面的问题。仿真技术可以模拟工业生产过程中的各种物理现象和动态行为，以评估生产效率、质量、安全性等方面的性能。在工业元宇宙中，仿真技术可以帮助企业预测和解决实际生产过程中可能遇到的问题。

（三）工业元宇宙中的数字孪生技术

数字孪生是工业元宇宙的核心关键技术，也是工业元宇宙发展的一个必经阶段和关键内涵。数字孪生技术可以实现工业元宇宙中对现实世界一比一还原的关键内容，支撑工业元宇宙的搭建。按照基本视图，工业元宇宙中的虚拟世界远远大于现实世界，虚拟世界的构建一方面需要以现实世界为依据，建立对应物体的数字映像；另一方面创作者也可根据需要建立虚拟世界的数字形象，这是虚拟世界构建的基础。因此，工业元宇宙作为工业生产中开放、共创和可交互的虚拟空间，数字孪生将是创造虚拟工业世界和价值承载的关键。

（四）工业元宇宙中的人工智能技术

人工智能与工业元宇宙之间存在密切的关系。人工智能技术在工业元宇宙中发挥着重要作用，为工业元宇宙的构建、应用和优化提供支持。以下是工业元宇宙中设计的人工智能相关技术。①数据处理与分析：在工业元宇宙中，大量的传感器和设备会收集大量数据，如生产过程数据、设备状态数据等。人工智能技术可以帮助处理这些数据，从中提取有价值的信息，用于优化生产过程、预测设备故障等。②智能决策支持：人工智能技术，如机器学习、深度学习等，可以为工业元宇宙提供智能决策支持。通过分析历史数据和实时数据，人工智能技术可以帮助企业制订更合理的生产计划、设备维护计划等。③自动化与智能化：人工智能技术可以实现工业元宇宙中的自动化和智能化。例如，在生产过程中，人工智能可以实现设备的自动控制和优化；在产品设计中，人工智能可以通过生成式设计技术自动生成设计方案。④虚拟助手与智能交互：通过人工智能技术，工业元宇宙中的虚拟助手可以为用户提供智能交互服务，例如实时解答用户在生产过程中遇到的问题，提供操作指导等。⑤安全与合规：人工智能技术可以帮助工业元宇宙实现安全监控和合规管理。例如，在生产过程中，人工智能可以实时监测设备状态，预测潜在的安全隐患，确保生产过程的安全；此外，人工智能还可以帮助企业遵守相关法规和标准，实现合规生产。

（五）工业元宇宙中的物联网技术

物联网技术在工业元宇宙中扮演着至关重要的角色，它连接并整合现实世界中的设备、传感器、系统等，实现对工业生产过程的实时监控和数据采集。物联网技术可以实时采集生产过程中的各种数据，如温度、湿度、压力、速度等。这些数据可以用于实时监控生产过程，帮助企业做出更精确的决策，提高生产质量和效率。通过物联网技术，可以实时监控工业生产过程中的各种设备，如机器、传感器、执行器等，确保它们正常运行。当设备出现异常时，物联网技术可以及时发出警报，提醒操作人员进行处理，防止生产过程中断或降低生产效率。

此外，物联网技术还可以实现对供应链的实时监控，从原材料采购、生产过程到产品销售，企业都可以通过物联网技术实现对各个环节的实时追踪和信息共享。这有助于企业优化供应链管理，降低库存成本，提高响应速度和客户满意度。在质量控制方面，物联网技术可以帮助企业实现对产品质量的实时监控和分析，通过对生产过程的数据进行分析，企业可以发现潜在的质量问题，并采取相应的措施进行预防和改进，提高产品质量。在能源管理方面，物联网技术可以实时监控企业的能源消耗情况，帮助企业实现能源的节约和减排，降低生产成本，提高企业的社会责任感和环保形象。

（六）工业元宇宙中的增强现实技术

增强现实技术在工业元宇宙中具有重要作用，它将虚拟信息与现实世界相结合，实现对现实世界的增强。增强现实技术可以在工业元宇宙中为员工提供沉浸式的培训和仿真环境，使他们在实际操作前就能熟悉工作流程和操作方法。这有助于提高员工的操作熟练度和安全性，降低培训成本和事故风险。在生产指导方面，通过增强现实技术，操作人员可以在生产过程中实时查看关键数据和指示信息，如设备状态、工艺参数、质量标准等，提高工作效率和质量。在设备维护和维修方面，增强现实技术可以帮助维修人员快速识别和定位设备故障，实时查看设备维修手册和操作指南，提高维修效率和质量。在工业设计与研发方面，增强现实技术可以用于产品设计和研发过程，让设计师和工程师能够直接在现实世界中查看和调整设计方案，提高设计效率和质量。因此，增强现实技术在工业元宇宙中发挥着重要作用，它为工业生产提供了实时、直观、智能的支持，推动工业领域的创新与发展。

四、工业元宇宙产业案例分析

（一）博山数字经济工业园区

1. 案例背景

博山数字经济产业园区位于博山经济开发区内，占地面积 85 亩，博山经济开发区现有规模以上企业 73 家，其中国家级高新企业 20 家，省级以上企业研发机构 25 家，省级双创平台 5 家，博士后工作站 2 家，院士工作站 4 家，上市企业 4 家。博山园区大多工业企业以订单式生产为主，对排单效率、产能大小等有较高要求，但博山园区发展时间较长，而且受到山地地形的限制，物理空间有限，实际生产中会存在排单错误、产能不足、扩规困难等问题，对园区规模的进一步扩张造成制约，同时也制约了相关企业通过物理搬迁实现入园。

2. 博山数字经济工业园区案例介绍

博山数字经济产业园基于新基建与工业互联网打造服务型虚拟园区，打破时空限制，减少企业物理搬迁，通过连接园区网络，加入园区柔性自动化生产序列，享受园区提供的各类服务，园区将利用数字化技术对园区企业所在产业链上下游提供服务，利用数字走廊构建虚拟园区，促进产业、技术、人才、资金、数据等网络化虚拟化聚集，打造协同绿色园区生态，实现数据生产要素在园区服务体系内自由安全流动及产业高效协同发展。

园区通过打造虚拟园区节点，致力于成为新型产城融合的 Twin Park。园区的物理空间位于博山经济开发区综合服务及研发中心大楼和厂房，整合共享开发区冗余物理空间等生产要素资源，建设调度展示中心及各类共享中心；园区的虚拟空间由园区节点、企业节点通过园区工业互联网外网、标识解析节点、分布式边缘计算中心等新型网络基础设施构成，沿博山工业供应链沿链聚合，覆盖全区、辐射全省，将企业数字化服务范围拓展至全网全链，并通过上联国家工业互联网数据公共服务平台、为更大范围的产业优化布局提供数据支撑。

虚拟园区从政府管理、产业发展、招商决策三大维度的指标动态监测，实现了园区企业智能服务、园区企业发展洞、辅助园区企业融资。通过分析园区入驻企业的知识产权指数、贷款指数、投资指数、法律体系指数、经营风险指数、人才供需指数、政策申报指数等指数，精准定位企业短板，分析企业需求，主动为企业提供智能服务推送。虚拟园区的企业动态全局监测，涵盖日常运营、发展能力、竞争价值等核心维度、生成实时数据可视化报表，输出智能辅助分析、助力政府制定科学决策、执行企业监管。

（二）长治高新区数智未来智造城赋能中心

1. 案例背景

近年来，全球制造业正面临前所未有的变革，数字化、智能化成为未来发展的重要趋势。为了顺应这一潮流，我国政府提出了"中国制造 2025"战略，以推动制造业的转型升级。长治高新区作为我国重要的科技创新基地，承担着引领区域制造业转型升级的重要使命。数智未来智造城赋能中心项目应运而生，旨在加快区域内智能制造产业的发展，提升企业创新能力，推动产业结构优化。

长治高新区数智未来智造城是由山西大地控股投资建设运营的现代化、智慧化产业园区，项目总占地面积762.5亩，总建筑面积92万平方米，是目前全省单体规模最大的标准化厂房项目。项目总投资38.9亿元，年产值预计达200亿元，落成后可创造税收四亿元/年，解决就业三万人。为了充分发挥产业园区的资源和优势，园区在规划之初就着力建设高端工业互联网赋能中心，旨在为园区企业提供一对一专属管家式服务，面向智能制造、先进制造等高端产业方向，提供从研发、孵化到产业化加速的一条龙服务，打造"企业全生命周期服务"体系，以促进高新科技成果转化，支持入园企业发展。

2. 数智未来智造城赋能中心案例

长治高新区数智未来智造城赋能中心主要包括以下几个方面：搭建智能制造技术研发与创新平台，开展关键技术攻关与应用示范。为区内企业提供智能化改造方案，协助企业实施智能化生产线改造。建设人才培养体系，开展智能制造相关培训与交流活动。推动产业链上下游企业合作，实现产业协同发展。

赋能中心包含融合概念解析、场景展示、产教融合等应用，ALVA 依托 AR 技术方案及行业经验，助力园区打造了集内容展示、培训路演、实训认证等丰富功能于一体的赋能中心，形式丰富、实用性强的工业互联网应用场景展示体验和产教融合培训认证中心，成为赋能中心的核心优势展项。

一二三产业融合展示：贴合长治当地产业发展的一二三产业融合展示体验中心是赋能中心的亮点展项之一。用户可以借助平板电脑等移动设备，通过互动游戏切实体验一二三产业融合项目。

一产通过 AR 区域识别技术，对展示区投放的虚拟谷田进行灌溉采收，通过虚拟无人机植保体验智慧农业场景。二产深入植保无人机应用，探访无人机数字化生产制造工厂，体验虚实映射的智能制造场景。三产是通过云商城模拟在线下单，支持查看追溯商品产地及生产信息，构建二级节点标识解析体系，完整体验从智慧农业、智能制造到智慧服务的一二三产业融合项目场景。通过 ALVA 互动式的项目展示形式，能够让园区企业及其用户群体直观、清晰、快速地理解先进产业融合发展理念，通过翔实的案例内容为企业提供切实可行的发展思路，拉动园区乃至整个长治市、山西省的企业上云。

AR 产线实训：ALVA 依托长治当地职业院校的专业及生源优势，赋能中心作为华北唯一颁发"1+X 证书"和"工业和信息化领域急需紧缺人才培养工程证书"的人才输送基地，借助 AR 产线实训应用，助力山西省教融合发展，实现人才赋能。园区企业可以组织学员到赋能中心进行产线实训，学员通过佩戴 AR 眼镜，学习工艺或操作课程。在认证阶段，也能够通过 AR 实训考核进行学习成果的验证，完成从培训到认证的全程可视化、可验证的闭环。

赋能中心运营单位山西大地紫晶信息产业有限公司副总经理高远女士指出："园区打造高端工业互联网中心旨在通过工业互联网平台，切实赋能园区企业。"行业应用场景及解决方案的展示和产教融合实训认证是赋能中心服务价值体现的两个重要环节。"AR 这类前瞻性应用的场景与当前很多大型企业是匹配的，但很多传统企业往往很难接触到，赋能中心作为园区的重要服务平台，也很高兴通过合作让更多本地企业体验和应用来自 ALVA 这样全球领先企业的技术及解决方案。"

（三）卡奥斯数字孪生平台携手 Unity 确立智能制造创新

海尔工业智能研究院凭借卡奥斯 COSMOPlat 数字孪生平台方案在"第三届中国工业互联网大赛—工业互联网+数字孪生专业赛"暨"首届工业数字孪生大赛"中荣获全国创意赛二等奖，展示了在工业数字孪生领域的卓越能力。作为首个被集成到卡奥斯 COSMOPlat 数字孪生平台的应用，交互式实时 3D 引擎 Unity 不仅赋予了数字孪生平台工业协议解析、异构工业数据接入，整合，三维可视化、实时工业信号导入运行程序、云渲染等 PaaS 层工业原子的能力，还提供了预测性维护、MR 巡检等 SaaS 层工业应用。

Unity 数字孪生解决方案，助力实现多种未来工业应用场景。基于强大、灵活的 Unity 数字孪生解决方案，还可以实现多种面向未来的工业应用场景。例如，在自动化程度极高的黑灯工厂，工作人员只需接入云端，产线运行状态即可远程同步到各类终端设备。运维人员可以通过 PC、手机、平板、XR 眼镜等设备，进行远程运维监控、工业控制、虚拟巡检等举措。对于工业用户而言，Unity 云渲染无须下载数据至本地，因此还能有效地保障数据的安全性，让企业宝贵的知识产权得到更好的保护。

卡奥斯 COSMOPlat 数字孪生平台是国内首个 5G+ 工业边缘云渲染平台化解决方案，通过工业边缘云创新融合架构降低了数字孪生渲染任务对端侧算力的性能要求，跨行业用户可通过 5G 网络以任何设备访问平台并获得高保真、高精度的实时渲染仿真模型；同时用户可依托平台建立的数字孪生开发标准和技术架构，获得高效率、模块化的数字孪生开发能力。Unity 的实时 3D 技术是平台构建数字孪生能力的使能技术之一，也为各垂直行业提供了 Luban、PiXYZ 等具有针对性的解决方案和技术产品。

数字孪生解决方案可以创建产线或者是工厂的数字拷贝，同步真实环境数据，实现实时数据反应和同步，体现出真实的工厂运行状态。数字孪生还可以应用于仿真、模拟和预测。比如在产线投产前，可以对虚拟原型做参数化设计和开发调试，提高软件开发的迭代效率，并降低物理原型和实际调试的高昂成本。

在运行阶段，工厂可以利用数字孪生技术监控实况。现在很多工厂都有数字化中心或者中央控制室，把所有运行数据、生产数据和整个运行状态直观地展示在大屏幕。使用数字孪生技术，巡检员可以快速定位故障设备，通过 AR 眼镜直接查看产品的关联属性信息并获得远程协助，高效作业；他们也可以通过运行数据分析，对零部件进行预测性维护。

可以想见,在 5G MCE 边缘云架构下,Unity 作为中间件将进一步为工业互联网的数字孪生应用带来大量生态开发者、海量工业应用和可复用的开发素材。在云端部署 Unity 工业标准解决方案,将在"云—边—端"一体协同下,为行业提供快速构建云端智慧园区、智能工厂、智能制造的能力,助力未来工业走向卓越之路。

(四)重庆协同创新区车联网数字孪生项目

1. 案例背景

工业和信息化部要求重庆市有关部门围绕国家级车联网先导区的主要任务和目标,按照工信部《车联网(智能网联汽车)产业发展行动计划》部署,加快完善协同工作机制,抓紧推进实施,促进全市车联网应用和产业发展。

重庆市作为国家西部地区的重要城市,拥有丰富的科技资源和产业基础,具备发展车联网产业的优越条件。为了加快车联网产业的发展,推动产业结构升级,提高城市智能化水平,重庆市决定启动协同创新区车联网数字孪生项目。重庆两江新区拥有丰富的车联网先导区示范应用场景,实体产业基础和数字转型实践为车联网先导区建设和车联网产业发展提供支撑。一方面,两江新区汽车、电子两大千亿级支柱产业基础厚实、链条完整;另一方面,作为重庆数字经济发展主战场,两江新区正着力推动数字经济与实体经济、先进制造业与现代服务业深度融合发展。

2. 协同创新区车联网数字孪生项目的意义

在促进车联网技术创新与应用方面,车联网数字孪生项目将推动车联网技术在智能交通、智慧城市等领域的广泛应用,提高产业技术水平和创新能力。在优化城市交通管理方面,车联网数字孪生项目通过构建车联网数字孪生系统,实现实时监控道路交通状况,优化交通信号控制,提高道路通行效率,降低拥堵程度。在推动新能源汽车产业发展方面,车联网数字孪生项目将有助于推动新能源汽车产业的发展,提高新能源汽车在市场的竞争力,促进产业转型升级。在提升城市智能化水平方面,车联网数字孪生项目有助于重庆市打造智慧城市建设,提升城市智能化水平,提高市民生活质量。

3. 项目内容及实施方案

协同创新区车联网数字孪生项目主要包括以下几个方面:

(1)车联网基础设施建设:建设车联网通信网络、路边设施、数据中心等基础设施,为车联网技术应用提供基础支持。

（2）车联网技术创新与应用：开展车联网技术在智能交通、智慧城市等领域的研发与示范应用。

（3）车联网产业发展：培育和发展车联网相关产业，推动产业链上下游企业协同发展。

（4）车联网政策法规与标准体系建设：制定和完善车联网产业政策、法规及技术标准，为产业发展提供制度保障。

协同创新区车联网数字孪生项目实施方案：

（1）项目前期筹备：开展项目前期调研、规划与设计，明确项目目标、任务、实施主体和资金来源。

（2）基础设施建设：按照项目规划，分阶段建设车联网通信网络、路边设施和数据中心等基础设施。

（3）技术创新与应用：加强与高校、科研院所、企业等合作，开展车联网技术研发与示范应用。

（4）产业发展与培育：制定优惠政策，吸引国内外优秀企业入驻，培育产业链上下游企业，推动产业集群发展。

（5）政策法规与标准体系建设：加强与国家有关部门的沟通协调，制定和完善车联网产业政策、法规及技术标准。

（6）项目宣传与推广：通过各种渠道宣传项目成果，提高项目知名度和影响力。

4. 项目预期成果与效益

项目预期成果方面，项目将构建覆盖全市的车联网通信网络，提升车联网基础设施水平，推动车联网技术在智能交通、智慧城市等领域的广泛应用，形成一批具有核心竞争力的技术创新成果。另外，项目将培育一批具有竞争力的车联网产业链上下游企业，推动产业集群发展，并提升城市交通管理、智慧城市建设等方面的水平，提高市民生活质量。此外，项目将通过车联网技术的创新与应用，提高城市交通效率，降低交通拥堵成本，增加新能源汽车市场份额，从而实现经济效益的提升。

在经济效益上，项目将通过车联网技术的创新与应用，提高城市交通效率，降低交通拥堵成本，增加新能源汽车市场份额，从而实现经济效益的提升。在社会效益上，项目将提高城市智能化水平，为市民提供更加便捷、高效、安全的出行服务，提升市民生活质量。在环境效益上，项目通过推动新能源汽车产业发展，降低汽车尾气排放，改善空气质量，实现环境效益。

第五节　智慧文旅元宇宙产业技术发展

智慧文旅元宇宙产业技术发展的特点主要包括融合创新、个性化定制、虚拟体验、互动参与和数据驱动。它将先进技术与文化旅游产业相结合，通过数字化、智能化的手段提升文化旅游产品和服务的质量和体验。通过大数据分析和智能推荐算法，为用户提供个性化的旅游线路和景点推荐。通过虚拟现实和增强现实技术，为用户提供身临其境的虚拟旅游体验。通过互联网和社交媒体等平台，实现用户与文化旅游活动的互动参与。通过数据分析和挖掘，优化文化旅游产品和服务的设计和推广。智慧文旅元宇宙产业技术的发展旨在提升文化旅游产业的创新能力和竞争力，提供丰富、个性化的文化旅游体验，促进文化旅游产业的可持续发展。

一、智慧文旅元宇宙产业技术发展路线图

（一）信息化阶段

数据的采集与整合，这个阶段是智慧文旅技术发展的基础，目标是为后续的技术应用和创新提供数据支持。

大数据技术：大数据技术在智慧文旅产业中的应用正日益深入，它使得旅游业能够更精准地理解和预测游客的行为和需求。社交媒体、旅游评价网站和传感器网络等渠道产生的数据被集成和分析，为旅游企业提供了前所未有的市场洞察。社交媒体上的动态、图片和评论是探测游客偏好和情绪的关键指标。大数据分析工具可以处理这些信息，揭示市场趋势，帮助旅游企业实现更精准的目标营销和服务优化。例如，通过监测特定景点的社交媒体热度，企业可以预测旅游热点，及时调整资源分配。用户在旅游评价网站上的反馈是衡量服务质量和顾客满意度的重要数据源。利用大数据分析，企业可以快速识别和解决服务中存在的问题，改进顾客体验，并据此调整服务策略。传感器网络的部署让景区能实时收集游客流动和环境数据，进而优化人流管理和景区规划。比如，人流量数据分析可辅助景区管理层在高峰时段合理调配服务人员，减轻游客压力。

云计算技术：云计算技术的发展对于智慧文旅产业而言，意味着数据存储和处理能力的显著提升。传统的旅游业务处理依赖于本地服务器和数据库，面临空间和性能的限制，而云计算技术通过分布式计算资源的方式，解决了这些瓶颈问题。它允许旅

游企业无须投资昂贵的硬件即可获得必要的计算能力,弹性地扩展服务容量以应对旺季期间的用户访问高峰。随着旅游业务的数字化转型,越来越多的旅游服务和产品涉及大规模的数据交换和处理。在此背景下,云计算平台提供了一个可靠和安全的数据处理环境,支持高效的数据仓库服务、数据挖掘和机器学习算法部署。这些服务和工具加速了从数据中提取有价值信息的过程,进而支持决策制定和服务个性化,提高旅游景区管理水平。例如,云计算平台可以托管旅游推荐系统,根据游客的历史行为和偏好,在大数据分析基础上,动态调整推荐内容,以提升用户体验。云端的数据分析工具还可以帮助景区管理者实时监控游客分布和流动,快速响应突发事件,确保游客安全。

数据仓库:数据仓库的建设是实现智慧文旅产业发展的基础工作。根据文旅产业的特点,构建专门的数据仓库,整合来自不同来源的数据。为了满足文旅产业的数据管理需求,必须构建能够集中存储、整合和分析来自不同来源的数据的专业数据仓库。这些数据可能来源于社交媒体、在线预订平台、景区门票系统、游客反馈、环境监控装置以及多种传感器等。在文旅数据仓库的构建过程中,需要设计合理的数据模型来确保数据的一致性和质量。数据仓库应能支持高效的数据抽取、转换和加载过程,这对于保证数据更新的实时性和准确性至关重要。通过数据清洗和整合,确保数据仓库中的信息是准确、完整和一致的,为后续的数据分析和业务决策提供可靠的支持。此外,数据仓库需要具备良好的扩展性和灵活性,随着数据量的增长和业务需求的变化,能够适应新的数据类型和分析工具的接入。在安全方面,由于文旅数据中可能包含个人隐私信息,因此必须确保数据仓库符合相关的数据保护法规,通过加密、访问控制和审计日志等手段保护数据安全。建立起来的数据仓库未来将服务于各类分析需求,比如市场趋势分析、游客行为分析、营销效果评估和资源配置优化等。这些分析结果不仅可以帮助文旅企业更好地理解市场动态和游客需求,而且可以协助政府部门在制定文旅政策和规划时做出更加科学的决策。

数据分析:数据分析在智慧文旅产业中扮演着至关重要的角色。通过运用数据挖掘和机器学习等高级分析技术,可以从海量的文旅数据中提炼出有价值的信息和洞见,从而对用户行为模式进行解读,预测旅游趋势,并据此优化服务与产品设计。数据挖掘技术能够揭示游客的偏好和行为特点,例如通过分析社交媒体上的旅游相关帖子和评论,可以了解游客对于特定景点的情感倾向和偏好。机器学习模型,如聚类算法和分类算法,能够帮助我们将游客根据旅游行为和偏好进行细分,以实现更加个性化的推荐和服务。时间序列分析可以用于预测旅游热点的趋势和周期性波动，从而为旅游管理者提供调整运营策略、合理分配资源的依据。例如，通过分析历史访问数据，可以预测某个景点在即将到来的假期或旅游旺季的游客流量，以便提前做好人流管控和服务准备。同时，在产品设计方面，数据分析还可以揭示游客对于新旅游产品或服务的接受度，帮助企业在推出新产品时评估潜在的市场反响，从而降低市场推广的风险并提高成功率。例如，通过分析旅游产品的在线销售数据，企业可以快速了解哪些产品更受欢迎，哪些需要改进。数据分析不仅帮助文旅产业把握客户需求和市场动态，更能在产品开发、市场营销、服务优化等多个方面提供科学的决策支持。

数字化文旅资源：数字化文旅资源是智慧文旅产业技术发展中的关键一环。这一过程不仅涉及文化遗产、自然景点、博物馆展品等的数字扫描和三维建模，而且还包括将这些资源转化为可以在元宇宙中访问和体验的数字资产。通过高精度的激光扫描、摄影测量技术和三维重建技术，历史建筑、艺术品和自然景观得以以数字形式永久保存，同时使得远程游客能够不受地理限制地访问和体验这些资源。数字化转换除了要捕捉外表的细节，更要涉及纹理、色彩和材质的精确复原，确保虚拟环境中的视觉效果与现实世界中的原物尽可能接近。数字化不仅限于静态展示，还涉及交互性的提高。利用增强现实和虚拟现实技术，游客可以通过智能手机或 VR 头盔，体验沉浸式的参观旅行。在国外，如谷歌艺术与文化项目合作的博物馆，提供了在线的虚拟旅游体验，用户可以在家中环游世界顶级的艺术殿堂。在这一过程中，还应注意对文旅资源的保护和合理利用，确保数字化过程尊重原有文化的价值和意义，避免对文化资源的不当商业化。同时，也需要考虑数字版权的管理和保护，确保文旅资源的数字化转换和使用符合相关的法律法规。通过这些方法，数字化文旅资源能够为文化传承、教育普及和旅游体验的丰富提供强大支持。

（二）虚拟化阶段

随着科技的进步，特别是虚拟现实和增强现实技术的不断成熟，虚拟化在文旅产业中开始展现出其巨大的潜力。在此阶段，文旅资源的数字化副本将被进一步利用，转化为沉浸式的虚拟体验。

数字化 3D 扫描：数字化 3D 扫描是文旅产业技术发展中的一项重要技术，它使我们能够以数字化形式保存和传播文化遗产。这一过程采用先进的三维激光扫描技术、结构光扫描或光学扫描，对目标对象进行全方位无死角的扫描，从而获得高精度的三维数据。这种技术的一个重要应用是对历史建筑和考古遗址的保护。这不仅为文物的保护提供了依据，还使得学者和游客能够以虚拟的方式体验这些无法直接接触的文化宝藏。3D扫描数据还能支持增强现实和虚拟现实应用的开发，这些应用为用户提供了新的互动方式。游客可以在虚拟环境中"走进"扫描的建筑内部，或者通过虚拟现实技术"触摸"到古代艺术品的表面。然而，技术实施过程中需要处理的挑战包括大量数据的存储和处理，以及对扫描对象的光照和材料特性的适应，这要求有强大的计算资源和专业的数据处理技能。

VR/AR 建模与渲染：VR/AR 建模与渲染技术在智慧文旅产业中起着至关重要的作用，它们赋予数字化的文旅资源以生命力和沉浸感。在获取精确的3D模型数据之后，建模师和技术人员会开始对这些数据进行处理和美化，以创造出更具吸引力和互动性的虚拟环境。这一过程涉及对3D模型进行细致的优化，包括纹理映射、着色、和光线追踪等步骤。纹理映射是将照片级真实的表面纹理贴合到3D模型上，以此来模拟不同物体的外观，如古建筑的砖石纹路、雕塑的材质细节等。着色器的运用可以增强模型的视觉效果，使之更加丰富和立体，同时也可以模拟各种光照条件下的效果。另外，为了进一步提高真实感，技术人员会利用光影效果，包括软阴影、高动态范围的光照和反射等。这些效果对于创造日照变化、材料的反光性以及其他自然环境下的光照现象至关重要。通过精心设计的光影效果，虚拟场景可以显得更加栩栩如生，为用户提供近乎真实的视觉体验。这些技术的综合应用，不仅极大地提升了用户体验，使得虚拟旅游成为可能，也为文化教育和历史研究提供了新的工具。当用户戴上VR头显或通过AR应用探索这些渲染精美的场景时，他们可以获得一种身临其境的体验，就像亲自站在那些历史悠久的地点一样。

虚拟博物馆：虚拟博物馆为用户提供了一个无界限的探索空间。在这些通过精细渲染的三维空间里，不受物理限制的VR体验让用户能够穿越国界，随时随地沉浸于古埃及法老的陵墓或是欣赏凡·高的星空。而在实体博物馆中，AR技术让展品有了生命，访客通过智能设备可以看到静态展览品的动态故事，让文化遗产与现代科技完美结合，教育与娱乐并重，从而极大地丰富了传统的博物馆参观体验。随着技术的进步，这样的虚拟体验正变得越来越丰富，触觉、嗅觉的多感官的交互，也在逐步整合中，使得虚拟博物馆不仅仅是视觉上的复制，更是感官上的全方位体验。未来的虚拟博物馆将成为文化教育和娱乐休闲的重要平台，不断吸引着全球各地的观众参与其中，促进全球文化的交流与理解。

历史遗迹与古迹复原：历史遗迹与古迹复原利用先进的技术在元宇宙智慧文旅

产业中的应用逐渐增多。故宫博物院开展了紫禁城上元之夜的数字项目。在这个项目中，通过增强现实技术的应用，游客能够使用智能手机或专用的 AR 眼镜，看到故宫在明清时期春节期间的灯会盛况，体验与现实截然不同的历史场景。利用虚拟现实技术对长城进行数字复原的项目也吸引了大量游客。游客可以戴上 VR 头盔，仿佛时光倒流，置身于古代的长城之上，感受古代边塞的风貌与壮丽。VR 技术的应用让游客能够不受时间和物理空间的限制，探索那些因年久失修而无法亲临其境的长城部分，甚至体验站在长城上抵御外敌的历史场景。

在线旅游平台：在线旅游平台在智慧文旅产业中占据核心地位，它们透过集成虚拟旅游体验区为用户提供了前所未有的服务。通过这些平台，潜在游客可以在预订旅游服务之前，通过虚拟现实技术进行"试游"。这种服务不仅增加了用户的参与度，还能极大地提升其预订旅游产品的决心。在线旅游平台利用虚拟旅游体验区的优势不仅在于提高用户满意度，还能作为营销工具，提高旅游产品的吸引力。此外，平台可以收集用户在体验区内的行为数据，分析其兴趣和偏好，从而提供更加个性化的推荐和服务。

（三）互动阶段

增强用户参与度随着技术的不断进化以及用户对于元宇宙内的虚拟文化旅游不仅仅停留在简单的景观展示。为了增强用户的沉浸体验，互动和参与度逐渐成为虚拟旅游的核心。在这一阶段，元宇宙的文旅产业会更加注重个体的体验、社交和个性化服务。

虚拟社交互动：用户通过创建个性化的虚拟形象，通常称为化身（avatar），在一个共享的数字空间中体验交流与社交。这一点在文旅产业中显得尤为重要，因为它为那些由于地理或经济限制而无法亲自前往特定地点的人们提供了探索世界的新方式。通过专为文旅场景设计的社交平台，用户可以与来自世界各地的同好共同参与互动式导览，分享彼此的见解和体验，使得旅行成为一种集体的学习和发现过程。此外，社交元素还能为虚拟旅游体验增加一层现实感。例如，在虚拟的音乐节或文化节庆活动中，用户可以与其他参与者共舞，甚至可以在虚拟的艺术工作坊中与艺术家进行面对面的交流，学习画画或雕塑技艺。在这些互动中，不仅语言和表情可以被传达，甚至可以通过触觉反馈设备传递拥抱和握手的感觉，进一步增强互动体验。为了使虚拟社交更加贴近现实，技术开发者正致力于改善化身的表情和肢体语言，使其能够更精准地反映用户的真实反应。

个性化推荐：基于用户的历史行为和偏好，AI 系统可以为用户提供个性化的旅游景点、活动或文化内容推荐，从而提高其满意度和参与度。通过采集用户的浏览历史、旅游偏好、互动数据以及社交媒体上的行为模式，智能算法能够构建起精准的用户画像。这些高度定制的推荐不仅包括旅游目的地的选择，也涵盖了旅行期间的餐饮、购物、娱乐等多个方面，从而为用户打造一站式、全方位的旅游体验。

个性化推荐系统不仅为用户带来了极大的便利，还大大增强了用户体验的个性化和满意度，为文旅产业带来了革命性的变革。通过精细化管理和智能化服务，元宇宙智慧文旅产业正逐步成为现实世界旅游的有力补充，为用户提供更加丰富和多元的体验。

智能导览：智能导览服务作为元宇宙智慧文旅产业的一大创新，正以其个性化和互动性改变着游客的旅游体验。它通过结合人工智能和增强现实技术，能够在用户的移动设备或 AR 眼镜上即时呈现丰富的信息和互动内容，提供一种全新的参观方式。智能导览系统可以根据游客的实际位置和观看方向，通过 AR 眼镜即时叠加展示每一件文物的详细介绍、历史故事或是相关的高清图像和视频。当游客视线停留在某一展品上时，AI 系统即能识别出游客的兴趣点，并自动播放解说，甚至能够提供互动问答，增加游览的趣味性。对于外国游客，智能导览系统还能实现实时语言翻译，让非中文母语的游客也能深入了解中华文化的博大精深。进一步地，这项服务可以与用户的社交网络集成，使得游客可以实时分享他们的旅游体验和新学到的知识。智能导览服务可以根据游客的偏好和历史活动，动态调整推荐路线和展示内容，甚至预测游客可能感兴趣的未来活动，并提前推送信息。在大数据分析的支持下，智能导览不仅优化了旅游路线，减少了游客等待和拥堵的情况，还能帮助管理者更好地维护景区秩序和文物保护。智能导览是元宇宙智慧文旅产业中技术与文化完美融合的典范，它不仅提升了游客的参与度和体验感，也为文旅景点的管理和维护提供了强大的技术支撑，将传统旅游推向了一个全新的智能化、个性化时代。

模拟交互：AI 技术可以模拟虚拟的导游、历史人物或其他角色与用户进行互动，为用户提供更深入、个性化的体验。通过 AI 技术的支持，用户可以与虚拟的导游、历史名人甚至是故事中的角色进行互动，这大大丰富了用户的体验。AI 角色不仅能够提供信息、解答疑问，还能适应用户的反应，进行个性化的互动。AI 技术可以使历史人物复活，以第一人称的视角讲述他们的故事。这种交互不仅限于对话，还包括语气、表情和肢体语言的模拟，让用户感觉就像是真正与历史人物进行了一次时光之旅。

互动阶段的主要目标是通过各种技术手段，使用户成为虚拟旅游体验的核心参与者，而不仅仅是旁观者。强化社交功能和个性化服务将进一步提高用户的满意度和参与度，从而推动文旅产业在元宇宙中的持续发展。

（四）完全沉浸阶段

构建元宇宙文旅世界。到达完全沉浸阶段，智慧文旅产业已不仅仅局限于提供基本的虚拟旅游体验，而是向着构建一个完整的、多元化的元宇宙文旅世界迈进。在这一阶段，文旅世界不再是简单的数字复制，而是一个充满生命力、能够持续发展的虚拟生态系统。

生态系统的构建：智慧文旅产业的生态系统构建不仅仅局限于提供虚拟现实中的酒店、商店和娱乐设施，而是创建一个全方位、多维度的体验平台，它涉及文化、社交、教育和经济多个层面。在这个生态系统中，文旅不再是简单的旅行和观光，而是一种深度的文化探索和个人成长旅程。例如，用户可以在虚拟酒店中参加由世界各地历史文化名人主持的独家讲座或研讨会，这些酒店可以复现古希腊哲学学院的环境，或者重现丝绸之路的商旅客栈，不仅为用户提供住宿服务，还能让用户在元宇宙中进行文化和历史的深度体验。而虚拟商店将不只是物品交换的场所，它们还可能成为文化交流的平台。在这里，用户可以购买到具有特定文化意义的虚拟商品，如服饰、艺术品或工艺品，这些商品可以在元宇宙中展示或用作在现实世界中的文化体验活动的门票。虚拟娱乐的发展将进一步拓宽用户的体验边界，用户不仅可以观看虚拟现实中的音乐会、剧院或运动赛事，还可以参与到这些活动中。例如，用户可以在元宇宙中的虚拟音乐会上登台表演，或在虚拟体育比赛中与其他用户组队参赛。这种互动性的提升，使得元宇宙中的娱乐活动变得更加生动和有吸引力。生态系统的构建关键在于提供一个无缝衔接的虚拟与现实的平台，让用户不仅能享受到传统文旅的乐趣，还能通过元宇宙中的丰富互动和体验，进行知识的学习、文化的理解和个人兴趣的拓展。随着技术的进步和用户需求的增长，这个生态系统将持续演进，为用户带来前所未有的文旅体验。

高级技术的应用：脑机接口技术和感官模拟的结合正在推动元宇宙体验的边界，致力于创建一个全方位感知的虚拟环境。当这些技术得到广泛应用时，用户将能够仅凭意念操控虚拟世界中的自己的分身，无须传统的手持控制器。这种交互形式大幅度提高了沉浸感，让用户几乎忘记自己是在虚拟世界中。目前，AI 技术已能够理解和预测用户的需求和情感状态。在元宇宙中，这种智能交互的体现可以是一位虚拟导游，不仅能根据用户的历史兴趣推荐旅游路线,还能实时感知用户的情感变化,如愉悦、好奇或疲惫,并据此调整旅程的节奏或内容,确保每次体验都是个性化和满意的。同时随着 AI 技术的不断发展,未来的 AI 角色可以通过复杂的算法和大量的用户数据学习,形成各具特色的"个性",从而在元宇宙中提供更加丰富和多样的社交互动。用户可以和这些 AI 角色进行深入对话,探讨文化艺术、历史知识,甚至在游戏或任务中与它们共同作战或解谜。随着技术的不断进步,这些 AI 角色的行为和反应将变得越来越难以与真人区分。

完全沉浸阶段标志着文旅产业在元宇宙中的完全成熟。在这一阶段,文旅世界已经成为一个真实、多元、充满生命力的生态系统,为用户提供了前所未有的沉浸体验。高级技术的应用进一步加强了这种体验,使元宇宙文旅世界成为现实与虚拟之间的完美结合。

综上所述,智慧文旅元宇宙产业技术路线图如图 4-23 所示,从最初的信息化阶段出发,它强调了数据的价值与重要性。在当今的数字时代,数据被看作资源,这在文旅产业中尤为明显。数据不仅能够帮助业者更好地了解消费者的需求,更可以作为连接现实与元宇宙的关键桥梁,成为一种全新的旅游体验和价值创造工具。进入虚拟

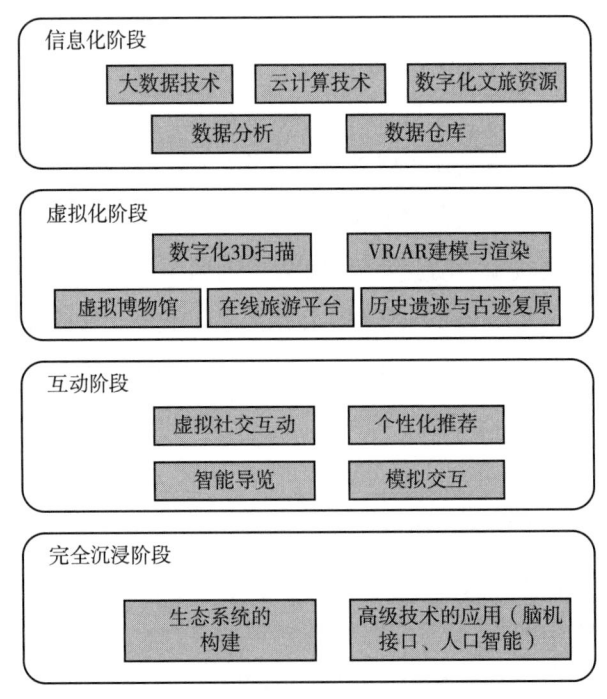

图 4-23 智慧文旅元宇宙产业技术路线图

化和互动阶段，技术的发展已不是孤立的，而是与业务、与消费者的需求紧密相连。虚拟技术和社交功能的融合，使得用户不再满足于单纯的虚拟游览，他们更希望在这个虚拟世界中与他人建立连接，分享体验，甚至参与到文旅活动的创造与设计中。而在后续的完全沉浸阶段中，元宇宙文旅产业的发展正试图在构建一个完整、生动、多维的生态系统。这个系统不仅能够提供丰富的旅游体验，还可以为用户提供更加便捷、智慧的服务，并与真实世界的物品和服务形成无缝对接。

二、智慧文旅元宇宙产业国内外发展水平分析

（一）智慧文旅元宇宙产业国外发展水平

相较于国内以景点或历史古迹作为核心的元宇宙文旅产业不同，国外的元宇宙文旅的发展一方面将元宇宙作为一个主题元素加入原有的娱乐游戏当中，使得用户在游玩游戏的过程中，即可领略当地的自然风貌；另一方面由于国外经典 IP 较多，所以也会将文旅元素与 IP 形象结合，并通过元宇宙技术进行展示与用户交互。同时由于区块链技术的发展以及 NFT 数字藏品的诞生，也使得与文化旅游相关的产品和内容越来越多。

1. 元宇宙景区

德国国家旅游局利用 Oculus Rift 360 度视频和微软 Hololens 混合现实技术远程展示世界闻名的德国旅游景点，其中包括德国最著名的六个城堡、波罗的海沿岸、海德堡宫殿等。数字体验不能取代现实世界的旅行体验，但虚拟现实和增强现实技术，能够帮助游客在新冠疫情旅行限制期间，也能保持对德国旅游的兴趣。此外，VR 也能在挖掘潜在游客的同时，为现实旅行带来更大的期待和更多的灵感。戴上 VR 头盔，就可以进行一场沉浸式旅游。韩国首尔已成为首个宣布到 2023 年实行元计划的城市，将在虚拟旅游区展示一些顶级的旅游景点，并允许游客虚拟参加一些最大的节日。其中，仁川将被打造成韩国第一个智能旅游城市，将仁川数字化，通过虚拟现实、现实增强和游戏化等方式为韩国的虚拟旅游和实体旅游提供参考案例。

2. 元宇宙博物馆

国外许多知名的旅游目的地被融入电子游戏中，形成了独特的游戏化文旅体验。例如，用户可以在《我的世界》这款游戏中探索全球各地的历史地标和名胜古迹，包括埃及的金字塔、印度的泰姬陵等。法国卢浮宫就对其馆藏藏品全面数字化，在卢浮宫官方线上藏品库即可在线观赏 48 万件艺术品，而且被摄文物可供参览的视角哪怕

是亲身去到博物馆也难以看到。美国纽约大都会艺术博物馆与任天堂虚拟仿真世界游戏《集合啦！动物森友会》联合推出了40万件虚拟展品。在游戏中，玩家们需用特定应用扫描馆藏的QR码，就可以将藏品导入游戏。

圣彼得堡冬宫博物馆运营元宇宙项目苍穹之上的艾尔米塔什，并首次在其元宇宙中举办了数字藏品NFT艺术品展，艺术展名为在以太中，纯粹而空灵。此次展品由俄罗斯著名策展人迪米特里·奥泽尔科夫和阿纳斯塔西娅·加诺娃选取，供世界各地的游客通过元宇宙空间免费游览到世界范围内最具有当代文化代表性和艺术美感的NFT作品。

3. 元宇宙赋能IP

国外文旅产业善于将文化元素与IP形象相结合，通过元宇宙技术进行展示与用户交互。例如，迪士尼乐园就通过元宇宙技术将虚拟世界与现实世界相结合，让用户能够以全新的方式体验乐园中的各种娱乐设施和角色。日本万代公司在元宇宙概念的大致框架上，计划围绕着高达IP最具影响力的四个方面，即"高达模型""游戏""动画""音乐"构建虚拟社区和内容体验，并通过BNE账号将这四大社区连接起来，形成一个初期的元宇宙体验。对于自己的元宇宙计划，万代公司表示，自己不会马上瞄准元界空间的完整形态，而是选择一步一步地打好基础。目前万代对于自己的元宇宙空间"SIDE-G"规划主要有三大部分，分别是"高达殖民地""电竞殖民地"以及高达UGC。

4. 元宇宙文旅服务

元宇宙文旅的周边服务也随着元宇宙文旅产业的兴起得到了发展。例如日本东京的"第一航线"餐厅主打虚拟旅游的概念，主题是"地上的空中之旅"。这家餐厅是一个巨大的飞行模拟仓，该模拟仓可以模拟飞机起飞、高空飞行、降落。让人们不用去到机场，就可以体验到机场的航站楼的感觉。"第一航线"的观光短片在景色呈现、现场感、影音效果等方面都已经是顶尖水平。在影片播放的20分钟内，客人们可以身临其境地感受所选目的地的景观和风土人情，目的地除了纽约、巴黎、罗马等著名城市，还包括了"穿越时空"之旅，游览由虚拟现实技术制作的12世纪的吴哥窟、1989年的柏林墙等。整个用餐过程，像是一场让客人参与其中的真实场景演出，具有现场的参与感和真实的体验的虚拟旅游也给众多的旅游机构提供了新的思路。连锁酒店CitizenM也在实行数字化转型，它正在四大元宇宙之一的The Sandbox中建设元酒店，在这里，用户可以创造和货币化他们自己的世界和游戏体验，这是代表虚拟房地产的 NFT。玩家可以通过 CitizenM 购买独家收集的 NFT 产品，而这些产品也会拥有真实世界的奖励，例如折扣和免费饮料。它将利用元酒店的利润来资助现实生活中的实物财产，代币持有者可投票。

国外的元宇宙文旅发展水平主要体现在沉浸式体验的创建、游戏化元素与文旅的结合、文化与 IP 元素的融合以及数字藏品的兴起等方面。这些创新和突破为用户带来了更加丰富多元的旅游体验，也为文旅产业的发展注入了新的活力。

元宇宙对于沉浸式文旅和沉浸式景区的作用尤为重要。对于整个沉浸式文旅来说，元宇宙的带动作用明显而直接。元宇宙通过其高度沉浸的科技手段和营造手法，为文旅企业提供更加专业的技术支持和创意方向。这种支持和指导推动了各类旅游娱乐体验产品（如 4D 影院、多媒体、球幕、VR 等）的升级和蜕变，同时丰富了沉浸式文旅产品的业态内容。对于沉浸式景区而言，元宇宙具有较强的示范意义。元宇宙和沉浸式景区在概念、战略机遇和发展前景等方面有着极其相似的特征。从提供体验性产品的角度来看，元宇宙通过场景营造和数字设备，能够提供虚拟场景体验和引发生理性情感反应的能力。这些特点可以广泛应用于沉浸式景区的产品内容生产，为景区创造出更加引人入胜的体验。

（二）智慧文旅元宇宙产业国内发展水平

我国目前已经采取了多项措施来支持元宇宙的发展，包括《"十四五"数字经济发展规划》和《国家文化数字化战略实施推进意见》等政策。我国十七个省份和三十多个城市和地区也纷纷推出了专项规划和支持政策，这些政策共同为元宇宙创新和实践提供了有利的环境。在文化旅游行业中，元宇宙已经开始成为数字化转型的一个重要方向。这包括特色业态的发展、新型空间的探索，以及沉浸式体验消费模式的创新。文旅元宇宙结合了数字技术和虚拟空间，为用户提供了一种全新的文旅消费体验。在这些虚拟环境中，用户不仅可以探索大自然和人文景观，还能满足社交、娱乐和艺术鉴赏等多样化的需求。

文旅元宇宙通常利用数字孪生、人工智能、虚拟引擎、VR 或 AR、区块链等底层技术，并以现实中的自然或人文景观作为创意模板。这种方式将虚拟元素与实际场景相结合，为用户创造了全新的互动体验。目前，国内文旅元宇宙的应用已经覆盖了演艺、夜游、展览展示及主题街区等多种新业态，并涉及旅游景区、休闲街区、文博场馆、主题公园、度假区和产业园区等多类新空间。

国内文旅元宇宙还处于初期，主要集中在概念场景的构建和技术的初步应用。要实现高水平、大范围、多领域的应用，仍需进一步的探索和发展。随着文旅与科技的深度融合，文旅行业正在积极拥抱数字化技术，以推动产品创新和业态发展。

1. 元宇宙景区

目前，元宇宙相关技术在旅游景区应用相对广泛，也是文旅领域最先涉足的场景之一。主要通过虚拟现实技术与增强现实等技术，实时地将虚拟模型或场景与现实环境融合，为用户带来更多探索式、体验式游览乐趣。从最初"一部手机游云南"等平台，到近年来乐此不疲的夜间灯光秀，再到如今的 AR 数字化景区，文旅空间类元宇宙应用逐步满足了人、景、物之间多维度、实时交互的游览体验。

湖南张家界，全球首个景区元宇宙平台"张家界星球"元宇宙为文旅景区提供了数字孪生建模、3D 渲染、全息成像等多种技术手段和沉浸式的旅游服务体验。"张家界星球"作为首个运用 XR 融合互动技术，能让观众沉浸式观赏元宇宙万千奇峰的平台，运用了 5G、UE5 游戏引擎、云端 GPU 实时渲染等多项融合技术，通过数字孪生构建张家界景区虚拟世界，还原了张家界武陵源景区的万千奇峰实景。

2. 元宇宙博物馆

元宇宙技术在元宇宙博物馆领域的应用主要表现在两个方面：一是通过构建虚拟博物馆，二是通过增强现实技术为传统博物馆增添数字化元素。在虚拟博物馆方面，故宫博物院采用了"数字化、云化、AI 化"的技术策略，实现了文物的数字采集、存储和展示。这种方法有效地扩展了文化遗产的可及性和影响力，同时保护了珍贵的实体文物。

关于赋能传统博物馆，现代技术如 VR 或 AR 的应用使得历史文物得以在数字空间中被重塑和焕新。例如，江苏南京大报恩寺的全真互联元宇宙博物馆体验项目，该项目于 2023 年 4 月 10 日向公众开放试运营。这一体验项目的核心亮点在于其"全真互联"特性，结合了线上虚拟体验和线下实体博物馆的互动。

大报恩寺元宇宙空间互动体验以"宝塔幻界"和"元启未来"为主题，设计了八个互动关卡，包括千年对望、琉璃拱门等。每个关卡与博物馆中的一个重点景点相对应，通过设置交互装置点位，实现了线上空间与线下实体环境的互动。此外，该项目运用增强现实技术，创建了"琉璃宝塔添砖祈福"等互动体验，允许用户在虚拟世界中通过手势操作建造宝塔，增强了互动性和趣味性。

元宇宙在展览展示领域的应用展现出丰富的可能性，不仅为传统文化遗产的保护与传承提供了新途径，也为公众提供了创新的互动体验方式。

3. 元宇宙演出

沉浸式演艺利用元宇宙技术，通过结合多元创意、3D渲染、虚拟现实和全息投影等新兴技术手段，创造了一种新的娱乐体验。这种技术的应用打破了传统舞台和角色的界限，允许观众以多感官、全方位的方式体验演出，增强了观众的沉浸感。

以青岛西海岸新区的"海元宇宙"项目为例，该项目在2023年7月12日于唐岛湾滨海公园运河广场启动。这一项目是青岛首个利用元宇宙技术的大型宣传媒介，它在现实建筑群上叠加虚拟元素和数字标识，创造了一个数字化的商业推广渠道。此外，"海元宇宙"是国内首个海上RAR幻影秀，利用超过5万平方米的真实海面场景进行演绎，是首个用户共创数字城市地标的项目，通过RAR技术展现未来实体地标建筑。项目以唐岛湾为背景，创造了包括"奇幻Q桥""创新球""海岸未来之城"和"海上RAR幻影秀"在内的四大内容场景和多元互动活动场景。以"天海相融·古今相逢"为主题，将唐岛湾的真实场景与数字内容构筑的虚拟景象融合，并实现互动效果。通过"海元宇宙"应用软件，市民和游客可以在唐岛湾滨海公园运河广场周边扫描实景，全天免费体验"海元宇宙"的全部内容。

元宇宙技术在沉浸式演艺领域的应用不仅推动了演艺产业的创新发展，而且提供了一种全新的观演体验方式，加深了观众的参与感和沉浸感。

三、智慧文旅元宇宙产业关键技术

元宇宙技术正在逐渐改变文旅产业的面貌，利用各种前沿技术为游客提供更加沉浸、个性化和智能化的体验。

（一）扩展现实技术在智慧文旅元宇宙中的应用

扩展现实技术，包括虚拟现实、增强现实和混合现实，在智慧文旅元宇宙产业中占据了核心地位，它们是连接现实世界与虚拟世界的桥梁，为用户提供了一种全新的旅游体验方式。这些技术通过创造沉浸式环境和增强现实信息，使得用户能够以极其逼真的方式探索遥远的地理位置、历史遗迹和文化场景。在文化遗产保护和展示方面，扩展现实技术使得用户能够体验到那些受损或难以亲自到访的历史遗迹和艺术品。通过高精度的三维建模和仿真，历史遗迹在虚拟空间中得以复原，为用户提供了接近真实的访问体验，从而促进了文化的传承和教育。在旅游体验方面，扩展现实技术提供了一种全新的、沉浸式的旅游方式。用户可以在家中通过VR设备，就能够体验到遥远目的地的自然风光和文化特色。这种全方位的感官体验使得虚拟旅游变得更加生动和真实。AR 技术则在实体旅游中发挥着重要作用，它可以通过智能手机或专用设备将信息图层叠加在真实世界之上，为游客提供即时的解说和互动体验。在教育和培训方面，扩展现实技术通过虚拟现实的互动性和趣味性，提高了学习效率和体验。学习者可以在虚拟环境中进行历史事件的重现，亲身体验不同的文化和历史，从而增加对知识的吸收和记忆。文旅产品市场营销是扩展现实技术的另一个重要应用领域。通过提供引人入胜的虚拟体验，扩展现实技术帮助旅游目的地吸引潜在顾客，并增加知名度。此外，它也被用作展示和销售工具，让顾客在实际购买之前就能够预览体验旅游产品。在数据收集和分析方面，扩展现实技术通过追踪用户在虚拟或增强现实环境中的行为，为旅游企业提供了宝贵的用户偏好数据。这些数据对于优化产品设计和制定市场策略至关重要。扩展现实技术在促进旅游业的可持续发展方面也显示出巨大潜力。通过提供虚拟旅游体验，可以减少对实际旅游地的压力，有助于保护环境和文化遗产。同时，这也为那些因距离、成本或身体限制而无法亲身体验某些目的地的人们提供了机会。扩展现实技术在智慧文旅元宇宙产业中的作用和地位至关重要。随着技术的不断进步和应用的深入，扩展现实技术将继续在智慧文旅元宇宙产业中发挥着至关重要的作用，不仅提升了旅游体验的质量，而且为文旅行业的未来发展开辟了新的道路。

（二）人工智能技术在智慧文旅元宇宙中的应用

人工智能技术在智慧文旅元宇宙领域中扮演着至关重要的角色，其作用和地位体现在多个层面。人工智能技术的核心作用在于它的数据处理能力、模式识别和预测分析，这些功能为文旅元宇宙提供了智能化的决策支持和用户体验优化。在用户体验方面，人工智能技术通过个性化推荐算法，能够根据用户的行为和偏好提供定制化的旅游内容和服务。例如，基于用户的旅游历史、搜索偏好，人工智能可以推荐符合其兴趣的目的地、活动和文化体验。这种个性化服务不仅提高了用户满意度，也增加了业务的转化率。在景区管理和运营方面，人工智能技术能有效地协助管理者进行游客流量预测和管理，优化景区资源配置。利用大数据分析，人工智能可以预测景区的人流量，帮助管理者提前做好人流控制和资源分配，以提高运营效率并优化游客体验。在内容创作和展示方面，人工智能技术也发挥着重要作用。利用自然语言处理和图像识别技术，人工智能可以协助创建丰富多样的文旅内容，如自动生成旅游指南和介绍，或通过图像分析来复原和展示文化遗产。与此同时人工智能技术在实现智慧文旅元宇宙的交互性方面也不可或缺。例如，在虚拟导游和客服机器人方面，人工智能能提供准确及时的信息反馈和交互,增强用户的参与度和互动体验。在市场营销和广告方面,人工智能的应用同样显著。通过用户数据分析,人工智能帮助企业更准确地定位目标市场和用户群体,设计更有效的营销策略。人工智能技术在维护文旅元宇宙平台的安全性和稳定性方面也发挥着关键作用。通过识别和预防安全威胁,人工智能确保了用户数据的安全和平台的稳定运行。人工智能技术在智慧文旅元宇宙中的应用广泛且深远,它不仅提高了运营效率和用户体验,也为文旅行业的发展提供了强大的技术支撑,成为推动该领域创新和发展的关键驱动力。随着人工智能技术的不断进步和完善,其在智慧文旅元宇宙产业中的作用和地位将进一步得到加强。

(三)物联网、云计算技术在智慧文旅元宇宙中的应用

物联网和云计算技术在智慧文旅元宇宙产业中的作用和地位显得尤为重要,它们共同构成了支撑智慧文旅发展的基础架构。这些技术的应用不仅极大地提升了文旅服务的效率和质量,也为用户带来了更加丰富和个性化的旅游体验。物联网技术在智慧文旅元宇宙中的作用主要体现在其对实时数据的收集和处理能力。通过在旅游景点部署各种传感器,如温度传感器、位置追踪设备和人流统计器,物联网技术可以实时收集关于游客行为、环境状况和资源使用情况的数据。这些数据为景区管理提供了准确的参考,帮助管理者优化资源配置,改善游客体验,并有效管理游客流量。此外,物联网技术还可以用于智能导览系统,提供游客实时的位置信息和路径指引,从而提升游客的导览体验。云计算技术在智慧文旅元宇宙产业中的地位同样至关重要。云计算为大规模数据存储和高效数据处理提供了可能,支持了海量旅游数据的分析和处理。通过云计算平台,文旅企业能够高效地管理和分析收集到的大数据,为决策制定提供科学依据。云平台的弹性和可扩展性使得文旅服务能够根据需求灵活调整资源,提高服务质量和效率。此外,云计算还支持了各种在线旅游服务的运行,如在线预订、虚拟旅游体验和客户服务,为用户提供了便捷的旅游服务体验。物联网和云计算技术在智慧文旅元宇宙产业中的应用为行业带来了数字化转型和服务创新。这些技术的集成应用不仅提高了文旅行业的运营效率,还为游客提供了更加智能化、个性化和高质量的旅游体验。随着技术的不断发展和创新,物联网和云计算将继续在智慧文旅元宇宙中发挥着至关重要的作用,推动行业向更高水平的智慧化和数字化转型。

(四)区块链技术在智慧文旅元宇宙中的应用

在智慧文旅元宇宙产业中,区块链技术的应用正日益成为一个重要的发展方向,其作用和地位体现在为该行业带来的透明性、安全性和创新性。区块链技术,作为一

种分布式账本技术，能够确保数据的不可篡改性和可追溯性，为智慧文旅元宇宙中的交易和数据交换提供了一个安全可靠的平台。在票务系统中，区块链技术能够有效地防止假票和重复售票的问题，增加了票务管理的透明度和效率。通过区块链技术，每一张门票都可以作为一个独立的数字资产在区块链上进行记录和验证，从而确保其唯一性和有效性。这不仅提高了票务系统的安全性，也为游客提供了更加便捷和可靠的购票体验。在版权保护和知识产权管理方面，区块链技术同样发挥着重要作用。对于文化内容创作者而言，区块链可以确保他们的作品和知识产权得到有效保护。通过在区块链上记录每一件作品的创作、发布和使用信息，可以有效地追踪和管理版权，防止非法复制和盗用。在旅游产品的营销和推广方面，区块链技术也提供了创新的解决方案。例如，通过创建基于区块链的积分系统或数字货币，旅游企业可以激励游客分享他们的旅行体验和推荐新的旅游目的地，从而增强用户参与度和忠诚度。此外，区块链技术在促进跨行业合作方面也显示出巨大潜力。通过建立去中心化的信任机制，不同的旅游服务提供商可以在没有中介的情况下进行安全的数据和资产交换，从而促进了行业合作和生态系统的构建。目前，区块链技术在智慧文旅元宇宙中的应用正变得越来越重要。它不仅提高了行业的运营效率和安全性，也为旅游服务的创新和个性化提供了新的可能。随着区块链技术的不断发展和成熟，其在智慧文旅元宇宙产业中的作用和地位将进一步得到加强，为行业带来更多的变革和机遇。

以上这四大技术为智慧文旅产业的发展提供了坚实的技术支持和无限的可能性，帮助实现更为丰富和智能化的用户体验。

四、智慧文旅元宇宙产业案例分析

在元宇宙的引领下，文旅行业不断更新沉浸式场景，为用户带来更加引人入胜的旅游体验。数字技术的创新应用使得景区能够实现前所未有的互动和参与，为用户呈现全新的文化感知方式。无论是从宏观角度还是微观角度来看，元宇宙都为沉浸式景区的发展指明了方向。元宇宙提供的数字化的虚拟世界沉浸式体验，通过模拟现实、构建逼真的情景交流和消费体验的娱乐场景，元宇宙创造了一个超脱于常态生活的沉浸式环境，为景区带来了新的可能性和机遇。

作为数字城市建设的新地标，文旅元宇宙为用户带来深度沉浸体验，创造了可观赏、可游览、可交互、可共创的城市数字空间新世界。文旅元宇宙作为虚实相融的场景构建，与国家政策支持和数字化时代下的转型需求紧密契合。

（一）无锡拈花湾元宇宙沉浸式实景体验

2021年，拈花湾文旅成立了无锡拈花云科技服务有限公司，旨在构建统一的智慧旅游平台，覆盖全流程智慧游园服务、线上线下一体化运营、数据分析解读、全面数字化管理、数字化平台搭建等领域。景区小程序拈花码在禅意小镇得到广泛应用，游客只需凭借拈花码即可通行景区、享受各项便捷服务。

2022年春季，禅意小镇举办了赏花季活动，景区借助拈花码小程序将AR体验与樱花季场景有机融合，同时策划了线上互动游戏以增强游客的趣味性。此外，禅意小镇还推出了沉浸式夜游禅意小镇元宇宙沉浸式实景体验项目。该项目运用大空间点云定位技术，以景区地标建筑拈花塔、鹿鸣谷为现实背景，将虚拟与现实相融合，为游客带来了身临其境的游园体验。游客可以通过MR眼镜观赏到元宇宙视频中虚实结合的震撼场景。景区还推出了AR影片《梦回唐樱》以及虚拟数字形象3D小鹿鹿樱樱，供游客在线观赏。在虎年元宵期间，拈花湾景区推出了一段名为"拈花湾打开元宇宙传送门"的短视频。该视频以景区地标建筑拈花塔为视觉核心，运用AR、5G高新视频、数字孪生等数字技术，相继呈现菩提树、拈花指、金色福虎等核心标签以及节庆代表符号，将景区特色和节庆祝福巧妙融合，呈现出令人惊叹的视觉艺术魅力。

（二）大唐·开元项目打造西安智慧文旅元宇宙景区

西安数字光年软件有限公司与大唐不夜城联合开发了全球首个基于唐朝历史文化背景的元宇宙项目大唐·开元。大唐不夜城位于陕西省西安市大雁塔，是全国三大步行街之一，日客流量达到20万人，一年人流量达到近亿人次，并孵化了许多网红。目前，该元宇宙项目已经初步落地，并提供可供游客探索的元宇宙空间。

"长安回望绣成堆，山顶千门次第开。"为了复原长安城的历史风貌，数字光年与国内知名的数字古建建筑团队"明城京太学"和"史图馆"合作，通过数字化技术进行元宇宙的内容搭建和创作。数字光年将按照真实比例一比一搭建唐长安城建筑沙盘，早期体验用户可以参观唐长安城的主体建筑的建设进程，甚至共同参与其未来的规划和建设。

以虚拟的建设大唐不夜城为开端，该大唐元宇宙接下来将逐步完善公共设施、经济系统、玩法模组等。不久，用户就能够通过端口登入该元宇宙，领略唐朝风光、与朋友相邀互动以及购买物品等，通过"镜像虚拟世界"沉浸式的在大唐不夜城中旅游。

数字藏品助力商业变现。项目依托于深厚的历史文化底蕴，有独特的IP价值。

数字光年也在打造探索创新IP衍生品与元宇宙之间的桥梁。2021年11月，蚂蚁链宝藏计划上线了西安首个3D建筑模型的数字藏品"钟楼""小雁塔"系列数字藏品以3D的形式最大限度地还原古建筑形态与细节，阐述古建筑背后深厚的历史性与艺术性。

（三）中国大运河沉浸式博物馆

位于江苏省扬州市广陵区的中国大运河博物馆，通过数字技术活化千年历史文物，应用三种形式再现中国大运河的前世今生，为游客带来沉浸式体验。

重塑大型沉浸式古代场景，让观众回溯千年的历史。在沉浸式古代场景复原方面，大运河博物馆将康熙年间的豪华客船"沙飞船"以1∶1.4的比例精致还原。通过互动屏、AR增强现实等多媒体交互技术再现古代舟楫。船舱外侧是高9米、周长62米的360°环幕，结合360度环幕投影，为游客开启虚实结合的沉浸式之旅。

打造360°多媒体循环剧场，让观众在多维的空间中全面感知文化生命力，使博物馆的文化教育和娱乐体验达到最佳融合。在展现运河文化为主题的"河之恋"数字化专题展厅当中，以"水""运""诗""画"四个篇章共同打造出虚拟空间体验，突出声、光、电、形、色等方面的流动效果，营造出极具新意的沉浸式体验。

设计"知识展示加密室逃脱"的互动体验，让观众在游戏的乐趣中获得个性化的文化教育体验。古风二次元场景中，观众化身监水司使者，跟随卷宗《监水司密案》的指引，寻找千丝万缕的线索，操作各种机关和道具，拨开层层迷雾，揭开运河的秘密。在趣味性的体验中对运河航运、船只驾驶、管理机构、沿线水利、漕粮仓储等知识形成切实的理解。

尽管元宇宙应用仍存在争议，但其展现出巨大潜力和发展前景。随着数字化科技的不断创新，预计元宇宙将在文旅产业中得到更广泛的应用，为产业转型升级注入新的动力和机遇。未来，虚实相融的数字世界有望成为人类旅游的"第二空间"，而"元宇宙加文旅"这一新业态必将为文旅消费开辟新的空间，为推动文旅行业实现创新发展贡献力量。

参考文献

[1] 头豹研究院. 2022年中国元宇宙产业系列白皮书——从元宇宙宏观、底层技术、应用场景角度，看中国元宇宙发展趋势与机遇（摘要版）[EB/OL].（2022）. https://www.fxbaogao.com/detail/3324231.

[2] 开放教学数字化实验室. 元宇宙+教育：教育创新的新契机[EB/OL].（2023）. https://

mp.weixin.qq.com/s/PG6XmGJtFTQo7drCAYKl0A.

[3] 教育放大见. 科大讯飞发布星火认知大模型 V2.0，赋能教育产业数智化［EB/OL］.（2023）. https://baijiahao.baidu.com/s?id=1774369703990471982&wfr=spider&for=pc.

[4] 中国融媒产业网. 工业元宇宙白皮书［EB/OL］.（2023）. http://baby.ifeng.com/c/8OYQJ4RQBiQ.

[5] 互联互通社区. 2023 工业元宇宙白皮书［EB/OL］.（2023）. http://news.sohu.com/a/679050784_120884466.

[6] 中国信通院. 2023 工业元宇宙园区应用白皮书［EB/OL］.（2023）. https://www.sohu.com/a/663317208_121124366.

[7] 礼嘉链网智慧研究院，联通重庆 5G 融合创新中心. 工业元宇宙发展洞察报告［EB/OL］.（2023）. https://www.doc88.com/p-89629411223584.html?r=1.

[8] 中国信通院. 工业元宇宙白皮书［EB/OL］（2023）. https://www.doc88.com/p-705598597311511.html.

[9] 王君，徐沛东. 元宇宙专题报告：共同富裕指引下元宇宙的发展路径［EB/OL］.（2022）. https://zhuanlan.zhihu.com/p/474222369.

[10] 罗艳. 国内高校首个元宇宙工程系怎么建？对话南信大人工智能学院院长［EB/OL］.（2022）. https://rgzn.nuist.edu.cn/info/1032/2536.htm.

[11] Wang G, Badal A, Jia X, et al. Development of metaverse for intelligent healthcare [J]. Nature Machine Intelligence, 2022, 4（11）：922-929.

[12] 伤口世界. 展望元宇宙在医疗领域中的应用［EB/OL］.（2022）. https://zhuanlan.zhihu.com/p/466174494.

[13] 方小玲. 基于五行学说的虚拟现实 VR 技术干预慢性失眠肝郁证的临床疗效观察［D］. 浙江中医药大学，2021.

[14] 万亚会. 虚拟现实技术（VR）治疗对慢性失眠患者的睡眠微结构及神经心理特征影响的研究［C］// 中国睡眠研究会. 中国睡眠研究会第十四届全国学术年会论文汇编. 天津医科大学总医院空港医院，2022：1.

[15] 唐铭阳，张亚男，王栋，等. 虚拟现实在神经病学中应用现状及进展［J］. 中风与神经疾病杂志，2022，39（7）：661-664.

[16] 徐鸥，齐培，祝绮莎. 认知行为疗法联合虚拟现实技术治疗青少年失眠症患者的效果研究［J］. 中国全科医学，2022，25（11）：1378-1382.

[17] 张卓琳. 虚拟现实技术在体育健身领域中的应用研究［C］// 第三届"全民健身科学运动"学术交流大会论文集. 2021：178-179.

[18] 李妍. 新型冠状病毒肺炎急诊防控及病毒性肺炎快速预警工具建立［D］. 中国医学科学院，2021.

[19] 电玩迷网. 大都会博物馆为《动物森友会》提供数万件虚拟展品.［EB/OL］.（2020）. https://zhuanlan.zhihu.com/p/97260850.

[20] 3DMGAME. 万代公布"高达元宇宙"概念可让玩家的高达模型对战. [EB/OL]. (2022). https://www.cdstm.cn/theme/khsj/khzx/khyx/202203/t20220329_1067030.html?hmsr=zhihu&hmpl=&hmcu=&hmkw=&hmci=.

[21] 和君咨询. 文旅元宇宙十大应用场景、案例. [EB/OL]. (2023). https://zhuanlan.zhihu.com/p/627942819.

[22] 沙利文,头豹研究院. 2022年元宇宙系列白皮书:中国工业元宇宙发展洞见 [EB/OL]. (2022). https://jz.docin.com/p-3942181138.html.

第五章
促进元宇宙产业技术发展的政策建议

一、总体政策建议

（一）制定多层级、多行业的元宇宙行动方案

在国家级和省级元宇宙行动方案指导下，鼓励一些发达地区结合自己的产业特色，定制更合适自己的行动方案。另外，针对不同的行业或应用领域，也可以制订元宇宙行业行动方案，促进元宇宙产业的发展。

（二）加强核心技术研发，建立开放合作生态系统

加大对元宇宙关键技术的研发投入，包括虚拟现实、增强现实、人工智能、区块链等技术。推动技术创新和突破，提升我国在元宇宙技术领域的竞争力。鼓励企业、研究机构、高校、创新创业园区等多方合作，构建开放的合作生态系统。促进技术、人才和资源的共享，推动元宇宙产业的协同发展。

（三）设置重大重点研究项目，资助元宇宙场景应用示范

掌握元宇宙关键核心技术对推动我国元宇宙产业发展至关重要，建议可参考国家重点研发计划，由科技部设立一批元宇宙主题的国家级重大研究和产业化项目，面向扩展现实、数字孪生、人工智能、虚拟人和区块链等关键核心技术开展重点攻关，形成更多具有自主知识产权的核心技术。各个省或直辖市也可以设立自己的重点研发项目。

（四）建设国家级、省部级元宇宙研究开发平台

支持鼓励一批具备实力的高校或企业组建元宇宙重点实验室、工程中心、产业联盟，集聚国内外重点学科、重点实验室、头部企业等优质资源，建设各类元宇宙先导产业示范区、先导产业研究院及企业研发平台，鼓励产出更多高水平成果。

（五）加快高端人才引育、学科方向建设和元宇宙人才培养

元宇宙产业高质量发展离不开高端人才支撑。要鼓励高校完善元宇宙相关专业人

才培养模式，推进元宇宙人才多学科交叉培养和拔尖人才培养，做强产业发展根基。要面向全球全方位延揽元宇宙高端人才，创新人才工作体制机制，打造符合元宇宙产业发展需求的高水平人才队伍，充分发挥高端人才在我省元宇宙产业发展中的关键作用，激发人才创新活力。

（六）推进国际合作、学术交流和组织间国际研发联合体建设

实践证明，国际科技交流合作是推进国家科技发展、培养科技创新人才、提高科技竞争力、转变经济发展方式、改善国际关系的重要手段和现实支撑，也是解决跨国、跨区域和涉及全人类共同利益的科学难题的关键途径。科学无国界，创新无止境。科技创新，离不开国际视野和全球思维。加强元宇宙方面的国际科技合作，积极和国外先进单位联合创新。

（七）加强数据安全建设和知识产权保护

在推进元宇宙技术和产业发展的过程中，加强对数据安全和知识产权的保护。建立完善的数据安全体系，采用加密和权限管理等技术手段，防止数据泄露和侵权行为。另外，就是科研机构，特别是一些高新企业需要构建面向元宇宙特定领域的专利群，加强关键技术的保护。

（八）建立监管体系，制定元宇宙技术标准体系

鉴于元宇宙将在网上构建虚拟社会，这个虚拟社会和真实社会并行存在。在虚拟社会中有各种经济活动和社会活动。需要制定相关的监管政策和法规条文，保障元宇宙产业的健康发展和用户权益的保护。加强数据隐私保护、知识产权保护等方面的监管。就技术方面，由于元宇宙是一个技术集成体，涉及多种技术，所以也需要多种技术标准来增加互操作性。

二、分领域建议

（一）教育元宇宙产业

1. 建设元宇宙教育平台

构建开放、互动和多元化的元宇宙教育平台，提供 VR、AR 和 AI 等技术支持的教育内容和学习环境。这样的平台可以为学生提供全新的学习体验，促进知识的交流和合作。

2. 推进个性化教育

利用元宇宙技术提供个性化的学习路径和教学资源，根据学生的兴趣、能力和学

习风格进行定制化的教育。通过数据分析和智能算法，元宇宙教育平台可以更好地了解学生的需求和进展，提供个性化的学习建议和评估。

3. 促进远程教育和远程培训

利用元宇宙技术突破地理限制，建立远程教育和远程培训的平台。学生可以通过 VR 技术参与远程教学，实时与教师和其他学生互动。这对于偏远地区的学生和成人继续教育具有重要意义。

（二）医疗元宇宙产业

1. 推进医疗数据共享和互通

构建一个安全可靠的医疗数据平台，鼓励医疗机构和科研机构分享匿名化的患者数据和临床研究数据。这将有助于提高医疗研究的质量和效率，促进疾病的预防和治疗。

2. 加强人工智能在医疗领域的应用

发展智能诊断系统、预测模型和辅助决策工具，以提高医生的诊断准确性和治疗效果。同时，利用 AI 技术分析大数据，挖掘潜在的疾病风险因素和治疗方法。

3. 推进远程医疗和健康监测技术

利用元宇宙技术搭建虚拟医疗平台，使患者可以通过网络远程咨询医生、进行远程诊断和远程监护。此外，开发便携式健康监测设备，如智能手环、智能衣物等，实时监测患者的健康状况，提供个性化的健康管理服务。

（三）元宇宙智能制造产业

1. 推动元宇宙与工业互联网融合

将元宇宙技术与工业互联网相结合，构建智能制造的元宇宙平台。该平台可以实现设备、工厂和供应链的数字化、虚拟化和互联互通，提升生产效率和质量。

2. 强化智能制造设备和机器人技术

加强对智能制造设备和机器人技术的研发和应用，提高自动化水平和生产灵活性。例如，开发智能机器人、无人驾驶车辆和自动化生产线等，优化生产过程，降低生产成本，提高产品质量。

3. 推进数字化工厂建设

推广数字化工厂的建设，通过传感器、物联网和 VR/AR 等技术实现设备和生产线的实时监测和仿真。数字化工厂可以提供实时数据和智能决策支持，优化生产计划和资源配置，提高生产效率和灵活性。

(四)文旅元宇宙产业

1. 构建元宇宙文旅体验平台

建立一个集 VR、AR 和 AI 等技术于一体的元宇宙文旅体验平台,为游客提供全新的文化和旅游体验。通过 VR 技术,游客可以参观虚拟的历史文化遗址、名胜古迹,体验不同时空和场景的文化魅力。

2. 推动数字化文化遗产保护

利用元宇宙技术对文化遗产进行数字化保护和展示。通过三维扫描和重建技术,将珍贵的文物、建筑和艺术品数字化保存,使其永久可见,并向公众提供虚拟参观和互动体验。这有助于推广和传承文化遗产,促进文化交流和认知。

3. 智能化导览和讲解服务

在旅游景点和文化场馆中推广智能导览和讲解服务。利用人工智能和语音识别技术,游客可以通过智能设备获取相关的解说和信息,实现个性化的导览体验。同时,元宇宙技术可以提供 AR 的功能,将虚拟的历史场景和人物与现实环境结合,使导览更加生动有趣。